RODIN

A L'HOTEL DE BIRON ET A MEUDON

OLLENDORFF
ÉDITEUR
PARIS

RODIN

A L'HOTEL DE BIRON

ET A MEUDON

RODIN

A L'HOTEL DE BIRON

ET A MEUDON

Par GUSTAVE COQUIOT

LIBRAIRIE
OLLENDORFF
o o o o PARIS
MCMXVII o o

AUGUSTE RODIN

RODIN A L'HOTEL DE BIRON

HOTEL BIRON.
ÉTAT ACTUEL

RODIN

A L'HOTEL DE BIRON ET A MEUDON

COMME DE NOTRE TEMPS. — UN FRISE-TOUPET HEUREUX.
L'HISTOIRE D'UN HOTEL CÉLÈBRE.

Le XVIIIe siècle ressemble étrangement, par ses filous, au siècle
que nous avons le malheur d'entamer. C'est pourquoi le XVIIIe siècle
nous est si cher ! A vrai dire, je crois même que de notre temps les
voleurs pullulent et purulent plus excessivement ; mais enfin,
rendons grâce à un siècle qui va nous permettre de présenter un
gaillard, alerte et résolu, qui sut « travailler » de façon à encore
nous égayer, malgré tant et tant de bons « ouvriers » survenus
depuis ; — mémorable gloire de notre époque aussi peu sacrée que
recommandable !

En Languedoc ou en Saintonge, l'annaliste Barbier (*Journal de
l'Avocat*) ne précise pas plus expressément, vivait donc (nous
sommes vers la fin du XVIIe siècle) un barbier-perruquier qui s'appelait tout court *Perrin*. On en fit *Peirenc* ou *Peyrenc* ; et lui,
pendant ce temps, il fit trois fils.

Ce n'était pas si mal opérer. Ou, du moins, le barbier-perruquier
eût pu s'en tenir au premier de ses rejetons ; car ce fut cet aîné qui,
comme nous l'allons voir, assura le sort de toute la famille.

Quel prénom lui fut donné ? Choix indifférent : Abraham, —
aux environs de 1683, l'année de sa joyeuse naissance.

Le futur détrousseur poussa bien. Il se développa physiquement et moralement de manière à éblouir. C'était vraiment un lièvre de race. Aussi les compliments qu'on ne manquait point de lui offrir chaque jour l'étourdirent bientôt ; alors, abandonnant sa petite ville nourricière, Abraham piqua droit sur Paris.

Arrivé, il prit le vent et il se mit à pratiquer le métier paternel. Il devint garçon-frater ; et il courut par les rues pour poudrer l'un, pour coiffer l'autre.

Mais ce métier ne satisfit point ses goûts. Il se mit alors à chercher un plus louable emploi, comptant bien que sa mine accorte, son esprit et le reste lui procureraient, un prochain jour, une fort convenable situation.

A courir après la Fortune, on attrape, quelquefois, cette gueuse aveugle. Abraham tomba un jour, comme marée en carême, dans l'hôtel particulier d'un illustre tire-laine, qui cherchait justement un valet de chambre-barbier, bien fait, aimable et de propos spirituels.

Les deux hommes s'entendirent sur-le-champ. Il y a de ces touchants accords qui déroutent le plus précis pessimisme des plus amers misanthropes.

Le tire-laine s'appelait François-Marie Fargès. Il comptait parmi les plus riches et les plus honorables bourgeois de Paris. Sa vie offrait un exemple.

Ex-soldat, il était devenu, coup sur coup, munitionnaire des vivres, puis « conseiller-secrétaire du roi, maison et couronne de France et de ses finances ! » — enfin « chevalier de l'ordre de Saint-Michel » !

« Il avait, dit, en l'enviant, un contemporain, le secret de ne pas payer un seul de ses créanciers. »

Noble figure !

Abraham l'admirait ; et, d'autre part, il aimait.

Car Fargès avait une fille, alors âgée de seize ans ; et l'oiselle, de son côté, se secouait aux œillades du valet de chambre. A son tour, elle aima.

Abraham, lui, ne perdit point de temps ; il engrossa la donzelle, et si nettement que le mariage fut imposé, forcé ; Fargès témoignant, en toutes occasions, on s'en doute, d'une tenace horreur du scandale.

C'était comme débuts pour Abraham un coup de maître ; car il avait à peine vingt-deux ans, l'avisé frise-toupet.

Law opérait en ce moment à Paris. Tentante aubaine ! Lesté de l'argent fourni par la fille Fargès, Abraham, nous raconte-t-on avec un plaisir manifeste, « se mit à brocanter et à négocier sur la place. Il avait plus de mauvaises affaires que de bonnes, mais, comme il n'avait rien à risquer, il hasarda tout dans le *Système* » ; et la Fortune lui ouvrant les bras à son tour, il la viola et la détroussa.

Dès 1719, il se gonfla millionnaire, à peine âgé de vingt-six ans.

Mais il y avait, sur-le-champ, encore mieux à faire : s'anoblir !

Voilà donc Abraham Peyrenc en quête d'un titre à acheter, cherchant une terre, un nom sur le point de s'éteindre.

La duchesse de Brancas, veuve de Louis-Antoine de Brancas, duc de Villars, pair de France, chevalier des ordres du Roi, se présenta et vendit à Peyrenc la terre de Moras, près de la Ferté-sous-Jouarre. Désormais, Paris n'allait plus connaître l'ex-barbier que sous le nom de Peyrenc de Moras.

Heureux, matériellement, Peyrenc songea alors à s'instruire. « Il nourrissait toutes les ambitions, a écrit un contemporain ; et il avait de l'esprit pour connaître les chemins par lesquels on se pousse dans ce pays. »

Il convenait de commencer par « prendre ses degrés ». Peyrenc se mit à apprendre pour cela ce qu'il fallait de latin. Puis il se fit recevoir avocat, devint conseiller au Parlement de Metz, acheta une charge de maître des requêtes, en laquelle il fut reçu en 1722, et réussit enfin à se faire nommer chef du conseil de Mme la duchesse douairière Louise-Françoise, légitimée de France, mère du duc de Bourbon et duchesse de Bourbon, morte à soixante-dix ans, en 1743.

Entre temps, Peyrenc ne négligeait point sa famille. De ses deux frères, l'un, le cadet, nommé Louis, devint, grâce à sa protection, seigneur de Saint-Cyr et épousa Marie-Jeanne Barberie de Courteille, qui mourut le 24 juin 1723, à vingt-quatre ans, laissant une fille, Marie-Dominique Peyrenc de Saint-Cyr, laquelle épousait en 1735, le 14 septembre, François-Jean-Baptiste de Barral de Clermont, conseiller au Parlement du Dauphiné, puis président à mortier.

L'autre frère d'Abraham devint simplement — il n'avait point, celui-là, d'ambition — l'abbé de Moras, membre de la congrégation de Saint-Antoine, à Metz.

En 1727, Peyrenc de Moras demeurait encore place Louis-le-Grand, ainsi qu'en témoigne l'*Almanach royal* ; mais il considérait son hôtel comme indigne de sa situation ; ce logis était peu spacieux, peu aéré, et manquait tout à fait de somptuosité.

Ce fut ce qui décida Abraham à s'installer presque à la campagne, loin du tapage, dans un endroit où il « pourrait goûter tout le fruit » de sa miraculeuse fortune.

De vastes terrains étaient alors en vente dans un quartier quasi désert, près de l'hôtel des Invalides, là-bas, au faubourg Saint-Germain, tout au bout de la rue de Varenne.

Peyrenc de Moras les acquit, puis il s'adressa pour dessiner son nouvel hôtel à Jacques Gabriel, inspecteur général des Bâtiments du roi. Quant au soin de la construction, il fut confié à Jean Aubert, architecte des Bâtiments du roi et auteur des grandes écuries de Chantilly.

L'hôtel fut commencé en 1728. Dans son traité de l'*Architecture française* (Paris, 1752), Jacques-François Blondel a décrit les plans, coupe et élévation, ainsi que les plans des jardins.

HOTEL BIRON.
DÉTAIL DE LA
FAÇADE SUR LA
COUR D'HONNEUR

Comme bien des modifications successives ont changé les dimensions précédemment établies, il convient de noter ici que le principal *corps de logis*, ou pavillon central, mesurait 42 m. 65 de long sur 20 mètres de large et couvrait, par conséquent, une surface de 853 mètres carrés de superficie. La cour d'honneur mesurait 32 mètres de largeur sur 48 mètres de profondeur ou environ 1.536 mètres carrés. Les écuries pouvaient recevoir 33 chevaux.

La construction totale fut terminée en 1730 ; et, en 1731, Peyrenc de Moras s'y installa.

Tout en situant l'hôtel de Moras parmi les principaux hôtels de Paris, Blondel n'hésite cependant pas à en critiquer quelques parties.

Toutefois, il dit, au sujet du *plan du rez-de-chaussée* : « La distribution de ce plan est très régulière, et quoique ce bâtiment n'ait que 21 toises 2 pieds de face sur 10 toises 4 pieds de profondeur, non compris les avant-corps, les appartements qui le composent sont susceptibles de toute l'élégance et de la commodité qu'on exige ordinairement dans un grand hôtel. »

Plus loin, il est vrai, il ajoute :

« Toute la construction de ce bâtiment a été, d'ailleurs, fort négligée, ainsi que son appareil qui est exécuté avec assez peu de soin, comme le sont la plupart des édifices de nos jours qui sont érigés trop rapidement, et où l'on préfère une possession prompte et instantanée à l'avantage de bâtir pour la postérité. »

Peyrenc de Moras n'avait eu cure, lui, de tant ergoter sur l'œuvre de Gabriel ; aussi, son hôtel à peine terminé, était-il venu l'occuper avec sa femme, la fille de Fargès, et trois enfants : deux fils et une fille ; mais il ne put y jouir longtemps de son opulence.

Le 20 novembre 1732, en effet, il trépassa, âgé de quarante-neuf ans, en laissant cette fiche : « Abraham Peyrenc de Moras, riche de 12 à 15 millions, tant en fonds de terre qu'en meubles, pierreries et actions de la Compagnie des Indes. Il avait plus de

600.000 livres de rente avec 2 ou 3 millions d'effets mobiliers. »

Quatre ans plus tard, le 1er août 1736, sa veuve vendit l'hôtel *à vie* à la duchesse du Maine, Anne-Louise-Bénédicte de Bourbon, veuve de Louis-Auguste de Bourbon, duc du Maine, qui était mort le 14 mai de la même année.

C'était une « grande dame », peut-être, mais qu'elle était peu désirable « avec son teint noiraud, sa taille exiguë, sa mine turbulente et ses dents perdues ! » C'est ce pendard de Saint-Simon qui parle ainsi, après avoir gratté de sa plume brutale et véridique le fard des portraits historiques de la galerie de l'hôtel de Rambouillet.

Pourtant, nulle personne n'eut plus de charme que ce laideron de duchesse, dont la mine contrastait si bien avec les physionomies toutes pareilles et trop apprêtées, que nous offrent tant d'officiels portraits. Beaux teints, jolies bouches, dents superbes, épaules, bras et gorges admirables !

Les détails, pour le surplus, n'abondent point sur le séjour de la duchesse du Maine dans l'hôtel de Moras. Il est bon de préciser seulement les points suivants : lors de l'achat de l'hôtel, la duchesse avait une soixantaine d'années ; et l'hôtel lui était cédé moyennant 100.000 livres payables comptant en espèces, plus 50.000 livres affectées à la construction d'un bâtiment pour les officiers. La duchesse habita l'hôtel du 15 janvier 1737 au 23 janvier 1753, date de sa mort.

L'hôtel redevint alors la propriété de la famille de Moras, limitée, la veuve Peyrenc de Moras étant morte, aux deux fils et à la fille. L'un devait devenir chevalier, conseiller du Roi, ministre de la Marine ; l'autre, commissaire aux requêtes du Palais ; tandis que la fille allait épouser le comte de Merle de Beauchamp.

Mais, dès le 7 mai 1753, l'hôtel de Moras était définitivement vendu cette fois au duc et à la duchesse de Biron pour la somme de 500.000 livres, qui furent intégralement payées à la date du 14 décembre 1754.

Le duc de Croy, dans ses *Mémoires sur les cours de Louis XV et de Louis XVI*, édités par le vicomte de Grouchy (Paris, 1897), nous dépeint avec une verve pittoresque ce que devint l'ancien hôtel de Moras entre les mains du maréchal duc de Biron.

« Ce fut, du jour au lendemain, dit-il, le rendez-vous de toutes les élégances ; et les réceptions en étaient fort goûtées. »

« Le 1ᵉʳ juin 1783 (ajoute, entre autres choses, de Croy), je dînais chez le maréchal de Biron qui, à quatre-vingts ans faits, était encore la ressource et l'honneur de Paris pour les étrangers que nous négligeons trop. Il tenait table ouverte de trente couverts, où se trouvaient les belles Russes, Allemandes, Anglaises, etc. ; c'était une vraie arche de Noé. Le jardin contenait pour plus de 200.000 francs de tulipes. »

De son côté, un doux bavard, le chevalier de Coudray, dans des volumes peu connus, qui ont respectivement pour titres : *Nouveaux essais historiques sur Paris, pour servir de suite et de supplément à ceux de M. de Saint-Foix* (Paris, 1786) ; — et *Le comte et la comtesse du Nord* (Paris, 1782), le chevalier du Coudray nous donne de l'hôtel et du maréchal duc de Biron les croquis divertissants qui suivent :

« L'hôtel de Biron, dit-il, est situé faubourg Saint-Germain, rue de Varenne, proche la barrière. Là repose un héros, colonel du régiment des gardes françaises, il en est aussi le père. C'est au maréchal duc de Biron que Paris doit l'ordre et l'harmonie qui règnent maintenant parmi cette phalange nombreuse et formidable ; c'est maintenant que l'on peut dire à juste titre que le soldat, loin d'être tapageur, ferrailleur, etc., est presque aussi tranquille que le bourgeois : rarement entendons-nous des plaintes sur le compte des gardes-françaises. L'année dernière, 1782, M. le comte et Mᵐᵉ la comtesse du Nord (1) se rendirent dans cet hôtel où une superbe

(1) Le comte et la comtesse du Nord, Paul Pétrowitch, duc de Holstein-Gottorp, grand-duc de Russie, et Marie Federowna de Wurtemberg, son épouse, arrivèrent à Paris le samedi 18 mai 1782 et descendirent à l'hôtel de l'ambassadeur de Russie, Bariatinsky, rue de Gramont, au bout de nos anciens boulevards. Ils quittèrent Paris le 19 juin.

collation les attendait avec les officiers-majors et la musique du régiment. Leurs Altesses Impériales examinèrent le jardin qui, j'ose le dire, est une des merveilles de Paris ; ils admirèrent la beauté des fleurs, la variété des plates-bandes, etc., se promenèrent dans les parterres et les bosquets, s'étonnèrent de la hardiesse et de l'élégance des treillages formant des portiques, des arcades, des grottes, des dômes, des pavillons à la chinoise, etc. »

Puis ici se place un petit couplet à chanter sur la flûte :

« M. le maréchal duc de Biron, ce zélé citoyen, ce vrai patriote, non moins que brave général à l'ombre de ses lauriers, se repose de ses fatigues guerrières : dans ses nobles plaisirs, il oublie les périls qu'il a courus aux batailles de Rocoux, Laufeld, Fontenoy et au siège de Pragues. »

Puis le bavard s'exalte :

« Qu'il est doux à mon cœur (s'écrie-t-il) de conserver à la postérité les belles actions de mes concitoyens. Ce seigneur (le duc de Biron) a la passion des jardins. L'histoire nous fait voir plusieurs grands hommes aimant et cultivant eux-mêmes les fleurs. Cicéron, dans son *Livre de la vieillesse*, rapporte nombre d'exemples de princes et de grands personnages qui ont chéri le jardinage ; entre autres nous citerons Cyrus, roi de Perse, qui, montrant son jardin à Lisandre, ambassadeur des Lacédémoniens, lui avoua qu'il en était le jardinier : *Ego, inquit, ita sum dimensus, mei sunt ordinis, mea descriptio ; multæ etiam istarum arborum mea manu sunt satæ.* »

Ce latin l'a perdu, et le chevalier du Coudray termine, en disant des bêtises, ce premier récit :

« Si nous abandonnons (poursuit-il) les fastes de l'histoire ancienne et étrangère pour consulter celle moderne et nationale, nous y verrons des rois de la première race vaquer aux soins de leurs jardins potagers, en faire vendre les légumes et les fruits. Le grand Condé arrosait lui-même les fleurs de son jardin de Chantilly.

HOTEL BIRON. — COUR D'HONNEUR. (Avant la démolition des Annexes.)

« Qu'il me soit permis de rapporter à ce sujet le seul et beau quatrain (*qui n'est pas un quatrain, mais une poésie fort commune que le chevalier dénature !*) de Mlle Scudéry :

> Quand je vois un illustre guerrier
> Dont le bras a gagné mille et mille batailles;
> . . . .
> Qu'Apollon, autrefois, bâtissait des murailles
> Et que Mars était jardinier. »

Ailleurs, le chevalier nous dit enfin :

« Le 9 juin 1782, le comte et la comtesse du Nord furent au Champ-de-Mars voir manœuvrer le régiment des gardes françaises, si bien discipliné par les soins et l'activité de M. le maréchal de Biron. Les soldats firent différentes évolutions de guerre, et l'exercice à feu, qui fut parfaitement exécuté, de l'aveu même de tous les officiers généraux. Après ces exercices, le comte et la comtesse du Nord se sont transportés à l'hôpital des gardes et n'ont pas dédaigné d'entrer dans tous les détails qui concernent l'administration de cet hospice guerrier, qui doit son établissement aux soins et à la munificence de M. le maréchal duc de Biron, qui ne cesse d'y veiller et de procurer toutes les aisances aux soldats malades de son régiment. »

Laissons ce bavard pittoresque, et venons maintenant à Mme de Genlis, dont les *Mémoires*, publiés à Paris, en 1825 (six volumes !) contiennent un portrait très caractéristique du maréchal, qui donna, en fin de compte, son nom à l'hôtel de la rue de Varenne, et pour les deux bonnes raisons qu'il y fit d'abord un long séjour (du 15 juillet 1753 au 29 octobre 1788), et qu'ensuite il y étala un faste incontesté.

La précieuse et vaniteuse Félicité-Stéphanie, comtesse de Genlis, ridicule organisatrice de débats littéraires (quel poids elle porte de tous les salons qu'elle fit ouvrir depuis !) délaissant pour un moment ses vains ouvrages historiques et pédagogiques, ne pouvait pas manquer, de son côté, de faire partie du concert de louanges offert au maréchal. Elle y tint, d'ailleurs, fort complètement et avec une ruse dévote, tous les instruments chers aux prêtres, aux nobles et aux princes.

Voici son principal couplet :

« Le maréchal de Balincour et le maréchal de Biron furent les témoins de toutes nos folies et s'en amusèrent beaucoup. Le maréchal de Biron avait dix-sept ou dix-huit ans de moins que le maréchal de Balincour ; il avait soixante-neuf ou soixante-dix ans, on ne lui en aurait pas donné plus de cinquante-cinq. Il avait une taille majestueuse, une très belle figure, et l'air le plus noble et le plus imposant que j'aie vu. On dit de Brutus qu'il fut le dernier des Romains ; on peut dire du maréchal de Biron qu'il fut en France le *dernier fanatique de la royauté* ; il n'avait de sa vie réfléchi sur les diverses sortes de gouvernements et sur la politique. Mais il est certain qu'il était né pour représenter dans une cour, pour être décoré d'un grand cordon bleu, pour parler avec grâce, noblesse à un roi, pour connaître et pour sentir les nuances les plus délicates du respect dû au souverain et aux princes du sang ; toutes celles des égards dus à un gentilhomme et de la dignité que doit avoir un grand seigneur. Le système établi de l'égalité eût anéanti toute sa science, tout son bon goût, toute sa bonne grâce. Il adorait le roi parce qu'il était le roi ; il aurait pu dire ce que Montaigne disait de son ami La Boëtie : *je l'aime parce que je l'aime, parce que c'est lui et que c'est moi.* Le maréchal, dans d'autres termes, faisait exactement la même définition de son attachement passionné pour le roi. C'était une chose plaisante, même alors, de l'entendre parler des républicains ; il regardait les républicains comme des espèces de barbares. Il avait, d'ailleurs, beaucoup de bon sens, une droiture et une loyauté de caractère qui se peignaient sur sa belle physionomie ; il avait montré à la guerre la plus brillante valeur.

« Un jour que l'on faisait devant lui l'énumération des maréchaux

de France de son nom : « Vous en nommez un de trop, dit-il ; on
« ne doit pas compter celui qui fut infidèle à son roi. » Enfin, il
aimait les jeunes personnes, il avait avec elles une galanterie
chevaleresque qui donnait une idée de celle de la cour de Louis XIV
dont il avait vu, dans sa première jeunesse, les derniers moments.
Il respectait le maréchal de Balincour, qui pouvait en conserver
un plus long souvenir ; il enviait sa vieillesse et, en parlant de lui,
il disait avec admiration : *Il avait trente ans à la mort du feu roi !*
C'était dans sa bouche un éloge. »

Et, reconnaissante, la bonne « espèce » termine :

« J'aimais le maréchal de Biron non seulement parce qu'il
m'envoyait sans cesse des figues, des abricots-pêches (les premiers
qu'on ait eus à Paris) et des fleurs de son magnifique jardin, mais
parce que je m'instruisais en l'écoutant. »

Le maréchal trépassa saintement dans son hôtel ; et sa veuve,
qui était revenue habiter dans son ancien hôtel de la rue Saint-
Dominique, le quitta bientôt pour monter sur l'échafaud, avec sa
nièce, la veuve de Lauzun, le 9 thermidor, an II.

Si nous nous en rapportons à M. F. d'Andigné, un historien
très documenté, « l'hôtel de Biron serait alors resté, après la
mort de la maréchale, sa tante, la propriété du duc de Charost,
et, sur sa renonciation, il serait revenu à sa veuve. Ce que nous
croyons pouvoir affirmer (ajoute M. F. d'Andigné), c'est que
jamais il ne fut confisqué pendant la Révolution, son nom ne
figurant pas sur les listes des biens saisis que nous avons con-
sultées ».

En 1797, l'hôtel fut loué à des entrepreneurs de fêtes publiques ;
et le jardin fut saccagé pour y installer des jeux, un bal, des
concerts et des « promenades délicieuses » à l'usage des étonnants
fantoches du Directoire.

Victor Fournel, dans son *Vieux Paris* (Tours, 1887), nous
raconte, de son côté, que ce fut dans le jardin Biron que les deux
frères Garnerin s'associèrent pour la première expérience de la

descente en parachute, le 24 août 1797. « Elle ne réussit pas, ajoute-t-il. Le ballon, prêt à partir, se rompit de part en part, et le public, furieux, renouvela la scène honteuse du jardin du Luxembourg (infructueux essai d'ascension en montgolfière de l'abbé Miolan, de Janinet, du marquis d'Arlandes et du mécanicien Bredin) ; le public escalada les barrières, mit en pièces les débris de l'aérostat, et les deux frères durent se soustraire en toute hâte à son courroux par la fuite. Un des spectateurs poussa même le ressentiment jusqu'à les traduire devant les tribunaux en les accusant d'escroquerie. »

En 1800, le 27 octobre, un des héritiers du maréchal, le duc de Béthune-Charost, vint mourir dans l'hôtel de la rue de Varenne, à l'âge de soixante-douze ans.

La situation de l'hôtel restait tentante, même aux âmes ecclésiastiques ; aussi, sans se soucier des larves de désordres laissées là par les foules du Directoire, le cardinal Caprara, légat *a latere* du pape, vint s'installer dans l'hôtel Biron, en l'année 1806.

Il avait quitté avec un plaisir extrême son hôtel Montmorin, sis rue Plumet, aujourd'hui rue Oudinot ; et, pendant deux années complètes, le légat sut, dans ses nouveaux salons et dans le jardin ravivé des plus jolies fleurs, y bercer ses nonchalantes prières.

En l'année 1811, un autre arrivant loua l'hôtel pour la somme de 25.000 francs par an. C'était le prince Kourakin, ambassadeur de Russie en France, qui, en l'année 1812, au moment de la campagne de Russie, reprit la route du Nord.

Huit années s'écoulèrent ; puis l'hôtel fut enfin vendu, le 5 septembre 1820, à la communauté du Sacré-Cœur.

Marie Alacoque (1647-1690) est la véritable créatrice du Sacré-Cœur ; mais Madeleine-Louise-Sophie Barat est, elle, la fondatrice de l'institution du Sacré-Cœur, de la rue de Varenne.

Le Sacré-Cœur fut réellement fondé, le 29 septembre 1804, à

HOTEL BIRON.
DÉTAIL PARTIE
CENTRALE SUR
LE JARDIN

l'Oratoire, à Paris ; et le 18 janvier 1806, Mme Barat fut élue supérieure.

L'hôtel de Biron, que la duchesse de Charost, la propriétaire, offrait pour le prix infiniment modeste de 365.000 francs, fut acquis grâce aux dons généreux du roi et de diverses personnalités.

« A peine installées, nous dit M. F. d'Andigné, les dames du Sacré-Cœur reçurent des visites royales. Les duchesses de Berry et d'Angoulême se rendirent rue de Varenne, le 19 novembre, et le Conseil d'administration de 1820, qui avait duré deux mois, se dispersa en laissant à Mme Barat, seule, la direction de la maison de l'hôtel Biron. »

Ah ! mes douces sœurs ! la bienheureuse Marie Alacoque, votre Mère, n'avait certainement point rêvé pour vous un hôtel aussi somptueux et un parc aussi vaste ! Elle pensait plutôt à une demeure très grise, perdue dans le fond d'une campagne triste. Mais grâce aux libéralités qui accablèrent votre supérieure, vous entrâtes tout naturellement dans cet hôtel de Biron, abandonné, et dont le parc, depuis bien des années, ne s'émaillait plus de ses fastueuses tulipes.

Et, après tout, vous n'y fûtes point, mes sœurs, si heureuses, que l'on doive vous faire grief de ce logis !

Combien de fois, en me retrouvant dans ce décor, j'ai songé à vous, chères sœurs de Miséricorde ! Je vous revoyais éparses parmi les verdures, allant vers votre chapelle ou éduquant les filles de la noblesse de France, sombrées aujourd'hui dans la bauge des affaires ou dans le purin des vols !

Vous, si vous les avez cru heureuses, ces sœurs du Sacré-Cœur, lisez ce récit de M. F. d'Andigné :

« Le 28 juillet 1830, le canon se fit entendre et aussitôt les parents accoururent chercher leurs enfants ; mais il restait encore quelques pensionnaires.

« Mme Barat, alors âgée de cinquante et un ans, et malade,

prévenue de ce qui se passait dans Paris, laissa la direction des élèves à des surveillantes choisies et, sur les instances de ses collaboratrices, quitta Paris momentanément. Elle se laissa conduire à Conflans, maison de campagne des archevêques de Paris, où Mgr de Quélen mit à sa disposition une maison inoccupée depuis plus de vingt ans, située dans sa propriété, entre le parc du petit séminaire et son château.

« Le 29 juillet, trois cents jeunes gens, élèves de l'école d'Alfort, vinrent faire une manifestation devant le séminaire, menaçant d'y mettre le feu.

« Effrayées, Mme Barat, Mme de Gramont d'Aster, Mme de Constantin et sœur Rosalie, professe coadjutrice, adjointe à Mme Barat, durent quitter leur asile et chercher un refuge ailleurs.

« Après avoir vainement frappé à plusieurs portes à Charenton et subi des refus, quelquefois accompagnés de paroles désagréables, elles finirent par trouver une brave femme, qui voulut bien les accueillir et mettre le premier étage de sa maison à leur disposition. Elles étaient sauvées.

« Le 31 juillet, un jardinier, envoyé de l'hôtel Biron, venait leur apporter des nouvelles de Paris. On s'était battu dans le voisinage des jardins du couvent, dont les murs avaient été un instant escaladés par une vingtaine d'insurgés. La caserne des Suisses de la rue de Babylone avait dû livrer un combat suprême, mais tout était terminé ; la route était libre.

« Mme Barat parvint à se procurer une mauvaise voiture de louage à Charenton, et, accompagnée de ses compagnes, elle se mit en route pour revenir rue de Varenne.

« Arrivées à la barrière, un ivrogne familier sauta sans façon sur le siège de la voiture, où il s'installa près du cocher et de la sœur Rosalie en criant à tue-tête : « Vive la charte ! » Ce fut ce qui les sauva. On atteignit ainsi le boulevard des Invalides et on put pénétrer dans le couvent, où rien n'était changé, et reprendre la vie régulière de chaque jour, un instant suspendue par les événements politiques.

« Après la triste journée de 1831 (13 février), quand l'église et le presbytère de Saint-Germain-l'Auxerrois furent saccagés, le lendemain, 14 février, le peuple, surexcité, démolissait l'archevêché. L'archevêque se trouva quelque temps sans demeure et, pendant l'année 1832, il trouvait un asile au couvent du Sacré-Cœur. Mgr de Quélen habita le petit hôtel Biron, autrement dit l'annexe construite par la duchesse du Maine, en attendant un nouveau logis.

« En 1848 (continue M. F. d'Andigné), pendant la révolution de février, la tranquillité de la maison fut encore un moment troublée par l'arrivée soudaine d'une patrouille de quinze à vingt hommes qui pénétraient dans la cour en demandant du pain. C'était l'heure du goûter : on distribua à chaque homme deux pains et une bouteille de vin, et la patrouille s'éloigna.

« Le 25 mai 1865, Mme Barat mourait, âgée de quatre-vingt-cinq ans. »

Trente-neuf ans plus tard, la congrégation du Sacré-Cœur était dissoute, par arrêté ministériel du 10 juillet 1904, inséré au *Journal officiel* du 11 juillet.

Le 1er octobre 1904, l'établissement était fermé.

Enfin, en avril 1907, un procès intenté au liquidateur judiciaire par les héritiers naturels de Mme la duchesse de Charost, était perdu par eux.

L'HÔTEL BIRON DÉCHU. — UNE TRIBU DE LOCATAIRES.
ART ET ESPIONNAGE.

Avec l'entrée d'un liquidateur, du coup l'hôtel Biron chut dans un exceptionnel bran. A grand tapage, une horde accourut pour installer ses poux dans tous les coins et recoins de l'hôtel. Il s'était agrandi. Les sœurs avaient bâti de nombreuses annexes. C'était d'un déplorable ensemble ; mais il ne convenait pas de s'en prendre à elles, seulement aux maçonniers du règne de Louis-Philippe.

Pendant des jours et des jours, des ivrognes velus coltinèrent jusqu'à l'hôtel Biron le douteux amas des mobiliers sordides. Par la grande porte de la rue de Varenne, on vit passer des sommiers défoncés, des chaises cassées, des matelas qui perdaient leurs tripes, des pots égueulés, des cages d'oiseaux, des vases infâmes. C'était le peuple qui emménageait dans la première cour, dans l'annexe à locatis sise alors sur la gauche de la façade principale.

Le liquidateur avait fait le vide ; il le remplissait avec des fonds de composts.

C'était, indubitablement, un sérieux appoint pour le fameux milliard !

Nous nous souvenons, nous, de ces aimables emménagements opérés à coups de gueule, avec des vociférations, avec des tombereaux d'insultes. Une marmaille geignait, des chiens hurlaient ; à celle-là et à ceux-ci, pour se distraire, on leur caressait les reins.

C'est cela qui est pour nous gravé, quand nous nous reportons à ce bien louable moment. Jamais l'époque ne retrouvera un plus complet épanouissement ! Ce fut, vraiment, une apothéose du « peuple souverain », un unique gala d'ivrognes ! Les beaux

HOTEL BIRON.
FAÇADE SUR
LE JARDIN

temps de la Révolution revivaient par ces mégères qui s'invectivaient, par ces galope-chopines qui hoquetaient en poussant des charrettes. Pendant ces heures-là, le liquidateur, égayé, souriait.

Il ne loua que plus tard l'hôtel même, que protégeait alors une grille. C'était le « morceau » royal.

A ce moment, une autre horde se précipita. Tout ce que Paris recélait d'Autrichiens, de Turcs et d'Allemands s'abattit en trombe dans les chambres, heureusement dépouillées de tous ornements, de l'hôtel Biron.

Tout fut pris d'assaut, excepté la rotonde du rez-de-chaussée et la chapelle.

La douce France vécut alors d'enviables heures. Ces nouveaux hôtes, déclarés peintres ou sculpteurs, en réalité espions, travaillèrent avec un soin extrême pour le roi de Prusse. Ils s'efforcèrent bien de donner le change ; ils exposèrent certes leurs basses-œuvres ; et ils offrirent des « thés artistiques » à des Parlementaires et à des Français de cercles ; mais, le plus clair de leur temps, ils le passaient dans leurs ambassades respectives ; et, au sortir de ces profitables entretiens, ils pétaradaient, les bons sires ; ils multipliaient les questions et les enquêtes ; ils devenaient féroces dès qu'ils avaient avalé le mot d'ordre de leur empereur !

On les laissait si libres, il est vrai ! Le soir, quand, leur belle journée accomplie, ils se délassaient de leurs travaux divers, quels ricanements explosaient sur le balcon, d'où l'on domine le jardin ! Ce qu'elle était vilipendée, la benoîte France, si accueillante aux étrangers, à toute la clique des ostrogoths et des visigoths ! Ce qu'on la bafouait, la terre hospitalière aux welches et aux détrousseurs de grandes routes ! Le liquidateur, cette bonne âme, n'avait, du reste, de tendresse que pour ces espions, retenant de leurs doigts crochus et de leurs dents pourries la délicate proie ; peintres et sculpteurs devisaient là-haut dans la majesté du dôme des Invalides ; peintres et sculpteurs bassement médiocres, et tellement que, maintenant qu'ils sont balayés, l'hôtel Biron, parfois, sue encore leur ordure putride.

Et les jours s'écoulaient ; et personne ne protestait contre cette affectation de l'hôtel Biron. Aussi bien, l'État ne savait que faire de cet hôtel, qu'on lui avait garanti intéressant, et qu'il n'avait acheté que parce que M. Aristide Briand l'avait voulu.

Car il faut que l'on sache (tant d'erreurs courent encore à ce sujet), que c'est à l'actuel président du Conseil que l'on doit l'achat de l'hôtel Biron, de ses dépendances et de son parc. Les affiches de vente étaient déjà apposées quand M. Briand survint, et, avec sa vigilante clairvoyance, fit acquérir par l'État, pour une somme singulièrement minime, un beau spécimen de l'architecture civile du XVIIIe siècle, un vaste parc, et une annexe si importante, au fond de ce parc, que, depuis, le lycée de jeunes filles Victor Duruy a pu s'y installer.

Les seuls devis relatifs à une telle installation faite ailleurs (achat de terrains et construction des bâtiments), eussent nécessité toute la somme consacrée à l'achat global de l'hôtel Biron (hôtel proprement dit, parc et annexe Victor-Duruy). On voit par là que tout véritable homme de gouvernement n'a pas forcément la tête à l'envers, comme tel turbulent rhéteur promu à la fonction de premier Ministre !

Mais, l'hôtel acheté, la comédie commença.

Qu'allait-on faire de cette acquisition ?

Serait-elle dieu, table ou cuvette ? Mystérieux et angoissant problème !

Pendant de longs mois, on le tourna et on le retourna dans tous les sens. Puis le problème chut de lui-même dans les cartons les plus hermétiques de l'Administration.

Tous les ans, un rapporteur du budget dit des Beaux-Arts l'en tirait, toutefois, pour ânonner d'insuffisantes rengaines ; et, tour à tour, le bavard proposait d'installer dans l'hôtel Biron le ministère de la Justice, un music-hall ou... le palais des souverains (en oubliant, naturellement, que les rois catholiques ne mettraient jamais les pieds dans ce bien pris à l'Église).

Et les jours passaient ; et l'on ne trouvait décidément rien, touchant cette encombrante acquisition.

La horde des locataires ne se plaignait naturellement pas de cet état de choses ; et les espions, eux, se croyaient revenus au beau temps de Blücher.

C'est alors qu'un sculpteur se présenta et loua la rotonde du rez-de-chaussée.

Ce sculpteur, c'était Rodin.

L'HOTEL BIRON ENFIN RÉHABILITÉ. — ON EN EXPULSE LES LOCATAIRES. — DÉMOLITION DES ANNEXES.

Enfin, l'hôtel Biron, du fait de cette auguste présence, était réhabilité.

Bientôt, on ne répéta même que ceci : « Rodin s'est installé à l'hôtel Biron » ; — et l'on oublia peu à peu les autres locataires.

Rodin était venu, lui, à son tour, rue de Varenne, parce que, depuis longtemps, il se trouvait très à l'étroit dans ses ateliers de la rue de l'Université, au dépôt dit des Marbres. Le formidable labeur que depuis tant d'années il s'imposait, avait accumulé tant de statues et tant de bustes, que lui et ses praticiens ne pouvaient plus bouger, surtout quand ils s'aventuraient dans l'atelier où se dresse la *Porte de l'Enfer*.

Dès son arrivée à l'hôtel Biron, Rodin fut conquis par les salles hautes, spacieuses, par le sauvage décor du parc ; et, bien qu'il sût l'existence même de l'hôtel menacée, il se jeta de nouveau dans le travail, avec la frénésie qui est toute sa vie.

Bientôt, il occupa tout le rez-de-chaussée de l'hôtel. Mais la précarité de son installation était absolue ; la vigilante Administration savait, à tout instant, rappeler que, du jour au lendemain, Rodin et les autres locataires pouvaient recevoir leur congé.

Un jour, même, tous les occupants, y compris Rodin, furent avisés qu'ils avaient à se chercher ailleurs un autre gîte. On récrimina : peine perdue. Un huissier vint et signifia la volonté de l'Administration. Un délai, toutefois, fut accordé à Rodin.

Un architecte du gouvernement avait, d'ailleurs, poussé les « bureaux » à agir dans ce sens, en démontrant que s'il convenait

HOTEL BIRON.
LE VESTIBULE

de conserver l'hôtel lui-même, il était vain de conserver toutes les annexes, et celle bâtie par la duchesse du Maine, et celles plus nombreuses élevées par la congrégation du Sacré-Cœur.

Le tout, il est vrai, ne se pouvait défendre. La banalité de ces bâtisses était manifeste. On eût dit des maçonneries élevées par un architecte de notre temps ; mais surtout l'architecte du gouvernement ne songeait, lui, qu'à toucher sur la démolition quelques honoraires.

La pioche donc, et le pic, entamèrent ces vieux débris et, pour notre part, nous ne les regrettons point ; car, dans quelques notes prises avant toute intervention des démolisseurs, nous avions indiqué ces impressions :

« Pour l'instant, l'hôtel, disions-nous, est singulièrement atteint. C'est un hôtel moribond ; il faut au plus tôt le délivrer de ses annexes, de toute cette crasse et de toutes ces mousses que les eaux ont formées sur les toits, sur les corniches, sur les plus fins détails des sculptures.

« Nettement, il faut le parer, cet hôtel qui a tant de charme dolent, tant de grâce sobre et délicate !

« Mais surtout il faut démolir sans pitié les annexes, car cette fange de plâtras efface la fleur de l'architecture. Il faut que l'hôtel se dégage tout droit, tout isolé, dans sa fierté coquette de *garde-française de la pierre.* » Garde-française de la pierre ! C'était Rodin qui avait ainsi joliment baptisé l'hôtel Biron ; et c'était lui encore qui m'avait fait écouter ce joli couplet chanté par Edmond Beaurepaire : « Les gardes-françaises ! C'était un corps privilégié que celui des gardes françaises ; il n'en était pas moins populaire. Son uniforme séduisant, bleu de roi, agrémenté de blanc, à revers rouges, charmait les Parisiens, parmi lesquels il se recrutait principalement. Et quand il passait dans la rue avec sa moustache en croc, son tricorne crânement posé sur ses cheveux poudrés, l'air martial, éveillé, bon enfant, tous les cœurs volaient au beau garde-française. Il était le héros des bals de la Courtille et des Porcherons ; et tous les Téniers et les Vadés du temps ne manquent jamais de le signaler, dans leurs peintures des guinguettes, comme un des éléments du tableau. »

« Oui, sauvons, exprimions-nous, ce garde-française de la pierre! On retrouverait ainsi le temps où le maréchal duc de Biron commandait à son régiment d'élite, et l'on ferait refleurir, revivre une époque disparue des fêtes galantes, dont il était le zélé ordonnateur.

« Certes, il y a fort à faire, ajoutions-nous. Pour l'instant, le garde-française traîne ses pieds dans la boue, et son habit est singulièrement fripé par les rudes saisons qui, depuis tant d'années, l'assaillent.

« Symbole d'un coquet soldat tombé dans l'ivrognerie, l'hôtel Biron a maintenant mauvais air avec sa cour bossuée d'herbes et toute sa saumure. Sur la rue de Varenne, pour un peu cependant, il pourrait se présenter au fond de ses deux cours, que sépare une grille. Oui, il semble vous accueillir parfois volontiers, quoiqu'il soit mal tenu. Il a une mine de parent pauvre, mais sa bonne éducation reparaît dans le joli dessin des fenêtres de son avant-corps. Quand on aura enlevé l'horloge qui troue le fronton, quand on aura bien dégagé les ailes, il aura une mine avenante, cet hôtel. Dégagez-le, nettoyez-le, et offrez son visage au doux repos d'une corbeille de gazon. M. de Biron, a-t-on répété, chérissait les tulipes ; nous verrions volontiers alors ces fleurs parmi la fraîcheur veloutée des boulingrins ; et si, du coup, l'on pouvait reconstituer le vestibule avec sa belle rampe d'escalier en fer forgé, tout serait assurément pour le mieux. »

Et nous terminions :

« Du côté du jardin, la façade a un air plus harmonieux, plus délicat, avec son balcon que supportent quatre consoles sculptées, — et aussi avec son fronton tout paré. Et les proportions (ici les ailes sont dégagées) se présentent plus gracieuses, plus admirables. En somme, il y a bien peu de choses à réaliser pour que ce témoin d'un style spirituel soit tout à fait charmant. Un peu de propreté sur la collerette, je veux dire sur le haut de la façade, une grille de balcon également remise en place, et tout serait dit, exquisement ! »

A l'heure actuelle, comme il sommeille le dolent hôtel à l'ombre presque, pourrait-on dire, du dôme de l'hôtel des Invalides !

Quand le soleil le frappe de ses rayons, il semble très joyeux de sa grâce fanée, tandis que de délicates ombres se glissent dans les fossettes des clés de voûte, dans le galbe élancé des jambes de la déesse du fronton. Et la pierre dorée, verdie, frémit d'être ainsi caressée, encore.

L'hôtel n'est vraiment mélancolique que lorsque, par la brume, il regarde la sauvagerie du jardin à l'abandon ; il n'est triste que lorsqu'il semble évoquer son passé de bosquets et de petits temples. Mais, l'été, les pierres, un peu disjointes, s'étirent toutes dans la chaleur bienfaisante et dans l'or du soleil. Elles ont retrouvé l'ardeur de vivre.

RODIN A L'HÔTEL BIRON

Des plaisantins ont souvent répété que Rodin, à l'hôtel Biron, est un intrus.

L'histoire de l'hôtel de Biron que nous avons tenu à raconter prolixement suffira peut-être, maintenant, à bâillonner ces bavards. Si une demeure, en effet, a jamais été habitée par les gens les plus divers et les plus saugrenus, c'est bien cet hôtel Biron qui a été secoué jusque dans ses dessous. Après cela, s'obstiner à considérer Rodin comme un intrus dans l'hôtel Biron, c'est se décerner à soi-même un touchant brevet de sottise !

La situation est celle-ci ; les sœurs du Sacré-Cœur chassées, Rodin a réhabilité un hôtel historique qui était tombé, par la grâce du liquidateur, dans les pires mains !

Aujourd'hui, l'hôtel est si bien réhabilité qu'il est même devenu, pour le monde entier, un phare, un phare de haute et vive lumière.

C'est vers lui que convergent maintenant tous les regards du monde artiste ; c'est près de lui que s'entre-choquent les vomissements d'une basse presse française et les magnifiques éloges du reste de la terre. L'hôtel Biron est devenu un but de pèlerinage. C'est une des cathédrales de l'Art.

Rodin s'est installé là, modestement, humblement, comme il a toujours vécu. S'il y a des motifs d'admiration dans les hautes et spacieuses salles qu'il a trouvé nues à son arrivée, s'il y a maintenant de la beauté, ce sont ses seules œuvres qui ont fait ce miracle !

Oui, les hautes et spacieuses salles étaient nues, plus nues que le plus dénué envieux le peut imaginer ; car je ne sache pas qu'il faille tenir pour ornementation des lézardes d'humidité, des

HOTEL BIRON.
LE BUREAU
DE RODIN

suints de larmes, des traînées de pluies ! Ah ! les lambris dorés, les pures boiseries de style, quoi encore ! Quelle plaisanterie ! Quand Rodin est entré à l'hôtel Biron il n'a pensé qu'à y installer des ateliers ; et, vraiment, aucune autre pensée n'y pouvait venir, quand on regardait cette détresse et ce vide.

Oui, des œuvres seules ont fleuri de grâce et de force ce désert ; et le travail des praticiens seul l'anime ; le courageux travail de l'outil qui projette les éclats du marbre.

Rodin a le culte du passé. Il est entré à l'hôtel Biron avec un profond respect, et il n'a jamais cessé d'honorer ces ateliers que le hasard lui a donnés.

Tout ce qu'on a pu dire, en dehors de cet hommage, n'est qu'un amas de sottises. Ni gaz, ni électricité n'éclairent même le soir les salles ; de vacillantes lueurs de bougies, çà et là, ponctuent, d'insuffisantes clartés, les ténèbres.

La véritable joie de Rodin c'est d'accumuler encore ici des statues, des bustes, des statuettes, des colonnes de plâtre et de gracieuses figurines. Il vient de bonne heure de Meudon à l'hôtel de la rue de Varenne ; et, tout de suite, dans la salle où il travaille plus assidûment, il s'enferme avec son modèle. Il a gardé le contentement profond, aussi vif qu'au premier jour, de modeler sur le papier, de pétrir la glaise ou de « reprendre » quelque statuette de plâtre. Il faut l'avoir vu, à ce moment-là, cet enchanteur de la forme, de l'expression surtout, pour comprendre un peu tout le bonheur que lui donne la vie de son travail !

Un jour que nous nous promenions dans les allées sauvages du jardin Biron, Rodin m'a dit :

« Oui, j'ai toujours aimé farouchement le travail. Dans mes débuts, j'étais malingre, d'une pâleur extrême, la pâleur de ma pauvreté ; mais une ardente surexcitation nerveuse me poussait à travailler sans répit. Je n'ai jamais fumé, pour ne pas être surtout distrait, je crois, une seule minute ; j'abattais mes quatorze heures quotidiennes, et je ne me reposais que le dimanche.

Alors, ma femme et moi, nous allions dans quelque guinguette prendre un « gros » repas à trois francs pour nous deux, qui était toute notre récompense de la semaine ! »

Aussi, aujourd'hui, tâchez d'établir un catalogue de l'œuvre complète de Rodin, vous n'y arriverez pas. Lui-même ne sait pas tout ce qu'il a créé, inspiré et fait exécuter. Il se perd dans ce dédale d'œuvres. Ah ! cela égaya souvent ce peintre revêche et constipé que l'on connaît pour noter soigneusement (sujet, matière, dimensions, etc.), tout ce qui sort de ses pauvres mains !

Levé dès l'aube, Rodin vient chaque jour à l'hôtel Biron. On le conduit de sa villa des champs jusqu'à la gare de Meudon-Val-Fleury — oh ! le plus souvent, une simple voiture que traîne un cheval pacifique ! — puis il prend le train électrique pour descendre à la gare des Invalides, d'où il gagne à pied la rue de Varenne.

Il accomplit ce trajet sans ennui, sans lassitude. Ceci, déjà, est un étonnement, depuis si longtemps que ce trajet reste le même, à l'aller et au retour. Mais il faut se dire simplement que le travail seul passionne ce grave vieillard ; qu'il ne pense qu'à ce travail, qu'à *son* travail, et que, parfois, s'il s'en distrait un instant, c'est encore pour travailler *autrement*, — pour noter enfin ces « Pensées », dont quelques-unes sont dans ce livre, par faveur, réunies.

Même, maintenant, à bien dire, il ne s'écoule pas de jour sans que Rodin note une ou plusieurs de ses méditations conçues de souvenir ou en présence de la nature (paysages, figures, etc.). C'est ainsi qu'il a écrit de nombreux albums, dont la publication serait l'au jour le jour enfin expressif d'un merveilleux artiste. Car, si dans le « journal » du grand Delacroix il y a peu à glaner, les cahiers de Rodin contiennent d'éloquents enseignements et tout l'exposé d'une extraordinaire technique.

Ses « Pensées », Rodin les note, d'ailleurs, une à une, devant la vie, en plein air ; il les tourne et il les retourne, en marchant, jusqu'à ce qu'il leur ait donné une forme satisfaisante. Mme Georgette

Leblanc, qui perpètre quelques « Pensées », comme tant de femmes inassouvies, écrit d'abord, d'une grosse écriture, son effort cérébral, puis elle affiche ce papier dans une sorte de petit placard à grillage, comme on en voit à la porte de la mairie, dans les villages. Elle passe alors et repasse devant le papier ainsi épinglé ; et c'est à la suite de cette sorte de mise au pilori qu'elle décide si elle gardera ou non la « Pensée » ! Amusante manière d'examen !

Rodin, lui, plus simple, passe au crible ses « Pensées », tandis qu'il suit, lentement, les épaisses allées du jardin sauvage Biron, cet autre Paradou.

Les beaux jours venus, quelles heures émouvantes Rodin vit sous ces voûtes de feuilles, sous les pommiers et sous les cognassiers de cette incomparable petite forêt ! Sa chienne Dora bondit près de lui, et il répond à voix basse à son interlocuteur, comme s'il craignait de troubler le sourire des fleurs sauvages, poussées là en gerbes, en panaches de gala !

Heureuses après-midi au cours desquelles — j'en appelle à ses familiers, — on n'entend jamais Rodin parler de ses œuvres, mais seulement de la Nature et des Maîtres ! Combien de fois nos questions sont restées sans réponse parce qu'elles violentaient l'extrême modestie de ce grand homme ! Combien de fois, au contraire, vantait-on le Bernini ou Pigalle, il nous disait, lui, d'inédites paroles, de précieux aperçus encore invus ! Et comme tout cela était classé dans sa mémoire ! L'ordre, qu'il s'efforce d'obtenir des gens qu'il emploie, lui a fait obtenir de précises distinctions et nulle confusion n'est jamais en lui, nul désordre.

Cependant, que de voyages Rodin a accompli, en observant toujours, en épuisant son admiration ! N'importe, comme ils sont lumineux ses commentaires de l'art universel ! Ce qui n'empêche pas que d'officiels goujats affirment chaque jour, avec le plus imperturbable aplomb, que tout ce qu'il a collectionné, tant à l'hôtel Biron qu'à Meudon, n'offre qu'un intérêt médiocre.

Cette déclaration est au moins stupéfiante, allons ! Comment, voici un génie qui se mêle, lui aussi, de collectionner ; et ce sculpteur de génie, *qui ne recherche que des sculptures*, serait moins entendu en la matière qu'un valet absolument quelconque qui « conserve » un musée ou un palais ! Cela, n'est-ce pas, c'est d'une irréfrénable gaieté !

Ah ! les gens officiels sont des gens têtus, convenons-en ! Ils sont cuirassés d'une telle sottise qu'ils en émerveillent. Parfois on se demande si ce ne sont pas des gens fort spirituels qui veulent le plus comiquement du monde se divertir ; car, enfin, on s'interroge, on se dit qu'un gouvernement a tout de même placé dans des lieux élevés ces galfâtres de la brocante et ces margouillats de la camelote ; on se répète qu'ils sont décorés, et c'est quelque chose cela ! enfin, ils font partie, ces gens, d'un tas de sociétés artistiques, littéraires, industrielles et vinicoles ; ils président des banquets, des distributions de prix, ils inaugurent des statues; ils dirigent des écoles d'art, que sais-je encore ? Ils ont une barbe de Triton, un aplomb de financier et une faconde de bonisseur ! En vérité, oui, parfois, on ne sait plus ! Ils vous déroutent !

Tout de même, il y a des demeures dans lesquelles ils ne devraient pas entrer.

Celle de Rodin est une de celles-là. Ce maître parle-t-il, le charabia des conservateurs et des directeurs d'écoles d'art devient quelque chose d'extraordinairement cocasse, de prodigieusement extravagant. C'est de l'imbécillité dosée, de l'extrait de sottise. On prend subitement en haine un gouvernement qui a confié des fonctions à de tels hébétés ; on vilipende les cuistres ministériels qui ont à se reprocher de telles nominations !

Mais on écoute toujours Rodin, dans le jardin Biron, et toute colère s'apaise.

C'est qu'il a bu, lui, toute la lie officielle ; c'est qu'il a tout enduré de l'Institut, le magnifique artiste. Feu Henri Roujon, la sous-ventrière des basses Lettres, s'était, depuis toujours, déclaré l'ennemi de Rodin ; MM. Puech et Mercié, ces

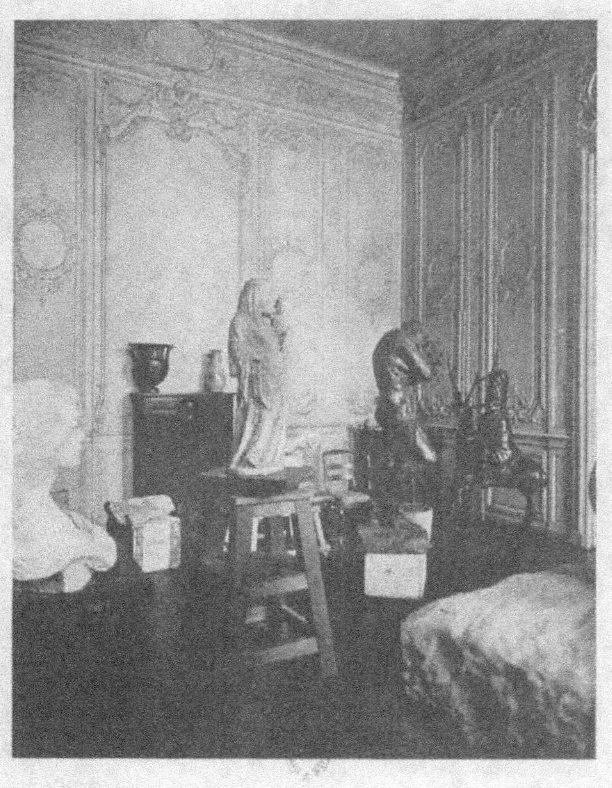

HÔTEL BIRON.
UN COIN DE
L'ANTICHAMBRE

modeleurs de graisse, ces orthopédistes des moulages sur nature,
exècrent, eux aussi, Rodin. M. Bonnat rivalise avec le photographe
Lampué de gâtisme ânonnant.

Ah ! oui, toute colère s'apaise ; car, heureux de la vie, Rodin
conte avec un ironique sourire bien des histoires arrivées à d'autres
qu'il admire ; et ses mots sont si calmes, arrivent en cortège si
tranquille, que l'on jette comme lui les yeux sur le bonheur du
beau jardin, et qu'elles s'effacent vite complètement les pauvres
physionomies des sots que notre conversation met en cause.

Rodin aime, d'ailleurs, d'un vif amour le jardin Biron, où la
nature crée, comme elle l'entend, toutes ses herbes, toutes ses
feuilles et tous ses fruits. Il y a là une voûte d'arbres qui jaillit
comme une nef : et cela s'ordonne en toute majesté, avec faste
et solennité. Quel aspect Rodin offre sous cette splendeur ! Il est
là, trapu, un manteau brun jeté sur ses épaules, un béret de velours
noir abritant sa tête pensive. J'ai songé souvent, en le considérant,
à tous les portraits de lui — peintures et bustes — que l'on essaya.
Ils sont tous vains. La photographie, seule, a pu donner deux ou
trois visions à retenir. Les peintres et les sculpteurs se contentent
trop aisément du pittoresque ; ils ont vu la longue barbe, un air de
faune sensuel ; ils n'ont pas vu l'aspect caractéristique, dominant,
celui d'un patriarche de Rembrandt non point revêche, renfrogné, mais, au contraire, malicieux, ironique et toujours curieux
de la vie.

Ah ! certes, non point renfrogné ! Car, maintenant que Rodin
a conquis la gloire universelle, toutes les femmes de la terre le
viennent visiter à l'hôtel Biron ; et à toutes — Dieu sait pourtant
s'il en entend, des sottises ! — il donne son sourire amusé. Oui,
ce patriarche aime la vie, toujours, de plus en plus fortement.
Entendez-le parler de ses modèles favoris, il vous ravira par sa
chaleur. Il eut longtemps un modèle admirable, une jeune femme
dont le corps enchanté lui fournit je ne sais combien d'esquisses
et de dessins ; ah ! quel hymne d'amour il lui consacre toujours !

et comme il raconte avec joie l'apparition nue, à un dîner d'artistes, de cette merveilleuse chair, souple, élancée, frémissante, orgueilleuse !

Ses plus significatives « Pensées », celles qui constituent ses profondes réflexions sur la technique de la statuaire, elles lui sont données, d'ailleurs, par ses modèles-femmes dont il éclaire, à la lumière d'une bougie, le corps dans la tombée du jour. C'est ce qui fit dire à l'une d'elles : « Je pose pour la littérature ! » Oui, de la littérature, peut-être, car le style de ces « Pensées » est admirable ; mais c'est surtout le merveilleux résumé — en quelque sorte philosophique — de soixante années d'un patient labeur et d'une fructueuse expérience. Car, dès le temps où Rodin fut le collaborateur de Carrier-Belleuse, c'est-à-dire aux premières années de son apprentissage, jamais il ne négligea d'apprendre toujours quelque chose, même quand il devait demander cette chose-là à un camarade d'atelier. Et son esprit reste singulièrement lucide quand il explique brièvement, une à une, toutes les conquêtes de son talent. Il se souvient de l'artisan qui lui apprit à modeler en profondeur et qui lui fit comprendre toute la caractéristique beauté de l'ornement. Jamais une vie ne se retracera mieux sur l'écran d'une pure mémoire. Rodin a oublié des dates dans sa création vigoureuse ; il ne peut, pour le détail, citer certaines œuvres, du moins toutes ses œuvres ; mais ce qui demeure en lui, d'une manière précise, formelle, c'est l'histoire de tous ses progrès. Aussi, comme il offrirait de rares exemples techniques aux sculpteurs, si ces gens-là voulaient l'entendre !

Mais qui de ceux-là l'entend? Il vit à l'hôtel Biron, dans son travail, dérangé par d'importuns visiteurs, mais aucun sculpteur parmi ceux-là. A la métairie de la rue Bonaparte, on feint de l'ignorer ; mieux même : on ricane quand on y prononce son nom, et les autres sculpteurs sont également indifférents. Si ! ils viennent, ceux-ci, quelquefois, pour solliciter son appui, mais c'est tout. Pour tous, ce maître illustre vit aussi ignoré qu'un

Pharaon de la vingtième dynastie. Vous ne vous demanderez
plus alors maintenant, j'espère, pourquoi Rodin c'est toute la
sculpture actuelle, — et pourquoi presque tous les autres gens dits
sculpteurs croupissent dans une si parfaite médiocrité !

Non point, certes, que nous réclamions pour Rodin toute une
cohue de disciples, d'imitateurs et de plagiaires, bien que Mirbeau
ait écrit : « De lui part un style ! » Non, certes, pas de séquelle de
suiveurs ; mais Rodin, en vingt ou vingt-cinq leçons, à forfait, —
comme on apprend quelques carambolages au jeu de billard —
pourrait détourner de l'anecdote, de l'énorme soufflé, du manié-
risme bête, un tas de braves gens, pas méchants, mais naturellement obtus, auxquels il manque — pour le surplus ! — quelques
notions de l'art des plans. A l'école, à la ferme du quai, on n'enseigne pas les choses utiles de la statuaire. Aussi est-il compréhen-
sible que pas un nourrisson-sculpteur n'ait osé envoyer au diable
la sénile ganache qui radote sous le vieux nimbe en tôle peinte du
prix de Rome !

Entendez bien, toutefois, que jamais Rodin ne s'est plaint d'un
tel « isolement ». Au contraire, les choses du passé qu'il admire
et qu'il collectionne avec la plus vive clairvoyance, — n'en déplaise
à messieurs les saugrenus conservateurs de palais déserts ! — ces
choses-là lui font une compagnie enchantée, très heureusement
muette, et qui lui suffit.

Ah! certes, que d'heures il médite devant ses antiques, ses
bronzes cambodgiens, ses terres cuites de Tanagra et de la Basse-
Egypte, ses Lékythes grecs à fond blanc, ses pierres gravées de
Thèbes ou d'Héliopolis et devant ses stèles assyriennes si curieu-
sement émaillées ! Avec quels doigts frémissants il touche ces
vieilles pierres patinées, vernies, dorées et quelquefois si grises !
Et comme il les dispose bien toutes ! Celle-ci, par exemple, posée
sur une sorte de billot, c'est un bassin mutilé de femme. Quel
bourreau l'a laissé là, si ambré sur ce lourd tapis à dessins rouges?

A côté, voici un exquis petit torse de Vénus accroupie ; un corps délicat, sans tête et sans bras, et c'est tout rayonnant de lumière.

Ailleurs, un autre torse se dresse, bras, jambes et tête disparus ; mais quelle joie dans ce marbre gonflé de soleil !

Dans une des grandes vitrines, considérez aussi tant de pierres sculptées, des bas-reliefs babyloniens, des pierres du Sérapéum et de l'époque Saïte, profils de guerriers, de dieux, de prêtres et d'oiseaux sacrés.

Et, au milieu de toute cette noblesse, le comique grimacement de petits ivoires japonais nargue, semble-t-il, d'élégantes statuettes de dieux, parées d'attributs.

Mais le fervent amoureux des églises de France a placé également ici une Vierge en pierre tenant l'enfant Jésus ; et elle ne choque assurément pas parmi ces autres déesses cambodgiennes, patinées et rongées par le temps.

Comme tout cela est ordonné, du reste ! C'est un véritable musée, dont il est bien impossible de détailler, ailleurs qu'en un catalogue, toutes les richesses. Cette collection qui s'accroît sans cesse, Rodin la commença, voilà une quinzaine d'années, alors qu'une fatigue nerveuse avait en quelque sorte bouclé son formidable effort. Pour échapper à cet ennui physiologique, il se mit à visiter les antiquaires ; et il faut bien croire, je le répète, qu'il mit quelque discernement à déjouer les ruses et à éventer les trucs de ces aimables forbans, pas toujours, après tout, constamment filous ; ou, alors, il faut admettre ceci, que les musées, dirigés par des gens un peu moins forts que Rodin, avouons-le ! ne contiennent que des « tiares de Saïtapharnès » ; — et si l'on a pu apporter « d'authentiques merveilles » à ces messieurs les conservateurs, nous ne voyons pas pourquoi Rodin n'a pas été, de temps en temps, si vous ne nous accordez que cela, également favorisé.

Et puis, il y a, à l'hôtel Biron, quelques-unes de ses propres œuvres, et elles suffisent, celles-là, pour former la plus inestimable des collections. J'ai vu bien des saisons à l'hôtel Biron. J'y ai vu le printemps et tous les pommiers du jardin en fleurs ; j'y ai vu

HOTEL BIRON.
LE GRAND ATELIER

l'automne, et aussi l'hiver et encore l'été, au moment où la terre
sue vraiment une verdure grasse et éclatante ; eh bien ! toujours,
j'ai compris que Rodin devait venir ici et y travailler. C'est bien
là la demeure tranquille d'un maître épris de solitude.

Oh ! sans doute, on ne l'accorde guère à Rodin, la solitude !
On abuse de son extrême politesse, de sa bienveillance, de sa peur
de refuser un visiteur. On répète aussi qu'il ne se tint point toujours à l'écart des obligations mondaines ; on va jusqu'à lui
reprocher quelques sympathies — sont-ce même des sympathies?
— pour des politiciens ; mais si l'on savait combien de gens sont
venus à lui, alors qu'il n'allait pas à eux ! et que l'on fasse le
compte des commandes qu'il reçut de l'État, on sera stupéfait
d'avoir un chiffre inférieur à celui qu'obtinrent tant de sculptiers
attachés d'antichambre !

Les poètes eux-mêmes ne l'estimèrent pas. Léon Dierx répétait :
« Rodin ! je ne comprends pas ! » ; et, un jour que quelqu'un
voulait présenter Rodin à Leconte de l'Isle, le second olympien
laissa tomber, solennel : « Inutile, monsieur ! En fait de sculpture
j'en suis resté à Phidias ! »

Ne nous étonnons donc pas de sentir que Rodin conserve en lui
son âme ingénument passionnée. Pourquoi la montrerait-il? Il
aime la sculpture d'un tel amour qu'elle lui a tout pris : cœur et
cerveau. Ne nous flattons même pas d'une courte amitié d'un tel
homme pour l'un quelconque d'entre nous ; elle n'existe pas. Si
chaque homme, au fond, est un isolé, Rodin, lui, est emmuré,
inaccessible. Si, pour toutes les choses quelconques de la vie, il est
« facile à conduire », son cerveau est puissamment armé pour la
sculpture, cette autre « divine amante » !

Nul n'a plus volontiers donné ses œuvres. Une fois créées, elles
semblaient ne plus compter pour lui ; et cela encore fut longtemps
un étonnement. Car on sait qu'il n'en va point ainsi dans la cohue
des peintres et des sculpteurs. Ou ils tiennent, ces gens, comme à
des fétiches, à leurs plus dénuées productions, ou ils ne consentent

à les céder qu'à un prix qui permettrait presque d'acquérir un Velazquez ou un Puget. Le cliché : « artiste, esprit large », dans sa vulgarité indéniable, est singulièrement désuet. Il faut s'incliner devant les plus basses œuvres de ces gens-là, se sacrifier pour elles, et, bien entendu, ensuite, s'attendre à être couvert d'injures. Baudelaire, avisé, donnait aux peintres des « cervelles de hameau » ; ils ont aussi des cœurs de goujats !

Et encore comme il donnait, sans le plus simple examen, Rodin ! C'est ainsi que nous avons vu un sculptier, qui avait reçu de Rodin son buste de Dalou (un de ses plus incontestables chefs-d'œuvre), tailler dans le marbre un autre buste de Dalou, *de son cru* : les deux bustes, le chef-d'œuvre et le « navet », *l'un à côté de l'autre* ! Après cela, n'est-ce pas?...

Oui, Rodin donnait ! ou... on le dévalisait ! Le plus pillard de tous, ce fut ce critique d'art, arrivé par un drolatique stratagème à une fonction officielle, et qui, dans son désir d'accumuler chez lui des œuvres de Rodin, allait jusqu'à lui attribuer des vases entièrement exécutés par un autre sculpteur.

Des pillards ! Il y en eut bien d'autres, d'ailleurs ; et nous regrettons vraiment de ne pouvoir citer le nom de ce notoire collectionneur qui, après avoir fait faire des dessins à Rodin, *tricha* — le mot est exact ! — sur le nombre fixé, afin de pouvoir dérober au maître, — alors peu fortuné — quelques francs, destinés sans doute à la perpétration d'un autre vol.

Ah ! disons-le, Rodin n'eut guère à se louer des amateurs ! Si l'État français le traita, jusqu'à ce jour, avec la plus extrême sévérité, ces négriers qu'on appelle conservateurs, amateurs ou connaisseurs, ne furent pas plus tendres. Il faut entendre Rodin raconter — sans amertume, je vous assure! — tout un ensemble de sales histoires pour accorder une confiance limitée à ces pirates. C'est l'un d'eux qui bave encore contre Rodin, parce que celui-ci n'a pas voulu lui donner un « amas d'œuvres » pour son musée ! Combien c'est touchant !

Avec quel préférable plaisir nous avons passé tant de fins d'après-midi là-bas, dans la grande chambre de l'hôtel Biron, à la lueur des bougies !

Grande chambre, où Rodin se tient habituellement, vaste cabinet de travail plutôt, où il a tapissé tout le pourtour des murs de nombreux dessins à la mine de plomb ; où il a fait venir aussi de l'atelier des praticiens, situé tout à côté, des statuettes de plâtre, des marbres et des bronzes. C'est là, qu'à la nuit tombée, nous avons souvent écouté Rodin. Alors il ne parlait plus de toutes les saletés du monde ; il vous avait oublié tous les sots, tous les malpropres ; il nous disait toutes ses admirations pour telle œuvre vue en voyage ou que lui avait révélée une photographie. Il était si éloquent, si précis, si affirmatif que l'on ne pouvait pas ne point le suivre. Et que de chefs-d'œuvre inconnus il découvrait ainsi, ou qu'il commentait d'une manière tout à fait nouvelle !

Des fins de journée d'hiver, quand le poêle de faïence craquait, si par hasard personne ne venait, il nous était donné d'entendre de pénétrantes réflexions sur l'art universel ; car jamais barbacole en Sorbonne n'eut son langage imagé, tout fleuri d'épithètes, qui dresse l'œuvre dans toute la plénitude de son caractère.

Ah ! le livre sur les musées italiens que Rodin nous donnerait, s'il voulait nous le donner ! s'il avait surtout le temps de le dicter ; si sa sculpture ne lui prenait pas toujours le meilleur temps de sa vie !

Nous pensions, en l'écoutant : c'est étonnant ce que Venise, Rome, Florence et Naples supportent de sottises de professeurs et de voyageurs ! Les Futuristes ont raison, certes, quand ils demandent qu'on détruise de tels prétextes à de si accablantes âneries ! Voici Venise, assaillie par les alertes pourchas des amants ; voici Rome, qui dégonfle les borborygmes de l'enthousiasme ; voici Florence, qui sue l'ennui des touristes ; voici Naples, qui crève de la putréfaction des « porcs » cosmopolites ! Elles sont

maintenant inabordables, ces quatre villes ; Marinetti a raison
de les appeler « des plaies pourrissantes de l'Italie ». Si, encore, on
y trouvait, à un moment, la solitude partielle, la tranquillité rela-
tive ; mais non, les agences vomissent sempiternellement des
tribus de crétins, des hordes de mufles, des troupeaux de Canaques.
Impossible de s'arrêter quelque part et de regarder en paix.
Dépouillé par les cicerones et autres mendiants transalpins,
harcelé par les voraces mouches des agences, il faut toujours
battre en retraite, fuir, ou, résigné, macérer dans les excréments
de la caravane. C'est gai !

La forte pénétration de Rodin, heureusement, nous entraînait
bientôt loin de là. C'était maintenant un merveilleux commentaire, à mots coupés, qui *situait* une œuvre dans l'histoire de l'Art;
et je ne sache pas, par exemple, que quelqu'un ait jamais expliqué
comme lui la toute puissante originalité du Bernin, qui a pu,
dans des chapelles de Rome, à l'insu de la clairvoyance des prêtres,
placer des statues « saturées » de la plus vigoureuse sensualité !

Bien mieux, des artistes que nous avons, nous, cessé d'admirer :
Gustave Doré et Meissonier, par exemple, Rodin trouve, pour les
défendre, des mots qui sont presque convaincants. Il est certain
que le premier eut une alerte imagination ; mais c'est son dessin
mou, son dessin de procédé, qui nous afflige. Avec Dante, il est
mal à l'aise, dessinant des personnages sans caractère et trop uni-
formément semblables ; avec Balzac, il ne réussit pas mieux,
car il reste tout au bord d'un romantisme truculent que Victor
Hugo, dans ses dessins, avait déjà fortement entamé.

Pour Meissonier, nous fûmes vraiment surpris d'entendre
Rodin célébrer *La Rixe*, un soir que nous le reconduisions à la
gare des Invalides ; Meissonier, c'est-à-dire le peintre qui ne
connut jamais le mouvement ; et c'était le sculpteur du mouvement qui nous disait : « Mais si, Meissonier a créé de la vie, des
gestes. Plus tard, on lui rendra cette justice ! » Allez donc vilipender
après cela les opinions des bourgeois !

HOTEL BIRON.
UNE SALLE DU
REZ-DE-CHAUSSÉE

Avouons, pourtant, que Rodin est autrement éloquent et persuasif, lorsqu'il s'agit de Puvis de Chavannes.

Il nous a dit souvent : « J'aime sa sérénité, sa tranquillité méditative devant la vie. Il a repoussé l'angoisse du mystère et toutes ses figures sont animées d'un grand bonheur intérieur, qui ne se trahit jamais par des cris et par des gestes violents. Et comme il savait transposer tous les décors ! Bien des fonds de verdure du Bois de Boulogne sont devenus des paysages appropriés à ses graves figures. Ah ! c'est un très grand peintre, et c'était un homme de manières exquises. Aussi, j'ai eu un chagrin véritable le jour qu'il n'accorda point son estime à son propre buste que j'avais exécuté. Si, depuis, ce chagrin s'est adouci, c'est que j'ai fortement pensé que la princesse Cantacuzène avait pesé sur son opinion.

« Du reste, je n'ai jamais eu de chance avec tous mes bustes. Victor Hugo, Falguière, Rochefort même, tous me donnèrent de peu réconfortantes paroles. Est-ce que je suis un juge d'instruction trop implacable qui note toutes les tares d'un visage ? Je ne sais pas ! »

Et la série... continue ! Oui, c'est le tour de Clemenceau qui refuse de laisser exposer son buste par Rodin. Et pourtant, que de gens, sauf Clemenceau, trouvent cette œuvre admirable !

Claude Monet, Jules Desbois et tant d'autres artistes en ont été fortement impressionnés, et nous nous souvenons d'avoir causé la même surprise émerveillée en montrant ce buste sans pareil à M. Aristide Briand.

Seul, Clemenceau persiste, lui, à ne point se trouver « plaisant » en ce buste. Les masques chinois qu'il posséda jadis le hantent. Il les retrouve partout. Cependant, on sait que Clemenceau n'a rien, vraiment rien, d'un masque chinois ou tartare ! — et c'est pourquoi nous pensons, nous, qu'il glorifiera un jour ce buste, qui, pour le moment, darde son « regard de tigre » dans cette paisible jungle qu'est la rotonde de l'hôtel Biron.

Et Clemenceau fera même bientôt amende honorable, parce qu'il n'est pas possible qu'il ignore plus longtemps tous les nombreux bustes que Rodin exécuta. Et, aussi bien, sur ce point même, personne ne conteste plus le génie de Rodin. Rappelons-nous les bustes Dalou, Falguière, Guillaume, Shaw, Sada Hanako, Fenaille, de Nosti, Fairfax, Henry Becque, duc de Rohan, Mirbeau, Geffroy, Ryan, etc., etc. Accordons que Rodin, tout de même, doit, mieux que quiconque, avoir une opinion lucide, formelle. Or, le buste de Clemenceau lui plaît. C'est le bruyant vieux tribun qui a tort !

Du reste, avec quelle conscience Rodin travaille. Voilà une nouvelle certitude de succès. Que d'épreuves, que de bustes en terre (cinq ou six) *pour une seule tête* ! afin de suivre, pouce à pouce, le patient travail du modelé ; afin de s'en tenir surtout à celui de ces cinq ou six bustes qui portera le plus de qualités !

Jamais Rodin n'a exécuté une œuvre proprement dite sans tâtonner ! Sans doute, nous l'avons vu réaliser d'extraordinaires esquisses, en un temps invraisemblablement court ; mais comptez que ces esquisses-là seront travaillées, fouillées, si elles doivent aboutir à une œuvre. Et elles seront appuyées par quelles lectures, par quelles méditations, s'il s'agit d'œuvres mythologiques ou historiques !

Ah ! nous convenons que c'est là, quelquefois, tout un travail préparatoire qui présente de graves conséquences ; car, en exemple, c'est bien d'avoir lu le récit de Froissard, au sujet des *Bourgeois de Calais*, que Rodin en modela six, au lieu d'un seul qu'on lui avait commandé.

Mais c'est parce que Rodin, fils de petits employés, né dans un quartier populeux, se cultiva sans cesse, qu'il est arrivé à sa suprématie. Certes, il n'a jamais méprisé les *sujets* ; il les a, au contraire, interprétés toujours en réclamant à toutes les histoires les figures illustres, les héros, les amants, les victimes, et aussi les aventures des dieux, sans oublier le monde sensuel et turbulent des Nymphes et des Faunes. Sa profonde intelligence lui a permis heureusement d'ignorer l'anecdote, — cette vermine de la Peinture, de la Sculpture et des Lettres.

Une autre chose enviable en lui : c'est la fermeté de ses admirations réfléchies.

Ainsi, s'il déclare qu'il admire Beethoven et Mozart, il déclare avec non moins de vigueur qu'il « s'est carrément ennuyé à Bayreuth ! » Aussi, un jour, un critique l'ayant comparé à Wagner, — on n'est jamais à court de sottises ! — Rodin n'en fut nullement touché. Bien loin de là !

Pour le théâtre, il a également une estime très médiocre. A vrai dire, il n'y met jamais les pieds ; et si, d'aventure, on l'y entraîne, au bout d'une heure il s'y ennuie. Rodin n'est ni suiveur ni mondain ; quelle gêne pour sa popularité !

On l'a accusé, quelquefois, de donner son opinion sur bien des choses, sur trop de choses ! Mais c'est toujours son extrême politesse qui lui joue ces tours-là ! Car, si l'on savait ce qu'il y a de gens, hommes et femmes, journalistes français et esquimaux, bas bleus et amantes de la luxure, qui se présentent à l'hôtel Biron pour les plus cocasses interviews, on serait effaré. C'est un déballage d'histoires saugrenues et de questions bêtes ; un salmigondis d'âmes en peine et de cœurs éplorés ; c'est un galimatias de sentiments et d'idées usés. Américains et Américaines, surtout, se jettent sur Rodin avec une frénésie épileptique ; ils veulent le « chambrer » ; ils l'assaillent jusque dans ses retraites ; ils le poursuivent sans trêve au cours de ses voyages ; ils le harcèlent et le forcent !

C'est l'un de ces reporters en délire qui, par des communiqués spécieux envoyés aux gazettes d'Amérique, proclame qu'il donnera enfin de Rodin, du seul Rodin une image exacte, tout un lot d'impressions, toute une cargaison de documents neufs !

C'est vrai, tout cela montre que Rodin n'est pas un olympien, et qu'il est même plus accessible aujourd'hui qu'au temps de sa forte maturité. Il est simple, accueillant, comme toujours empressé à recevoir qui vient près de lui, même un touriste étranger qui ne veut rentrer *at home* qu'après avoir visité toutes les « attractions » de Paris.

Et c'est cela qui excite contre Rodin des esprits grincheux, pour qui l'idéal de l'artiste, c'est le mordant et aigre Degas, barricadé celui-là, lesté, en tout cas, si on le rencontre, de mots féroces et cuisants !

Et pourtant, ce n'est pas tout, l'esprit ! Quant à nous, nous préférons l'enthousiasme toujours neuf de Rodin, et aussi ce lyrisme particulier que l'on ne connut jamais à travers Degas ; ce lyrisme qui, un soir, nous émerveilla, tandis que Rodin nous vantait la « sensibilité » de la pierre, la sensibilité d'un bloc de marbre, par exemple, « qui n'aime pas qu'on le bouscule, qu'on le traite avec violence, et que l'on transporte, que l'on *emmène*, au contraire, si aisément, si on emploie avec lui la douceur ! »

Et, à tout prendre, ma foi, cela vaut bien un mot de Degas !

HOTEL BIRON.
UN COIN DE
L'ANTICHAMBRE

L'HISTOIRE D'UNE IDÉE. — LE MUSÉE RODIN.

En l'année 1911, le 5 septembre précisément, j'eus la chance de publier, dans un journal de Paris, l'article suivant, dont quelques parties sont restées inédites. Voici l'article en son entier :

« On ne s'est pas encore mis d'accord sur l'utilisation complète de l'hôtel Biron. Que va-t-on en faire, exactement ?

« Cette question, qui revient au jour de l'actualité, combien de fois déjà se l'est-on posée, depuis que les dames du Sacré-Cœur sont parties, résignées et douces. Oui, que ferait-on bien de cette noble, grave et admirable « maison », que la verdure envahit peu à peu, sous l'œil figé mais souriant des jolies clés de voûte : têtes de faunes et de nymphes qui ont pas mal de philosophie, — et il y paraît ! — tellement elles en ont vu ici des événements, des hivers et des printemps, rudes ou radieux !... Oui, que doit-on faire de l'hôtel Biron ?...

« Vendre tout l'hôtel avec ses dépendances à des marchands de terrains, on y a déjà renoncé. Certes, le profit en serait rare ; mais on redoute les grincements de dents des Parisiens, des habitants au moins de ce quartier des Invalides, qui respirent mieux à cause du vaste jardin, en train de devenir un parc sauvage, tout hérissé d'insectes et de plantes.

« D'un autre côté, garder l'hôtel et vendre seulement les dépendances, c'est-à-dire les bâtiments des cours, les galeries et l'église, ce serait une plus mauvaise solution que de conserver ces laides bâtisses du règne de Louis-Philippe ; car celles-ci seraient immédiatement remplacées par de plus laides choses encore : des maisons à loyers. Il ne faut donc pas, sous quelque prétexte que ce soit, s'arrêter à cette idée. Examinons s'il n'y en a point une autre préférable.

« D'abord, il y a la question du quartier, dont nous parlions tout à l'heure. Eh bien, un moyen la satisfait pleinement. Oui, qu'on ouvre dès maintenant le vaste jardin, tout grand. Ce serait un magnifique don. Et quel noble voisinage pour le dôme rayonnant de l'hôtel des Invalides ! Il est là, tout proche, et sa grandeur ne souffrirait pas du contact des laides maisons d'aujourd'hui. Que le conseiller municipal, intéressé, nous entende donc ! Il a beau jeu, cet édile, pour défendre qu'on lotisse ce parc. Au nom de la beauté de la Ville et au nom de l'hygiène publique, il peut faire triompher d'abondantes et irrésistibles raisons. Que messieurs les architectes, pour une fois, gardent en leurs cartons leurs plans tout faits, taxés comme n'importe quelle autre marchandise. Nous préférons, nous, les arbres et les fleurs. Et alors on songera à l'hôtel lui-même, pour lequel il me paraît qu'une solution s'impose avec une éclatante force : *c'est qu'il faut faire de l'hôtel Biron un musée Rodin.*

« Tous les vrais artistes, d'ailleurs, ont déjà pensé peut-être à cette si simple chose. Car, le maître incontesté de la statuaire contemporaine et de beaucoup d'autres temps, n'a pas attendu notre proposition pour installer dans l'hôtel de nombreux chefs-d'œuvre. Déjà, dans de hautes et vastes salles qu'il loue, il déploie encore les frénétiques mouvements de la vie expressive. Regardez. Dans les salles du rez-de-chaussée, des marbres, les uns à peine ébauchés dans la gangue du bloc, les autres terminés, émerveillent. Dans les salles du premier étage, voici les rares dessins qui chantent au long des murs les nobles harmonies de la Beauté ! N'est-ce point là l'acheminement précis vers le musée Rodin ?

« A vrai dire, la chose est depuis longtemps moralement entendue. Elle vient naturellement après le musée de la dernière Exposition Universelle et après le musée de la villa des Brillants. Nous avons vu, en effet, en 1900, quel metteur en scène est l'illustre

maître ; à Meudon, il a fait mieux encore : il a dépassé son propre
génie. Allez à sa villa des champs, et vous en reviendrez éperdu
d'enthousiasme et de joie profonde. Ce n'est pas un sanctuaire,
comme on le répète, sans esprit, c'est une magnifique floraison
d'incomparables œuvres. Craignez de voir un jour tout ce splen-
dide labeur dispersé aux enchères ; et, prévoyants amoureux
des statues superbes, demandez plutôt sans tarder qu'on
transporte beaucoup des œuvres du musée de Meudon dans l'hôtel
Biron.

« D'ailleurs, il n'y a nulle audace à réclamer cela. Qui protes-
terait, en effet, contre un acte de si haute justice artistique ?...
Il nous semble, présentement, que des siècles se sont écoulés
depuis la malencontreuse « affaire » de la *statue de Balzac*. Oui,
qui s'en souvient, si ce n'est pour rire, une fois de plus, de la sottise
des juges ? Or, à ce moment déjà, Rodin n'avait pas besoin de
cette publicité : il appartenait au monde entier. A partir du jour
où il nous montra la *Porte de l'Enfer*, il est resté le Maître sans
rival. Profitons donc de ses vigoureuses années, et faisons-lui
connaître notre projet.

« S'il nous approuve, une grande chose sera réalisée. Car il nous
sera alors permis de revoir, aux heures enchantées de notre vie,
les merveilleuses œuvres qui s'échelonnent de l'*Age d'airain*, au
Penseur. Nous retrouverons ensemble la *Faunesse*, le *Printemps*,
la *Pensée*, l'*Emprise*, les *Bourgeois de Calais*, si graves de douleur
contenue ; l'*Homme au nez cassé*, le *Buste de Dalou* ; ses *Mains
d'expression*, si tourmentées, si éloquentes ; *Eve*, les *Etudes pour
le Balzac*, le *Balzac* lui-même, formidable comme un colosse
Memnon ; le *Saint-Jean*, l'*Appel aux armes*, la *Chute d'Icare*,
Adam et Eve ; le *Monument à Victor-Hugo*, etc., etc., marbres,
bronzes et plâtres.

« Ce qui est certain, en tout cas (terminions-nous), c'est que
l'on ne peut garder indéfiniment l'hôtel Biron dans l'état actuel.
Ses pierres verdissent, se disjoignent, et des ravenelles y tremblent

au moindre souffle du vent ; et, bientôt, si l'on n'y prend garde,
ce sera une pauvre chose abandonnée, presque une « vieillerie ».
C'est tout juste même si l'on ne continue pas à y voler, comme on
l'a fait déjà, des rampes d'escaliers, des grilles, des sculptures ou
des boiseries. Du dehors, les gamins jettent des pierres dans le
jardin, et ils ont la tentation d'y entrer, comme ils pénètrent
dans les terrains vagues. Profitons donc, je le répète, de ce que
Rodin a pris asile en ces murs et installons-le commodément.
Quoi ! nous avons un génie bienveillant et prêt à nous charmer
pour maintenant et pour plus tard ! Qu'attendons-nous donc
pour l'accaparer ? Et c'est peut-être, du reste, aisé à entreprendre.
Essayons. Des amis de Rodin sauraient, au besoin, l'amener
même à préparer, à organiser son musée. Et alors la dolente et
grave « maison », où frémissaient les oraisons, redeviendrait enfin
auguste, comme il sied à une demeure ancienne parée d'un majestueux escalier de pierre et de spacieuses salles. »

Notre appel fut tout de suite entendu. Au mois de novembre de
cette même année 1911, Mlle Judith Cladel, qui a hérité du noble
et beau talent de son admirable père, que Huysmans appelait :
le François Millet de la littérature, Mlle Judith Cladel, reprenait
mon article en faveur du musée Rodin.

« Le vœu de l'artiste (Rodin), disait notamment Judith Cladel,
le vœu de l'artiste s'est rencontré avec celui de ses admirateurs.
Son plus ardent désir, au seuil de la vieillesse, est qu'on le mette
à même d'achever sa vie de labeur et de pensée dans la noble
maison qui l'abrite actuellement, et qu'on l'autorise à y fonder
un musée.

« En échange de quoi, il est prêt à léguer à l'État :

1º Toute son œuvre en sculpture ;

2º Tous ses dessins ;

3º L'importante collection d'antiques qu'il a rassemblée en ces
quinze dernières années. »

Et, plus loin, il était ajouté :

HOTEL BIRON.
LA GRANDE
SALLE DU REZ-
DE-CHAUSSÉE

« Il est nécessaire de stipuler que Rodin souhaite obtenir uniquement la jouissance du pavillon.

« L'État disposerait à son gré du jardin. Bien entendu, l'artiste ne toucherait en rien aux proportions harmonieuses des salles de l'hôtel, auxquelles attenterait forcément toute autre installation. Le pavillon n'est pas très vaste et il serait, certes, complètement occupé par les œuvres et les collections mentionnées ci-dessus. »

D'accord avec Rodin, avec qui je restais en contact, il était encore dit :

« Les salles du musée Rodin seraient ouvertes au public du vivant de l'artiste, à mesure de leur aménagement. *Le sculpteur en assumerait la charge ainsi que les frais de la mise en état des locaux.* »

Enfin, après avoir constaté que les pays étrangers ont réservé, eux, de vastes salles à Rodin, — notamment le Musée Métropolitain de New-York, — il était conclu :

« Il faut créer un musée Rodin à l'hôtel Biron. Il faut offrir ce cadeau au Paris du travail et de la pensée. Il faut ajouter toujours au patrimoine d'art qui fait la France si grande et si aimée. »

Une sorte de « pétition » s'ensuivit. Elle fut présentée aux hommes de lettres, aux artistes et aux hommes politiques. Les adhésions vinrent, nombreuses.

En voici quelques-unes.

Claude Monet écrivit :

J'adresse mon adhésion complète à votre projet d'un musée Rodin, heureux de témoigner mon admiration au grand artiste.

Octave Mirbeau :

Je crois bien que vous pouvez prendre mon nom pour l'œuvre que vous avez entreprise ; et ce serait si beau que l'hôtel Biron fût le musée Rodin !

Je le souhaite de tout mon cœur.

J.-F. Raffaëlli :

Je suis avec vous de tout cœur pour la création d'un musée devant conserver les ouvrages de mon illustre ami Auguste Rodin.

J.-H. Rosny aîné :

Eh ! oui, qu'on crée un musée Rodin et qu'on n'attende pas la fin des siècles.

Paul Adam :

J'applaudis au projet du Musée Rodin et l'hôtel Biron, à défaut d'un palais moderne conçu selon l'esthétique du grand Maître, pourrait être le temple provisoire de ses splendides images.

Paul Margueritte :

Nous ne savons pas honorer les vivants. Tous les autres peuples nous dépassent en cela.
Que ce musée Rodin trouve sa place en un décor où Rodin rêva et travailla, est une idée délicate et noble. J'y adhère avec enthousiasme.

A. Antoine :

Comment, diable, le malheureux panné que je suis peut-il vous être de quelque secours dans la réalisation de votre beau projet ? En tous cas, comptez sur mon concours et mon dévouement.

Claude Debussy :

Excusez mon retard à vous envoyer mon adhésion à la création d'un musée Rodin à Paris. Personne mieux que lui n'est digne de cette exceptionnelle création.

Jules Desbois :

Quel plaisir on aurait à se reposer au milieu de l'Œuvre du merveilleux artiste !

On ne penserait guère, alors, aux horreurs dont nous accablent, chaque année, les multiples salons.

Mais je dois avouer que je n'espère pas beaucoup. J'ai bien plus de confiance en la muflerie du temps.

Georges Ekhoud :

Oui, il importe de conserver l'hôtel Biron et de le disputer aux spéculateurs en terrains et autres vandales pour en consacrer une partie à la création d'un musée Rodin.

Rodin est le plus grand sculpteur vivant ; avec Constantin Meunier, il fut un créateur génial, un véritable apporteur de neuf dans un art qui semblait voué aux poncifs et aux pastiches.

C'est un Michel-Ange moderne, l'interprète par excellence de la sensibilité et du pathétique de son siècle.

Gabriel Mourey :

Créer à Paris un musée Rodin, c'est une idée dont la réalisation s'impose ; Paris, plus que jamais, a besoin de beauté.

Yvanhoé Rambosson :

C'est de grand cœur et d'enthousiasme que j'applaudis à votre beau projet d'un musée Rodin.

Soutenir une œuvre pareille sera un honneur pour tous ceux qui y collaboreront de près ou de loin.

Romain Rolland :

Quel ministre français ne se fera pas un honneur de recevoir et de garder un tel hôte?

Olivier Sainsère :

J'adhère de tout cœur au projet de création d'un musée Rodin à Paris.

Emile Verhaeren :

Honorer le plus possible Rodin vivant devrait être le souci de tous ses amis.

Les gestes d'admiration dont ils l'entourent ne sont du reste que de simples indications soumises à la postérité. La gloire de Rodin est désormais irrenversable. Aussi conviendrait-il que ses yeux vissent, avant de se fermer, le plus beau témoignage d'enthousiasme qu'on lui puisse donner et qui serait, comme vous le proposez, de lui offrir un monument historique pour y dresser son œuvre entier.

Et, enfin, Ignacio Zuloaga :

C'est avec le plus grand plaisir que je viens vous dire combien je suis heureux de vous envoyer mon adhésion pour le beau projet de la création d'un musée Rodin à Paris.

Je suis son ami et un très grand admirateur de son génie.

Nous avons, parmi beaucoup d'autres, choisi ces citations. Au jour le jour, de nombreuses adhésions parvinrent encore.

Parmi ces autres admirateurs de Rodin, il convient de citer MM. Anatole France, Mme Marie Cazin, Despiau, Léopold Lacour, Ménard-Dorian, Edmond Pilon, Waltner, etc., etc...

***

Aujourd'hui, la question du musée Rodin est sur le point d'être étudiée.

Un député a amené le sous-secrétaire d'État aux Beaux-

HOTEL BIRON.
UNE VITRINE

Arts à faire, à la Chambre, des déclarations précises en faveur du
musée Rodin.

Nous pouvons donc penser alors, en répétant le vœu catégo-
rique de J.-H. Rosny aîné, qu'on n'attendra point, pour constituer
le musée Rodin, « la fin des siècles ! »

NOTES D'ALBUM

AUGUSTE RODIN
A L'HOTEL BIRON

NOTES D'ALBUM

Au jour le jour, Rodin, avons-nous dit, se complaît à noter des impressions ; il les note d'après nature, d'après toute la Nature ; et, chapitre par chapitre, le tout compose l'œuvre d'un poète.

Nous avons choisi quelques-unes des fleurs de cette rare corbeille, mais nous n'avons pas voulu les séparer à la façon d'un botaniste ; nous les avons, au contraire, mêlées, pour mieux rappeler qu'elles furent ainsi cueillies, tantôt d'une manière, tantôt d'une autre, et toutes, à la fin de la journée, réunies en gerbe.

C'est ainsi que l'on trouvera des « Pensées » sur la statuaire, sur des paysages, sur les femmes, sur la vie.

Voici ces « Pensées » que Rodin qualifie lui-même de notes d'album.

****

Ce réveil :

Le matin vierge se retire, sa pudeur s'évanouit : le soleil avance. Ces grands arbres ont comme feuillage des petits nuages. Un coq chante pour saluer. Une femme passe : elle porte dans ses bras un tout petit enfant ; elle me l'offre comme salutation amicale. Elle donne le bonheur par ses yeux. Il est consolant de voir de l'enthousiasme.

****

Intimité :

« J'aime la grâce du XVIII⁰ siècle. J'aime la sécurité des modestes artistes. Comment ne l'aimerais-je pas, c'est elle qui m'a fait vivre ! J'y trouve une aide à mon talent ; j'y trouve déjà des souvenirs heureux. Rappelons avec reconnaissance ce que nous savons du charme de la vie aux siècles précédents. Ne laissons pas que des critiques de nous ; faisons quelque chose qui ne se vende pas, qui ne soit pas pour l'éloge, qui reste !... »

****

Parterre :

« La beauté des fleurs ; leurs mouvements comme nos mouvements expriment leurs pensées. »

****

« Les mouvements marquent la folie de la fleur, sa vieillesse. »

****

Cette petite statue dans le jardin :

« Ce petit antique qui serait Louis XIV... »

****

Simple note :

« Un bouleversement de beauté dans ces nuages éclatants. »

****

Dans le jardin de l'hôtel Biron :

« Le ciel est comme un lac bleu semé de nénuphars, les nuages. Il y a une telle abondance de beauté, un tel bouleversement des forces qui s'épanouissent, nuages, arbres ; l'hiver était il y a quinze jours mêlé à cela.

« Assis au pied des marches de l'hôtel, mes yeux ne rencontrent que la grâce Régence, la sphère Louis XIV des Invalides.

« Assis et entouré de lumière, je supporte la beauté dans tous ses rayons.

« …N'être pas venu à la vie et être resté dans le néant, ne jamais avoir vécu… quelle morne misère !

« Ici, le carré s'ouvre ; ce mur massif de verdure, arbres chandeliers à sept branches portant des fleurs au lieu de bougies ; la haie haute et amie est dessous. Tous ces dessins confondus m'entrent et me pénètrent au fond. Ce n'est plus un dessin linéaire, c'est l'action, — l'action de tout sur moi. »

Ce cri :

« Comme on doit être ménagé de la vie, de cette œuvre, de ce chef-d'œuvre ! Mais on le détruit, c'est la mode. Comme les nègres qui courent après l'eau de feu. Le poison est notre désir, celui de l'envie, quand il y a un ciel et des arbres pour tous. »

Lumière :

« Le soleil, l'époux radieux, a maintenant l'avantage de ce délicieux printemps qui sera moins parcimonieux…

« J'ai été obligé de fermer les yeux de trop de lumière ; et chaque fois que je les rouvre, je suis assailli par cet amour immense de la Nature qui se montre à demi. Mais quand vous l'aimez, elle pénètre le poète. »

Ces cris :

« La Foi moderne protège et conserve l'âme antique. »

« Comme mon cœur a senti le respect pour ce monde dont je fais partie ! »

Fleurs :

« Elles marquent, par des bras et des mains, des profils parlants et désignants.

« Aujourd'hui, elles sont relevées comme des candélabres.

« Elles s'offrent à tenir des lumières. Une seule est tombée droite, tête en bas, comme un serpent. »

***

Paysage :

« Les tilleuls d'hiver coupés sur la place de l'Église. Tout près, la multiplicité de ces vies abandonnées, feuilles mortes comme les morts des batailles. »

***

Ces paysages encore :

« Barbarie de ne savoir se servir de ses yeux. La route gracieuse qui plus loin se détourne ; l'étang et son joli geste circulaire à travers les arbres. »

***

« Ces frottis rugueux, épineux, sont des arbres à l'horizon ; sur une bande de ciel, la misère des arbres. »

***

« Roulent des nuages lourds... »

***

« Arbres d'une douceur de convalescence... »

***

« La jeunesse du ciel sur ces arbres encore endormis. »

***

« C'est une fresque de l'Angelico, le contour se dissout dans le bleu céleste... »

DESSIN AQUARELLÉ

« Quand la feuille morte est bien sèche elle s'épuise à voler comme un oiseau ; folle, elle tournoie. »

***

« Ce val charmant commence à se cacher par les feuilles qui poussent. »

***

« Le bourdonnement du beau temps. »

***

« Ces arbres tournent, ce bonheur m'entraîne loin. »

***

« Tous ces arbres d'hiver sont des paysages de légende. »

***

« L'étang n'est pas gai aujourd'hui... Un corbeau a longtemps regardé et s'est envolé... plus rien !... »

***

Architecture :

« La cathédrale est la fête des yeux et des ombres. »

***

« Palais des dieux partis avec la beauté condamnée pour crime de noblesse... »

***

Intimité :

« Mes dernières années sont couronnées de roses ; les femmes, ces dispensatrices, m'entourent ; et rien n'est si doux ! »

***

Paysage :

« C'est vide de soleil, ce matin ; il y a des jours inanimés. Est-ce de ma faute ? »

Intimité :

« Je n'ai plus de longues heures d'amour, elles me sont mesurées maintenant. »

Paysage :

« Auprès des murs noirs de la vieille église voltigeaient les premières feuilles des tilleuls. »

Ce cri :

« Avec quelle ardeur je me jette dans les musées ! combat où je perds mes armes. »

Danses :

« La danse est de l'architecture animée. »

« Je vois les couples danser, le jouet naturel s'essayer à la cadence, suprême éloquence de la jeunesse. »

Paysage :

« Ces rouges carmins attirent les yeux sur la maison et la rendent amicale. »

Sculptures :

« Les belles lignes sont éternelles, pourquoi si peu les employer ? »

« Cette tête renversée, bras levé et interrompu, léger dans le sommeil. Cette épaule haussée, ce bras derrière le dos. Une marque dans les sourciliers, comme un peu de souffrance satyrique. C'est un petit bronze italien. La charmante, elle était Louis XVI, il y a deux mois, dans une autre esquisse.

« Ces doigts touchent et rejoignent les talons, sans les étreindre ;
elle est aussi comme un arc tendu. La tête, rieuse, lance le trait. »

Danse :

« Quand la femme danse, l'atmosphère est ravie et lui sert de
draperie. »

Modèle :

« Elle vint à nous dans une grâce infinie parce que la petite
est belle. C'est son attitude qui parle loin de nous, c'est le plan
gracieux. »

Pensée détachée :

«... La mort est un reposoir pour un plus céleste destin... »

Corbeille de fleurs :

« Les fleurs ont inspiré les toilettes, ont inventé les soies, les
couleurs, les rubans, les ruchés, les nœuds, les volants, les étendards,
les chapeaux et l'ensemble des pensées de la femme. Celle-ci leur
rend des soins et ne les laisse pas loin d'elle. Elles ont tant de
choses à se dire, des choses voluptueuses. Toutes les deux savent
la valeur du temps ; elles fleurissent avec ardeur longtemps dans
les festins ; leur grâce adoucit notre brutalité. »

Paysages :

« ... Je note ces belles choses pêle-mêle avec des éclats de soleil,
avec des feuilles ensoleillées, gloire de l'heure déclinante...

« Tout à l'heure tout sera inondé, et le parc sera pareil aux
femmes qui ne laissent que des éclairs dans l'esprit des hommes
et qui les attirent par le mystère.

« L'allée est un tapis de velours vert, l'armature du jardin ne

se voit plus. Ah ! profondes après-midi passées ainsi !... Le vent
s'élève, et près de moi des branches s'agitent, saluent, soupirent...

« Ma chienne plonge dans l'herbe comme dans l'eau, y fait un
trou et s'y couche comme une œuvre sculptée... »

« La mélancolie naturelle des herbes qui les prend après les
premiers jours et les courbe les unes sur les autres... »

« C'est une erreur de croire que les arbres peuvent croître et
envoyer des branches au point de détruire les beautés du jardin ;
ils s'ordonnent eux-mêmes et malgré le jardinier. Ils couronnent
la beauté sans y contredire. »

« N'avez-vous jamais vu comme un jardin sans jardinier est
joli de lui-même ? »

Pensée détachée :

« Dans l'univers, il y a des lois urgentes, fatales, immuables.
Il faut ! Il y a aussi mille grâces qui entourent cette fatalité. »

Pensée :

« Aujourd'hui, c'est le printemps avec ses lointains, ses coteaux
d'un gris heureux, les fleurs des arbres fruitiers ; l'atmosphère est
en fleurs.

« Mon cœur est une chapelle ardente ; je suis plein de reconnaissance et, par un retour délicieux, mes souvenirs m'escortent
ce matin. Je reprends mon passé, ces études charmantes qui
devaient me faire aimer la vie terrestre, qui m'ont donné le goût
et le secret de la vie.

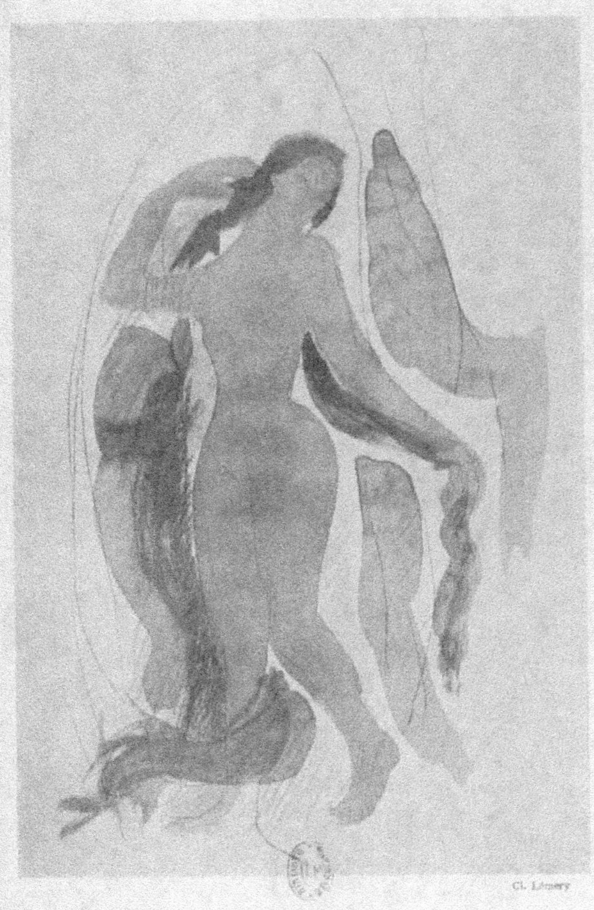

DESSIN AQUARELLÉ

« A quoi dois-je cette faveur? Evidemment à mes longues promenades qui m'ont d'abord fait découvrir le ciel.

« Au modèle terrestre, ensuite, qui, sans parler, pour ainsi dire, a fait naître mon enthousiasme et ma patience, et ma recherche et ma joie de comprendre la fleur humaine. Mon admiration s'est toujours élargie depuis et peut-être perfectionnée par de rares et chères affections, et aussi par de tels printemps où la terre envoie son âme fleurie à la surface, pour nous montrer sa bonté.

« Quel bonheur que j'aie eu un métier qui me permette d'aimer et de le dire ! »

Femmes :

« La femme, ce modèle, ce temple de vie où les plus tendres modelés peuvent se répéter, où les lignes, belles et difficiles, enflamment davantage, et où le fragment, le buste, est un chef-d'œuvre entier ! »

« Voilà le miel que j'ai amassé sans réserve dans mon cœur. Il me fait vivre dans la gratitude que je dois à Dieu et à ses créatures, ses éloquentes envoyées. »

Architecture :

« Ce noir profond et éloquent, ce n'est plus noir, mais nourriture de haut goût.

« C'est la profondeur, ce principe actif qui a été la beauté du moyen âge et de tous les temps. »

Pensée détachée :

« Le passant ne veut pas que cette fille soit belle ; il a des modes, des instructions ; mais elle, la nature, lui donne des gestes modestes triomphants. »

Ce croquis :

« Une voiture chargée de légumes, chargée d'enfants ; un petit âne traîne le tout. »

*
* *

Cathédrales :

« Voir ces œuvres à travers des larmes de joie. »

*
* *

Pensées détachées :

« Instinct qui retrouve l'instinct quand il y a eu des intervalles, et comme la race retourne à sa source !

« Comme je sens en moi la joie des artistes d'autrefois et leur naïveté féconde : cœurs sensibles où l'art était la vie, non le luxe. »

*
* *

« J'ai trop de richesses en admiration, aussi les barbares m'attaquent. »

*
* *

« Je propose que tout ce qui n'a pas été restauré : églises, châteaux, fontaines, etc., soit l'objet d'un pèlerinage. »

*
* *

« ...Je m'étendrai dans la nature et ne regretterai rien... »

*
* *

« Je ne m'appelle pas une église, je m'appelle le Passé ! »

*
* *

« Le vieillard s'écarte du bruit ; il fait l'apprentissage du silence et de l'oubli. »

*
* *

Paysages :

« Ici, c'est la simplicité du Giotto ; un bout de route blanche,

le talus, un arbre roussi ; la hauteur cache toute perspective ; le
vent seul passe sur la route... »

***

« Comme nous imitons ou plutôt comme nous sommes la
nature !

« Ces nuages n'ont pas plus de caprices que nous ; nos âmes
et nos pensées sont fuyantes aussi... »

***

« La reconnaissance des matins où le monde sent la bénédiction
de la lumière. »

***

« Ce qui est beau dans le paysage, c'est ce qui est beau en
architecture, c'est l'air ; c'est ce que personne ne juge : la profondeur. »

***

Pensées détachées :

« Quand j'étais jeune, je ne trouvais pas les enfants beaux ;
je regardais le nez, la lèvre, l'expression.

« J'étais un ignorant, il faut voir l'ensemble. »

***

« La grâce est un aperçu de la force. »

***

Tanagras :

« Ce qui est dans les Tanagras, c'est la nuance féminine ; c'est
la discrète grâce des membres drapés qui exprime le retrait de
l'âme. »

***

Pensée détachée :

« Un escargot est passé sur la route, a fait une trace humide.
J'ai regardé ; cet insecte avait fait un tracé d'une moulure superbe,

sa trajectoire ; ce qui fait penser que ce que nous appelons hasard est une loi comme celle qui fait vivre nos organes sans nous consulter. »

Sculptures :

« Cette main sur la tête, cette statue qui ressent le choc de sa douleur. »

« La douce vie qui serpente, coule le long de la robe ouverte, s'arrête à la gorge. »

Femmes :

« Je ne savais pas que, méprisées à vingt ans, elles me charmeraient à soixante-dix ans.

« Je méprisais parce que j'étais timide. »

Hôtel Biron :

« Appellation nouvelle : Les Charmettes de Paris. »

Femmes et statues :

« Les yeux fermés, c'est la douceur des temps écoulés. »

« Le tranquille beau temps de ces yeux. »

« Cet œil d'enfant sous la paupière d'une femme. »

« Tu as été moins barbare, femme grecque ; plus simple dans ta politesse exquise ! »

DESSIN AQUARELLÉ

« Ces yeux dessinés purement comme un émail précieux. »

***

« L'éblouissement d'une femme qui se déshabille fait l'effet du soleil perçant les nuages. »

***

« Quel est ce chef-d'œuvre que je ne connais pas, du pur grec d'Olympie, la plus divine figure que j'aie jamais vue ? Il faut que ce soit elle ou moi qui fussions barbares autrefois. »

***

« Vénus, Eve, termes faibles pour exprimer la beauté de la femme. »

***

Parterre :

« Toutes ces fleurs attendent le poète qui les marquera d'une qualité nouvelle, d'un nom nouveau. »

***

Danse :

« La prodigieuse petite amie qui la danse est conquérante comme la flamme ; Minerve archaïque, elle s'avance, — la gentille pose ! »

***

Architectures :

« Doucine est le nom de la moulure française. »

***

« Les gracieuses maisons de Bruxelles, on les démolit. Il faut se distraire. »

***

« Dire qu'il y a un pays qui a trois cathédrales qui peuvent

s'apercevoir de loin, dont le « retentissement » de l'une n'est pas
fini, que l'artiste aperçoit l'autre ! »

Sculpture :

« Le beau est comme un Dieu ! Un morceau de beau est le beau
entier. »

Pensée détachée :

« Quel dommage que les fils osent défaire des œuvres des pères,
mais c'est la vie des vivants ! Quel abus de la force de vivre !... »

Cathédrale de Beauvais :

« Où est la foule qui devrait être à genoux ici, les pèlerins du
beau ? Personne !

« Ce monument est seul, isolé, sans admiration, quelle époque
traverse-t-il ? Il parle, pour qui ?... Le vent ne l'a pas quitté,
lui, depuis des centaines d'années !... »

Sculpture :

« J'ai cherché toute ma vie la souplesse et la grâce. La souplesse
c'est l'âme des choses. »

Pensée détachée :

« A l'Institut, ils ont empaillé l'Antique ! »

Architecture :

« Je n'affectionne plus les villes noyées dans leurs nouveaux
quartiers insignifiants. »

« Bien des choses ont faibli, se sont désanimées par le formidable gothique. Je crois bien que l'on ne comprend pas tout,

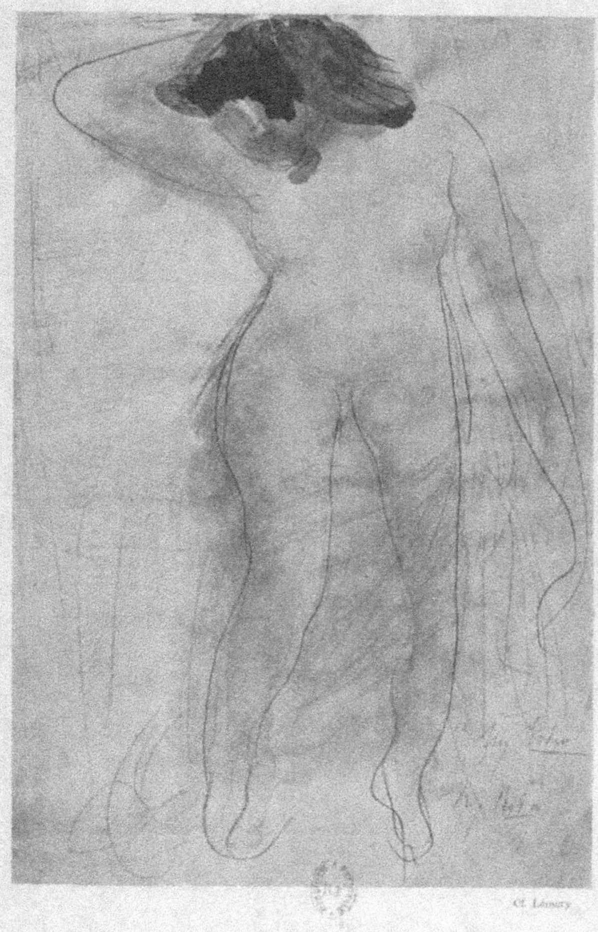

DESSIN AQUARELLÉ

mais les sensibles reprennent où la science est trop courte. »

*
* *

Sculpture :

« Phidias, le plus sévère des sculpteurs. »

*
* *

Cathédrales :

« ...Et notre pauvre société, qui paraît se briser en tout, reprendra peut-être son harmonie si la main des marchands du temple ne déchire plus ces voiles de pierre. »

*
* *

Architecture :

« Ces maisons de Gand sont des guipures, des dentelles sur le bord noir du fleuve. »

*
* *

Pensées détachées :

« Dire que l'on changera tout cela, c'est l'aspect du bonheur, cette vie antique. »

*
* *

« Comment voulez-vous qu'on déserte l'église qui a des siècles de beauté accumulés ? »

*
* *

Architecture :

« Ce n'est pas une église, c'est un parfum ; le ravissement, c'est son action. Ces chefs-d'œuvre de grâce française attendent la bonne volonté des Commissions historiques comme les chiens à la fourrière. »

*
* *

Pensée :

« Mon enthousiasme, ma patience, ma joie de comprendre la fleur humaine ! »

Sculpture :

« Une chose est quelquefois moins à sa place au milieu que sur le côté. Figure dans un fronton... »

*
* *

Architecture :

« Ainsi, ce sont des valeurs de syntaxe. La tête, le bras, la jambe, le corps s'emploient comme des ornements, des refends, des guirlandes, des mascarons... Calculez ceux-ci et ceux-là pour la distance, pour la moulure ; c'est un dosage d'architecture... »

*
* *

« Michel-Ange, c'est la respiration de la vie. L'esprit humain touche ici le sublime, sans toujours le voir. Ces grandes maturités de la pensée.

« L'architecture de Michel-Ange est au point sans effort, ainsi que la beauté d'une femme. Cette beauté juxtaposée sans contraction enguirlande la courbe, s'avance, retombe, rejoint son point d'arrivée sans heurt. Tout se transmet, tout se réunit sans contact désagréable.

« Tout cela s'harmonise par mesure de beauté, les entournures des entablements sont à l'aise ; toute la Renaissance, du reste, est de cette marque. Cet art ayant été longtemps tenu en ogive, s'est détendu en arc ; on ne savait pas combien le gothique qui mène à la grâce en recélait... La Renaissance, son fruit, en est sorti tout naturellement...

« Michel-Ange respire la beauté.

« Le gothique est toujours un farouche architecte ; mais c'est un arc sévère et brisé qui devient arc-en-ciel... »

*
* *

Sculptures :

« Je veille la beauté étendue comme une chère morte ; elle

DESSIN AQUARELLÉ

est enfouie dans l'ombre ; et, comme de l'eau, émerge quelque
îlot de douces chairs.

« C'est la mélancolie des plus noirs tombeaux cette volupté
couchée, tandis que les autres points du corps retournent au
nocturne des fonds.

« Ah ! Eurydice, je te retrouve et je repousse les ombres. Ah !
est-elle parfaite cette forme que soutient la nuit, on dirait éternelle !

« Ah ! ces reflets de bronze ! Cette forme réjouit mon cœur et
mes yeux. Ah ! ce corps échoué, enlisé dans l'ombre, dans ce
bain d'ombre ! »

****

« En somme, ce sont des vertus de profondeur, d'opposition,
de légèreté, de puissance qui valent ; mais non de ces détails qui
ne sont bons que pour eux-mêmes, véritables fioritures inutiles
s'ils ne sont rien par relation pour le mouvement. »

****

Antique :

« La divinité du corps humain a été obtenue à cette époque,
non parce qu'on était plus près de l'origine, car nos formes sont
demeurées toutes pareilles, mais la servitude de maintenant a
cru s'émanciper en tout, et nous sommes désorbités. Le goût
manque. »

****

Sculpture :

« Il y a une science profonde et qui ne se révèle ni en paroles
ni en actions. Il y a quelquefois une forme qui nous est peu familière, mais qui, cependant, correspond à tout par le principe du
modelé. »

****

« Cette bouche gonflée, saillante, abondante dans ses expressions
sensuelles. »

« Les bronzes de Pompéi dans leurs découpés les plus élégants, les profils de statues grecques du bon siècle, l'entente de l'effort le plus discret, la draperie la plus collée, la finesse gothique et égyptienne, autrement dire que ce n'est pas un art isolé ; il apparente à l'antique de différentes nations cette arrivée presque en même temps de la perfection antique à la même mesure la plus rigoureuse. C'était l'originalité d'alors. »

***

« Ce juste principe qui enveloppe le corps par une rigoureuse unité, une grâce des mouvements. »

***

Pensée :

« Cette beauté fondamentale qui demande que l'intelligence de l'homme sauve les monuments et l'ornement, alors que, anonyme, il est un premier traducteur de l'homme. »

***

Sculpture :

« La souplesse, c'est la loi actuelle vraie, c'est la vie ; c'est la possibilité de plusieurs vies, de plusieurs mouvements de la vie. Mouvements se succédant et commandant.

« Musique délicieuse des membres. »

***

« Ces soupçons de modelé ! Le brouillard du corps. Comme dans une chose divinement réglée, il n'y a pas dans ces corps d'indice de révolte ; l'on sent tout à sa place. On comprend la rotation du bras même au repos par l'examen de l'omoplate, par sa saillie, la cage, l'admirable attache des côtes reprise par les dentelés pour tenir fixés l'omoplate et son service. Et le flanc qui continue ce torse étranglé ici, serré là, puis se développant pour articuler deux cuisses, deux bielles, deux leviers, angles parfaits, jambes délicates qui jouent sur le sol... »

***

« Il est inouï de penser ce que l'on peut faire en employant les règles inutiles des dessins, alors que la règle des plans est la seule règle utile qui ordonne tous les dessins. Le purisme est inutile, alors que le principe n'y est pas ; et souvent ce n'était qu'une ornementation qu'on demandait. »

***

« Ces quelques grands plans qui enferment la forme et le sujet ; cette syntaxe, c'est la grandeur même comme sujet avant le sujet. »

***

« Cette ombre va de proche en proche, travaille le chef-d'œuvre, lui donne ce qui charme, la morbidesse profonde venant de l'obscur, — cet endroit où elle reste si longtemps. »

***

Sculpture d'Extrême-Orient :

« La tendresse de la bouche et de l'œil ont besoin d'être d'accord.»

***

« Ces lèvres sont comme un lac de plaisir que bordent les narines palpitantes si nobles. »

***

« La bouche dans des humides délices ondule sinueuse, en serpent ; les yeux, fermés, gonflés, fermés d'une couture de cils. »

« Les ailes du nez sur un plan rempli se dessinent tendrement. »

***

« Les lèvres qui font les paroles, qui se meuvent lorsqu'elles s'échappent. Un si délicieux serpent en mouvement. »

***

« Les yeux qui n'ont qu'un coin pour se cacher sont dans des puretés de lignes et dans des tranquillités d'astres blottis. »

***

« Le tranquillle beau temps de ces yeux, le tranquille dessin, la tranquille joie de ce calme. »

***

« Cet œil reste à la même place avec son compagnon ; il est dans un abri propice, il est voluptueux et lumineux. »

***

« Ces jambes aux muscles allongés ne contiennent rien que la vitesse. »

***

« Ces ondulations figées sont la statue. Les styles ont le plus ou moins de longueur dans les ondulations. »

***

« Bouche, antre aux plus douces paroles, mais volcan pour les fureurs. »

DESSIN AU CRAYON

« La matérialité de l'âme que l'on peut emprisonner captive dans ce bronze pour plusieurs siècles ; désirs d'éternité sur cette bouche, les yeux qui vont voir et parler. »

***

« Pour toujours la vie entre et sort par la bouche comme les abeilles rentrent et sortent continuellement, — douce respiration parfumée. »

***

« Les cuisses rapprochées, double caresse, jalouses enfermant le ténébreux mystère ; le beau plan d'ombre rendu plus marqué par la lumière des cuisses. »

***

Modèle :

« Cette femme couchée, c'est le charme de sa silhouette, son « huileux » profil qui retient une chaleur heureuse, telle une architecture divine, c'est le temple d'une architecture nouvelle.

« La lumière a mordu sur le sein et s'y est appuyée, fondue.

« Cette ombre sur la cuisse chasse la lumière et ne la laisse que sur le bord. Elle ressemble, alors, la jolie créature, à une statue tombée, la tête penchée, du Ve siècle archaïque.

« Oui ! il n'y a que la rigoureuse mesure du monde dans ce torse, ces cuisses et ces jambes. C'est l'expression des grands styles de l'humanité. Comme une feuille qui se retourne, tel apparaît le torse de cette femme couchée, dans la plus rigide et la plus simple loi.

« La géométrie pouvait-elle épouser un plus jeune corps pour se faire valoir ?

« Cet œil, ce nez, ces joues, ces lèvres, cette grappe de fruits !

« Ce n'est pas un corps qui se découvre, c'est la fraîcheur du temps, c'est l'entraînement de l'art.

« L'ombre ondule de joie sur ce torse immobile. Après avoir

présenté ses plans lumineux, ses cuisses et ses jambes, tout est perdu, le flanc boit maintenant la lumière.

« Mais j'ai découvert la cuisse, et la lumière s'est glissée le long d'elle, de la jambe et du pied également, — en demi-teinte.

« Qu'il faut peu de chose pour cacher un chef-d'œuvre !

« Cette cuisse est maintenant éclairée, et je découvre bien d'autres charmes dans cette corne d'abondance qu'est la vie. Que d'effets fulgurants qui sortent de ce corps !

« L'ombre s'avance de proche en proche sur la statue animée.

« Comme un serpent, l'ombre se couche au long du joli corps !

« Déjà le corps se refroidit et devient marbre.

« Ces étonnements prolongés !

« Cette cuisse, ce torse nourri de volupté ; ce sein, fruit de la plus belle architecture !

« Comme un fruit tiré de sa gaine, le ventre s'endort au milieu de mes admirations !

« Ah ! la pure volupté de ces modelés que l'on n'apprend nulle part, que devant le modèle ! Ces ombres qui ne sont vues que par quelques-uns, dans des minutes de bonheur suspendues ! »

*
* *

Pensée :

« L'on a pensé que ce qui était beau, c'était le nu ; pour moi, c'est la vie, — merveille à laquelle la laideur ne résiste pas. »

*
* *

Architecture :

« La beauté de l'ancien Paris, c'était la proportion. La proportion ne se voit pas toujours du premier coup, mais c'est la qualité principale ; car elle embrasse tout, et descend après à tous les détails qui sont ordonnés comme l'ensemble. »

Paysages :

« Le beau temps étouffe de joie. »

« Ici, dans un fond épais de bonheur et qui se cache avec soin et ne laisse apercevoir que des coins heureux ; sur lui, au premier plan, les lilas fleurissants bouclés de verts foncés. Le temple est là, organisation des colonnes, du beau fronton ; on ne sait pas pourquoi c'est si beau ! »

Pensées :

« Comme ma mémoire s'éveille en parcourant l'atelier ! Comme à ma vue les choses se réveillent ! »

« C'est beaucoup sur les routes que je ramasse l'expérience. »

« J'aime le paysage seul, je jouis de cette sensibilité ; mon âme n'est ni en automobile ni en chemin de fer. »

Sculpture :

« Modeler l'ombre, c'est faire surgir des pensées, c'est apprendre aux yeux et leur faire apprécier les nuances. »

Pensées :

« Le mystère de l'art, c'est l'équilibre, l'unité qui assure la beauté. »

« Comme ces fleurs qui nous donnent l'exemple en mourant, c'est peut-être une consolation de mourir au milieu des chefs-d'œuvre. »

« Quand le corps n'obéit plus à la grâce, c'est le commencement de la vieillesse. »

***

« Le printemps charrie la vie, est couleur de la vie, est pénétrant comme la vie, — et quelle gloire de vivre ! »

***

« La tranquillité est tout un paysage. »

***

« Rentrer dans le rang, le cœur à l'unisson ; concourir à une grande chose sous un ciel commun, comme ces villages qui sont sous mes yeux. »

***

D'après Corot :

« La forêt est douce comme si les nymphes y avaient dansé une heure, les arbres verts éclairant leurs ébats ; conversation à voix basse de la forêt. »

***

Pensées :

« Heureux ceux qui vivent dans le moment où le cœur dirige ! »

***

« Humus d'âmes endolories, antiques, où les douleurs du temps en ont écrasé tant et tant ! »

***

Croquis :

« Un petit oiseau fait plus de bruit au printemps que la somnolence de cette foule d'arbres rangés, sentant sourdre leurs entrailles à nouveau. »

***

« Comme un bassin qui se vide insensiblement, ainsi dans le jardin le jour s'écoule. »

DESSIN AQUARELLÉ

Pensée :

« La douce lumière tissée avec ces feuilles mortes. La douce pensée qu'elle fait naître a donc besoin de la mort pour régner ! »

****

Paysage :

« Ces maisons, ces arbres, ces jardins descendent la colline comme un troupeau qui va s'abreuver. »

****

Peinture :

« Corot, une des âmes de la Nature. »

****

Paysage :

« La sueur de la terre n'est pas réabsorbée au matin. Cette intimité de la terre et des maisons, des arbres, de la nuit, existe encore. Mais la colline dans ce lointain ne peut s'éloigner avec plus de grâce. »

****

Pensée :

« L'esprit n'est pas l'intelligence ; il est le détail, grandi. »

****

Sculpture :

« Les « Extrême-Orient » font de l'effet avec peu de moyens peu apparents, car un grand artiste s'y est trompé. Il a cru long-temps que c'était exotique ou barbare. »

****

Architecture :

« La cathédrale, lit mystique où les âmes se couchent. »

Pensées :

« Il y a une douleur de savoir que le temps de travail nous est rationné. »

***

« Ne regardez les musées que si vous êtes un forgeron. »

***

« La souffrance, c'est le sacrement de la vie. »

***

Paysage :

« La lune, sans bruit, éclaire... »

***

Architecture :

« Ce sont elles, les cathédrales, qui voient le premier rayon de soleil. »

***

« L'âme a besoin d'être derrière l'architecte pour le faire modeler, pour le forcer à garder la proportion jusqu'à la dernière nuance. »

***

« Comme ce qui est supérieur reste dans les villes de province qui ne sont pas encore internationales ! »

***

« La cathédrale de Chartres est dans mon esprit en ce moment comme cette messe de Mozart où les sons divins viennent de toutes parts. »

DESSIN AQUARELLÉ

Pensées :

« Souvenirs de ma jeunesse où n'ayant pu entrer ici et là que gratuitement, j'ai emporté néanmoins des millions de pensées. »

« L'intelligence dessine, mais c'est le cœur qui modèle. »

« Je désire aller à Rome pour entendre sonner les cloches. »

Architecture :

« Les immenses toitures des cathédrales sont des repos. »

« O Rome, comme tu es encore vivante de ta beauté ! »

Sculpture :

« L'antique ! Je sens qu'il faut que je vive dans cet éternel amour que j'ai pour lui ! »

Architecture :

« Jeune, je ne voyais que la dentelle gothique ; maintenant j'aperçois le rôle et la puissance de cette dentelle. Vue de loin, elle gonfle les profils et les emplit de sève. »

Pensée :

« Pendant que l'on cherche à protéger une chose, on complote d'en dévaster une autre. »

Sculpture :

« Le modelé est l'émotion que la main éprouve dans la caresse. »

***

Pensée :

« Dans l'église, à genoux ou debout, — pas assis. »

***

Sculpture :

« Notre Puget qui se réclame fort de Bernini. »

***

Pensée :

« Quelle tragédie que la vie du plus simple et quelle angoisse de vivre sa tragédie sans s'occuper des autres ! »

***

En regardant des danseurs :

« Ah ! jeunesse que rien ne remplace, ni l'argent ni les dignités ! »

***

Art :

« Ne pensez pas que nous puissions corriger la Nature ; ne craignons pas d'être copistes, ne mettons que ce que nous voyons, mais que cette copie passe par notre cœur avant notre main ; il y aura toujours assez d'originalité à notre insu même. »

***

« Le dessin de tous côtés est en sculpture l'incantation qui enferme l'âme dans la pierre, le résultat en est merveilleux ; cela donne tous les profils de l'âme même, en même temps. Celui qui a essayé de ce système est à part des autres. Ce dessin, cette conjuration mystique des lignes captent la vie. »

Cl. Lévrary

DESSIN AQUARELLÉ

Architecture :

« L'ornement que l'on méprise à tort, c'est la synthèse, l'architecture même ! »

* * *

Sculpture :

« Le modelé, c'est une manière de politesse ; on passe sans heurt d'une dureté à une autre. »

* * *

« Cette tête voluptueuse qui est là, devant moi, elle n'est plus mortelle sous cette forme. »

* * *

« Une musculature mal faite peut être bien et valoir mieux qu'une musculature bien faite, si elle a les plans qu'il faut. »

* * *

« Quand l'âme déserte la forme, elle n'est plus l'immortalité qui se réfugie autre part. »

* * *

« La correction d'un corps est une faute, s'il n'a que cette qualité-là, alors qu'on lui demande des effets d'architecture admirable. »

* * *

Pensées :

« L'esprit doit être sur un fond d'intelligence, comme un ornement sur de l'architecture. »

* * *

« La peur de se tromper est telle que l'on simule l'indifférence pour ne pas juger. »

Sculpture :

« Bien masser, c'est là qu'on peut juger si l'œuvre est d'un sculpteur habile. »

*
**

« La sculpture n'a pas besoin d'originalité, mais de vie. »

*
**

« La vie est dans le modelé, l'âme de la sculpture est dans le morceau ; toute la sculpture est là. »

*
**

« Je suis absolument méprisé pour des méplats, des modelés, des lignes, parce qu'ils sont vrais. »

*
**

Paysage :

« Le vent qui se lève annonce la tristesse et le froid. Il fait du bruit maintenant et flotte comme un étendard. »

*
**

Peinture :

« On fait le ciel comme un émail dur ; c'est, au contraire, un modelé léger et profond. »

FRESQUE EN CINQ PARTIES

(SOUVENIR DE VOYAGE)

LA DANSEUSE.

I

« Elle part. Elle prend en elle-même ce moment d'orgueil qu'elle déploie, qui est sa marque.

« Comme un cimeterre agité dans l'air jette des éclairs, elle va. La draperie la suit, l'enveloppe, la seconde !

II

« Ces redoublements, ces appels du pied, ce balancement et cette provocation, c'est une égide lancée en avant, superbe de plis parallèles.

« La ligne du dos ondule et s'efface comme un serpent irrité.

« Elle se précipite la tête baissée, mais souvent la tête flotte sur les épaules quand elle est fatiguée.

« Cette danse projette des étincelles comme le silex.

III

« C'est un holocauste ; elle offre son courage.

« Pendant qu'elle danse, elle est inondée de lumière.

« Comme le corps parle plus loin que l'esprit !

« Comme cette danse donne à cette prodigieuse petite danseuse une tête étrangement belle, d'une nouvelle beauté devenue mystérieuse et lointaine !

« Oui, cette beauté vient d'autrefois ! Quelle danseuse de génie a créé cette danse?

« Comme dans une fresque, cette danseuse en est l'âme active, l'ondulation.

« Ah ! quel ravissement renouvelé toujours par le caractère de cette danse antique !

IV

« La prodigieuse petite danseuse lance sa draperie, la déploie, la projette en avant ; son dos se profile en perfection.

« Elle se balance, son orgueil recule, elle est presque vaincue.

« Elle reprend position en tournant sur elle-même, se redresse.

« Elle présente un profil, puis l'autre. Elle s'est entourée de son écharpe, son coude en avant.

« Son écharpe l'enveloppe ; la main sur la hanche, elle laisse pendre l'écharpe.

« Les deux mains maintenant à son chapeau, le sourire vainqueur, c'est une cariatide orgueilleuse.

DESSIN AQUARELLÉ
(Cambodgienne)

« Ces retours sur elle-même, ce chapeau incliné, cette draperie en croix, elle met enfin toutes ces charmantes choses comme en bataille !

V

« Elle déroule à présent son écharpe et la laisse tomber.

« Puis les bras et l'écharpe passent rapidement, éperdument devant son cœur.

« Les gestes rapides ravissent par leurs redites perpétuelles, incessantes.

« Les gestes en se répétant font des flammes.

« Elle danse !... »

RODIN A MEUDON

Avant le séjour à Meudon, ce qui amena Rodin à la campagne, à Sèvres, précisément, ce fut le souci de gagner un bon état physique.

Il s'était surmené, en effet, dans tous ses ateliers successifs, depuis le premier, si inconfortable qu'il en garde toujours le rude souvenir. C'est lui qui raconte :

« Mes ressources ne me permettant pas de trouver mieux, je louai près des Gobelins, rue Lebrun, pour 120 francs par an, une écurie, qui me parut suffisamment éclairée, et où j'avais le recul nécessaire pour comparer la nature avec ma terre, ce qui a toujours été pour moi un principe essentiel dont je ne me suis jamais départi.

« L'air y filtrait de toutes parts, par les fenêtres mal closes, par la porte dont le bois avait joué ; les ardoises de la toiture, usées par la vétusté ou dérangées par le vent, y établissaient un courant d'air permanent. Il y faisait un froid glacial ; un puits creusé dans l'un des angles du mur, et dont l'eau était proche de la margelle, y entretenait en toutes saisons une humidité pénétrante. »

C'est là que Rodin modela la *Jeunesse*, le travail d'une année, une superbe figure d'ensemble qui gela, et fut perdue, Rodin n'ayant pas plus d'argent pour la mouler que pour entretenir du feu. « Je n'ai jamais rien fait de mieux que cette *Jeunesse* ! » nous a-t-il dit maintes fois.

Il connut ensuite des ateliers presque aussi rudes : ce ne fut que peu à peu, après beaucoup d'efforts, qu'il put s'installer rue des Fourneaux, puis boulevard de Vaugirard et au Clos-Payen, l'ancien hôtel de Corvisart, sis boulevard d'Italie. Là, dans ce dernier logis qui offrait tant de charme, bien qu'il tombât chaque jour quelque partie de plafond ou de mur, Rodin retarda de toutes ses forces la venue des démolisseurs. Son vif regret, c'est de n'avoir pu acheter alors cette charmante « folie » qu'avait édifiée M. de Neufbourg. Rodin ne se console pas de cette demeure détruite.

Mais, déjà, il s'était logé à Sèvres, dans une maison perchée sur une hauteur ; et tous les soirs, et tous les matins, il était là, regardant avidement l'espace par les nombreuses fenêtres de sa maison. Il l'aimait ; et cela, naturellement, lui avait fait — pour s'en éloigner le moins possible — solliciter des travaux à la manufacture de Sèvres, bien qu'elle fût alors dirigée par feu Lauth, un chimiste qui était un tenace ennemi des artistes. Rodin y exécuta quelques vases que l'on peut voir encore dans le musée ; mais d'autres, les plus beaux, furent cassés par les employés du sieur Lauth, qui jugeait tout bonnement ces vases comme de honteuses œuvres ! On croit rêver ! Mais c'est Rodin lui-même qui nous a dit que ses vases étaient souvent placés à terre, pour qu'en passant chacun pût leur décocher une ruade ! Sainte Administration !

Rodin ne donnait, heureusement, que quelques heures par semaine à une aussi clairvoyante manufacture ; il vivait la plus grande partie de ses jours à Paris, dans ses ateliers déjà encombrés d'œuvres, déjà si nombreuses qu'il n'en « connaissait » vraiment que les principales. En exemple, c'est là que son ancien collaborateur à l'Exposition de 1878, Jules Desbois, avait trouvé, tournée contre le mur, dans une remise du faubourg Saint-Jacques, la grande figure : *Ève*, tant de fois reproduite depuis, bien qu'inachevée, à cause du brusque départ du modèle.

Des œuvres nombreuses ! C'est que Rodin l'a bien souvent répété, il posséda tout de suite une prodigieuse facilité à modeler. Chez Carrier-Belleuse, son habileté déconcertait tout le monde ; et Carrier n'y était pour rien, quoi qu'en ait dit un aimable et peu renseigné critique qui a parlé quelque part des « enthousiastes leçons » de Carrier-Belleuse. Enthousiastes leçons, non pas ! Ce patron, gentilhomme de belle allure, sorte de Rubens du bibelot et de la statuette, était trop féru de plaisirs pour gâcher son temps à enseigner quoi que ce soit aux nombreux ouvriers qu'il avait cantonnés dans ses ateliers de la rue de la Tour-d'Auvergne. On produisait vaille que vaille ; et, comme Rodin était le plus habile de tous les collaborateurs de Carrier, il avait obtenu, seul, d'avoir modèle vivant pour les nus et pour les draperies. Ah ! les draperies ! Rodin en exécuta tellement à ce moment de sa vie que cela le détourna à tout jamais de la sculpture religieuse, où la draperie s'impose. Il avait, en sortant de chez Carrier, positivement, si l'on peut ainsi dire, « soif de nu ! »

Et pourtant, que d'obstacles avant de le satisfaire, ce passionné désir.

Rodin raconte encore : « La nécessité de vivre m'a fait apprendre toutes les parties de mon métier. J'ai fait la mise au point, dégrossi des marbres, des pierres, des ornements, des bijoux chez un orfèvre, certainement trop longtemps. Je regrette d'avoir perdu tant de temps, car tout ce que j'ai fait alors dans tant d'efforts dispersés pouvait être rassemblé vers une belle œuvre. Mais cela m'a servi. J'ai donc beaucoup travaillé chez les autres. Ceux qui ont été pauvres comme moi, n'ayant ni secours d'État, ni pension, ont travaillé chez tout le monde.

« Cela m'a fait un apprentissage déguisé ; j'ai fait, successivement, tantôt des boucles d'oreilles chez un orfèvre, tantôt des figures décoratives aux torses de trois mètres.

« On s'attachait alors à des minuties qui ne signifiaient rien ; on avait le soi-disant respect du travail sans valeur. On travaillait à rebrousse-poil et à contre-sens.

« Les pontifes de l'Art, de par leur situation, entendaient imposer le respect. Il y avait comme une hiérarchie défendue.

« Ces gens qui se disaient les dévots de l'art n'y comprenaient rien.

A MEUDON. — LA
VILLA DES BRILLANTS
(A gauche on aperçoit le
toit du Hall-Musée)

« J'ai souffert pour ma sculpture. Si je n'avais pas été un entêté, je n'aurais pas fait ce que j'ai fait. Les artistes ont toujours un côté féminin. Carrier-Belleuse avait quelque chose du beau sang du XVIIIᵉ siècle ; il y avait du Clodion en lui ; ses esquisses étaient admirables ; à l'exécution, cela se refroidissait ; mais l'artiste avait une grande valeur réelle. »

« J'ai souffert pour ma sculpture ! » Oui, ce mot est exact, dit par Rodin. Il nous a raconté, maintes fois, dans quel état de dépression il était arrivé à Sèvres, ayant certainement produit déjà une œuvre qui eût illustré un autre sculpteur ; et l'exemple de l'indifférence et même du mépris fastueusement accordés naguère à ses maîtres Carpeaux et Barye, n'était pas pour l'encourager à la bataille. Mais sa ténacité à lui aussi était déjà obstinée, volontaire, farouche. Il se souciait bien de ce qu'on lui réservait. Il travaillait ; et cela c'était tout.

D'ailleurs, il n'avait vu que du travail autour de lui. Carpeaux, méprisé par l'impératrice Eugénie, qu'éduquait le « souteneur » surintendant des Beaux-Arts, de Nieuverkerke, Carpeaux rencontrait tout de même dans l'empereur un aimable tyran qui lui commandait, entre autres travaux, la décoration de l'une des faces du Pavillon de Flore. Mais, par contre, Barye, et « c'est une honte ! » nous jeta souvent Rodin ; Barye, lui, ne connut durant toute sa vie que la plus tenace injustice ; et quel souvenir Rodin garde de ce maître, qui avait l'air, avec sa redingote fanée, usée, d'un misérable maître d'études !

Certes, à présent, Rodin est riche, chargé de la plus lourde renommée que l'on puisse accorder à un homme ; mais si l'on savait ce que tout cela, richesse, honneurs, compte peu pour lui, dès qu'il peut se jeter sur son travail !

Il y a longtemps qu'il nourrit en lui le goût de la création. Et comme il l'a développé à Meudon !... Un jour, au hasard d'une promenade, il découvre une sorte de pavillon Louis XIII, pierre et briques, perché et redressant son toit. On renseigne Rodin :

cette propriété de Mme Delphine de Cols, une artiste peintre, est à vendre. Cette femme s'inquiète de l'isolement du pavillon et des maraudeurs qui passent par là au moment de la belle saison.

Voilà Rodin décidé. Il achète le pavillon ; — et il s'y installe. C'est la villa des Brillants, sise avenue Paul-Bert, à Meudon-Val-Fleury.

****

Quand, pour cette destination, vous avez pris le train électrique à la gare des Invalides, laissez-vous conduire sans inquiétude, le train ne vous emmènera pas plus loin qu'il ne faut, après vous avoir promené à travers les gadoues, les usines et les carrières de la banlieue. Vous aurez eu tout le temps de songer à la visite que vous projetez, — en vous disant, sans doute, qu'après tout Rodin ne peut qu'être sensible à la peine que vous avez prise d'un déplacement.

De la route que suit le train, — quelques minutes avant la station Val-Fleury, vous apercevez déjà la villa des Brillants, signalée par la façade reconstituée de l'ancien château d'Issy, — et signalée surtout par la hideuse et vaste réclame en planches qu'un mercanti de l'apéritif a osé installer précisément devant cette villa déjà, nous pouvons l'affirmer, historique.

A la gare, tout le monde vous indiquera la maison de « M. Rodin ». Nul n'est plus populaire que lui à Meudon-Val-Fleury. C'est que, depuis bien des années, on voit, quotidiennement, devant la station, au départ et à l'arrivée, sa voiture.

Ne demandez pas votre chemin, c'est inutile ; tournez à gauche, et montez droit devant vous.

Vous êtes en pleine banlieue parisienne, toutefois pas une banlieue triste. Raffaëlli, depuis longtemps évadé des sites qui constituent sa gloire, ne les retrouverait pas ici. C'est une banlieue qui veut vivre, qui vit, — et qui vit même trop bien !

Car déjà les humoristes y affluent. Certes, cela a du bon ! Je comprends fort bien qu'un roquentin, ex-gaudissart ou ex-rond-de-cuir, ahuri par les hebdomadaires facéties d'un journal à gros tirage, se livre — en tant que possesseur d'un terrain — à d'ingénieuses et abracadabrantes fantaisies ! Je comprends fort bien qu'il édifie quelque chose d'extravagant et d'hurluberlu ; et que cette chose soit ensuite parée des plus cocasses chimères, dragons et autres turqueries ! Mais, — quoique l'intérêt d'une telle bâtisse ne soit pas niable ! — cela pousse peut-être trop à se divertir dans un site bocager, à peine sorti de rusticité, comme celui qu'offre au regard la campagne de Meudon-Val-Fleury.

Et une maison de rapport, voisine de la villa des dragons, chimères et autres turqueries, aggrave ce malentendu. Car, vraiment, que vient-elle faire ici, celle-là? A la campagne, dans tant de terrain perdu, pourquoi ces cellules parisiennes, qu'on appelle avec emphase appartements? Pourquoi ce salmigondis de locataires, alors qu'une petite maison s'impose à chacun d'eux? Il est vrai que nulle espèce d'animal ne se met en tas comme les Parisiens ; expliquons-nous donc ainsi la haute maison de rapport qui est non loin de la gare, comme pour encourager à la location !

Après cela, c'est la campagne qui commence. Sans doute, il y a encore des villas ; mais elles sont modestes, tapissées de lierre, avec des contrevents peints en vert, — ce vert aigre qui réjouit les peintres qui entendent mal Cézanne.

Et elles sont si cocasses, cubiques, avec un amas de petites choses ridicules : minuscule bow-window, étroite terrasse, niche à chien et boîte aux lettres, par quoi se satisfait tout individu qui pleure avec Virgile sur les « faux plaisirs » des citadins.

Marchons encore, et voici quelques guinguettes, où l'on déjeune le dimanche, où l'on déjeune mal, malgré des titres alléchants, qui s'annoncent au commencement du sentier : tel ce *Restaurant Damour*, sur une pancarte.

Des jardinets, des champs, des arbres ; on traverse un pont ; et voici, là-bas, la demeure de Rodin. Elle a un bel air, certes !

presque d'un petit palais de Fontainebleau, peut-on dire, si l'on regarde d'ensemble la descente vers le creux de la vallée de tous les bâtiments que Rodin a édifiés.

L'entrée sur la route est une entrée de château avec sa barrière blanche qui s'ouvre, large ; et voici l'allée, bordée d'iris et voûtée de marronniers. Partout des pierres, des blocs de pierre ; au moins, on est, tout de suite, semble-t-il, chez un tailleur de pierre ; et l'on passe devant un premier atelier de praticien, et voici la barrière du pavillon.

On entre ; car, sortis de leurs niches, deux gros chiens velus n'intimident pas. Ils savent pourquoi l'on vient chez leur maître : pour l'admirer ; alors, comme deux bons serviteurs avisés, ils se contentent de pousser, au coup de sonnette, des petits grognements, vite apaisés, un salut de bienvenue.

Assurément, — si on ne les doit voir qu'une fois, — il faut considérer le pavillon et ses annexes, le jardin et ses antiques, dans la plénitude du printemps, alors que tout est en fleurs, et si adorable ici que cette demeure est enchantée.

Mais, avant de vous y attarder, descendez tout au bout du jardin, et regardez devant vous, à gauche et à droite, pour vous rendre compte de la pleine atmosphère de bonheur dans laquelle plonge la villa des Brillants.

En face, sous un ciel de Paradis, voici la Seine, et, là-bas, le vieux pont de Sèvres. Tout autour, les collines montent, boisées, et hérissées des maisons aux toits rouges ; c'est Meudon ; c'est Sèvres ; c'est Garches ; c'est là-bas, moderne Acropole, le Mont-Valérien, doré dans la brume de joie. Quelle magnificence ! Dans le pli de la vallée, voici le train qui passe, et, sur la gauche, un viaduc enjambe qui porte des fumées dans les touffes tendres des arbres. On songe obstinément à Renoir, à ce moment de l'année. On revoit ses arbres frêles, un peu cotonneux, un peu ivres de tout le désordre de leurs couleurs toutes retrouvées. C'est la même confusion tendre et étourdie et il vient tant de chaleur

A MEUDON.
ENTRÉE DU
HALL-MUSÉE

de ce paysage que l'on ressent nettement l'engourdissement de la
terre, gonflée et pâmée.

A droite, près du château d'Issy-les-Moulineaux, qui revit,
chez Rodin, par sa façade redressée, par ses colonnes, par sa grille
de fer forgé, par ses marches de temple découpé sur l'azur ; à
droite, des cheminées vomissent de lourdes fumées, usines d'Issy
et choses amères de la vie. Après les coteaux sacrés et parfumés
de la Grèce, l'enfer des chocs et des douleurs. La tour Eiffel que
l'on aperçoit est-elle un phare ou une borne?

Un terrain vague, bossué, creusé, piqueté d'arbustes, descend
du pied même de la villa Rodin, jusqu'à la ligne du chemin de fer.
C'est le printemps aussi pour cette butte, car des marmailles, des
essaims de gosses y tapagent, en compagnie de chiens aboyeurs.
C'est l'élan sportif tant réclamé par les gazettes qui vivent d'icelui.
Voici des bonds qui promettent le record du saut en hauteur ; de
furibondes courses qui annoncent un impressionnant « quatre
cents mètres » ; et des yeux pochés, des nez saignants, préparent,
n'en doutez point ! le champion du monde de la boxe. Heureux
gosses ! Laids, mal venus, morveux, petits voyous, grands affamés !
Le dimanche, Jean Veber devrait venir s'installer ici et observer
cette liesse, à laquelle participent — et de quelle manière ! — les
pères, les mères, les grands frères et les grandes sœurs de cette
intéressante progéniture. C'est un lâcher d'ivrognes, de gour-
gandins, de filliasses, de filles et de turbulents voyous, assurément
plaisant, qui sacrifie à Vénus et au dieu Crépitus. Nous n'en
connaissons point un préférable ! Et puis — contraste symbolique ! — le jardin de la villa des Brillants le domine ici de toute
sa beauté.

Rodin en a fait un jardin antique. Il l'a pavoisé d'un vaste hall
et de petits pavillons à usage d'atelier ou de musée. Dans la neige
des arbres en fleurs, ce jardin est préparé à l'image de ces « jardins
pour la conversation » que les Grecs affectionnaient, et où ils
plaçaient leurs œuvres. A Meudon, Rodin, également, a placé, ici

et là, au milieu d'une allée, au détour d'un sentier ou au creux d'un arbuste, un fragment de statue antique. Ce fragment repose tout imprégné du bonheur que Rodin lui apporte, chaque jour, dans ses pieuses mains. Nous admirons, nous ; nous demeurons profondément heureux devant ces torses et ces bustes ; mais Rodin, seul, sait leur offrir le meilleur hommage : sa gratitude.

Croyons que les professeurs bâtés en Sorbonne peuvent comprendre l'Art antique ; mais soyons, certes, mieux assurés que l'hommage de Rodin est plus attentif, plus aigu et plus recevable. Dans des matinées, qui resteront pour nous inoubliables et chères, nous avons entendu Rodin parler de l'Art antique, comme personne ne le fit jamais, et comme personne ne le fera. Ce n'étaient pas des discours, encore moins des explications ampoulées de docteur « versé » dans la critique ; c'étaient des mots lucides, appuyés d'éloquentes épithètes, c'étaient de merveilleuses images. Et les matinées se passaient si absolument enchantées, qu'il n'était pas possible qu'on pût croire à ce don magnifique d'une haute leçon de Rodin : oui, la vérité peu à peu s'apercevait : il avait parlé pour son propre plaisir, pour « s'entendre » lui-même, pour rechercher — dans l'effort des mots prononcés à haute voix — une ou plusieurs raisons nouvelles d'admirer encore avec plus de ferveur.

Et c'est comme cela, seulement, que l'on peut ne plus s'étonner de tous ces visiteurs, pour lesquels il recommence, sans ennui apparent, ses « leçons ». Oui, nous tous, soyons modestes ! Quand Rodin confronte son âme avec celle des sculpteurs païens, croyons que nous sommes loin de lui, très loin de lui ! Taisons-nous ; laissons-le parler. Gardons-nous du ridicule !

* *
* * *

Le hall-musée est la plus importante construction édifiée dans le jardin. C'est le hall tel qu'on le vit à la place de l'Alma, lors de la dernière exposition universelle. Il a été transporté ici et réédifié avec seulement l'adjonction d'un « pont », comme celui qu'emploient les peintres de décors de théâtre, pour se ménager une retraite au-dessus de la vaste superficie, dont on ne peut rien enlever, de leur atelier.

Ce hall-musée, que d'histoires il enfanta ! Extraordinaires concessions en faveur de Rodin, de l'État et de la Ville ! Ces deux pouvoirs s'étaient mis d'accord pour lui dresser ce musée ; par déférence envers le génie, tous les ministres, tous les bureaux, toute la nation enfin s'était sacrifiée, dépouillée ! Hommage sans précédent, hommage sublime !...

La vérité nous oblige à dire que Rodin, au contraire, assuma tous les frais de son hall. « Il veut montrer ses œuvres, lui à part, tout seul ! Qu'il paye ! » déclarèrent les gens de l'Administration » ; et Rodin paya, après avoir difficilement obtenu la location du terrain.

Quelles aventures, ensuite ! Ah ! cette « inauguration » d'un ministre, tout de même venu, lui, mais sans le moindre cortège ! « L'affaire du Balzac » pesait encore sur la tête de Rodin ; il la supporta pendant toute la durée de l'exposition.

Alors, en effet, que l'on se ruait sur les sottises les plus décisives de ce vaste bazar ; alors que Paris et la province, décagés, étaient ahuris par les Arabes, les Samoyèdes, les Zoulous et les Cafres ; alors que les baraques de danses du ventre et de tableaux vivants se gonflaient de spectateurs, le pavillon Rodin, lui, demeurait obstinément solitaire. Le désert Rodin !

Et pourtant, quel choix unique d'œuvres ! Tout le meilleur d'une magnifique production, tout ce que l'intelligence, l'imagination la plus féconde avait pu conseiller, était réuni là. Suprême sélection de tout ce que Rodin avait créé ; sévère « triage » de tout ce qui est encore épars maintenant à Paris : rue de l'Université et à l'hôtel Biron ; à Meudon : en sa villa des Brillants et dans les annexes de la rue de l'Orphelinat et de la Goulette ; à Issy, dans l'annexe de la rue du Château.

Aujourd'hui, à Meudon, le pavillon se dresse enfin dans la sérénité qu'il a bien conquise. Il s'offre, comme un temple, le flanc à la splendeur de la vallée ; et, face à son péristyle, le soleil se couche. Par les beaux jours, c'est un coin tout gonflé de lumière ; et, majestueux, des paons s'y promènent, au milieu des fragments de statues antiques et des plâtres du maître, qui débordent ici du hall-musée.

Ce hall-musée ! Il nous explique toute la vie amère de Rodin, toutes les injustices et toutes les haines dont il fut assailli. Considérez chacune de ses hautes œuvres, et chacune vous racontera une mauvaise histoire. Nous noterons plus loin quelques-uns de ces souvenirs. Pour le moment, contemplez seulement dans ce hall-musée tous les projets d'œuvres qui demeurèrent projets : car combien de temps faut-il pour qu'on ait confiance, pour qu'on accorde à l'artiste un loyal espoir ?

Un de ces projets, le plus cher, peut-être, c'est cette *Tour du travail*, dont Gabriel Mourey parla, à son moment, en des termes si émouvants ; cette *Tour*, qui, vraisemblablement, ne sera jamais rien de plus que l'esquisse en plâtre que l'on voit à Meudon. Oui, un projet jamais réalisé ? car, comment obtenir des sculpteurs actuels, je parle des meilleurs, qu'ils collaborent avec Rodin ? Sa grande ombre étend trop de nuit au-dessus d'eux ; et tous, ils redoutent trop l'anonymat ; ils sont plus orgueilleux que Rodin. Et, pourtant, quel projet porte plus de joie magnifique que cette *Tour* ! Nous, nous doutons de la voir réalisée ; mais lui, Rodin, il espère toujours ; et ne nous contait-il pas un jour cet espoir, à la nouvelle qu'une société de sculpteurs anglais pensait à composer une élite des sculpteurs du monde entier, présidée par lui, Rodin : « Si je pouvais trouver des collaborateurs, nous disait-il, cette *Tour*, je la modifierais bien certainement ; mais il me semble qu'elle constituerait même telle qu'elle est un Hommage au Travail. Avec une dizaine de bons sculpteurs, le projet serait aisément réalisé. »

A MEUDON.
ENTRÉE DU
HALL-MUSÉE

Une dizaine de bons sculpteurs ! Mais jamais Desbois, Bourdelle, Carabin, Despiau — en choisissant les meilleurs — ne voudraient collaborer à cette œuvre. Rodin doit savoir mieux que quiconque que le temps des grandes écoles est déchu, passé, fini. Avec cette furie d'expositions mille fois renouvelées, comment résister, en effet, au désir de se créer une popularité, un nom, même de plusieurs crans au-dessous du génie? Et puis, pourquoi chacun de ces artistes épouserait-il la pensée du maître? Tous, ils ne sont pas loin de dire : « Rodin a des idées ; eh bien ! qu'il les réalise ! Nous, nous nous contentons de statues, de bustes ; de sculptures, en un mot, aisément possibles ! »

Oui, Rodin s'illusionne ; il croit être aux temps héroïques, à l'âge d'or de la Renaissance. Les génies sont des esprits égarés.

****

A Meudon, Rodin vit simplement. Tous les chefs de bureaux, chefs de rayons et autres chefs de contentieux parisiens, se traitent avec un plus vaniteux souci de confort.

Il a dit, lui-même : « J'ai eu, jusqu'à cinquante ans, tous les ennuis de la pauvreté ; mais le bonheur de travailler m'a tout fait supporter. D'ailleurs, aussitôt que je ne travaille pas, je m'ennuie ; il me serait odieux de ne pas produire. »

Et c'est justement ce forcené travail qui l'empêcha toujours de songer à une vie matérielle meilleure, quand la Fortune enfin sauta de sa roue à sa porte.

« Evidemment, je n'attends plus comme autrefois l'omnibus, nous disait-il un jour ; mais pour le reste, je n'ai rien changé à ma vie. L'argent vient trop tard ; et nous, du moins quelques artistes comme moi, nous ne savons pas alors nous habituer à sa puissance. »

Rodin vit donc dans une maison, en somme étroite ; et, tout autour, les ateliers, le jardin, ne révèlent pas autre chose que la vie modeste d'un artiste, nullement touché par le goût du luxe. Si l'hiver est rude, Rodin lutte plus contre lui en endossant un pardessus que par un système de chauffage perfectionné. Sa sobriété ne l'attarde point, également, aux prouesses d'un cordon bleu notoire. Pour descendre à la gare, un cheval pacifique, nous l'avons dit, l'y conduit dans une humble voiture ; et toutes les automobiles du monde ne l'ont jamais tenté (1).

Il tient aussi en haine les « palaces » modernes, « où il y a, dit-il, une chaleur constante partout, et où l'on est traité comme un colis ! »

Cet homme, qui peut moissonner des centaines de mille francs par année, ne l'avez-vous pas vu aussi déjeuner, maintes fois, chez un marchand de vins sans renommée. Autour de lui, des employés, des cochers. Nulle affectation de modestie ou d'orgueil. Le plus souvent, pas de rosette à sa boutonnière. Il vient de travailler ; il est un simple « compagnon » comme hier ; il parle, il vous répond ; mais surtout il a hâte de « reprendre son collier », sur lequel il « tire » depuis plus de cinquante ans.

Couché de bonne heure, levé dès l'aube, il déjeune d'un bol de lait ; il a deux vaches à lui dans un pré, des canards, des poules ; il aime cette vie campagnarde ; mais, s'il le faut, son urbanité est exquise et sa délicatesse infinie. Et tout cela, en lui, est fort naturel.

On peut attaquer, injurier cet homme ; sa malice et sa force le défendent. On peut le traiter familièrement ; il ne s'en effarouche pas ; il se contente d'en sourire. Un jour, nous lui répétâmes ce mot d'un « attaché » de Bérard, ancien sous-ministre aux Beaux-Arts : « Rodin ! mais c'est un ami de la maison ! » avait jeté ce galantin, — comme cet autre cuistre, qui, en parlant de Shakespeare, avait dit : « Ce bon Will ! » Rodin hocha doucement la tête.

Le matin, avant de venir à l'hôtel Biron, il visite l'atelier de

____

(1) Nous devons toutefois déclarer que Rodin, depuis quelques mois, se sert quelquefois d'une automobile.

son mouleur, — et cet autre atelier également où un ouvrier
japonais le ravit par sa dextérité à réparer les objets d'art qu'il
lui confie. Puis, il reçoit son fondeur, ou l'artisan qui lui prépare
ses « agrandissements », ou celui qui fait ses patines; car, à soixante-
quatorze ans (1), Rodin est aussi amoureux de la vie et du travail
qu'au moment où il présentait sa première œuvre publique :
l'*Homme au nez cassé*.

On sera vraiment frappé de stupeur quand on fera l'inventaire
de son formidable legs. On se dira qu'il y eut d'autres maîtres,
assurément, — et des œuvres diverses ! mais, jamais, nous le
croyons, un seul artiste n'aura entassé une pareille moisson. Nous
avons cité les annexes que Rodin possède pour le dépôt de ses
œuvres. Il faut se certifier que chacune de ces annexes constitue
un musée magnifique ; il faut se répéter qu'il est impossible d'établir exactement un catalogue des œuvres de ce sculpteur ; — et
cela surtout nous fait nous divertir de ces misérables artistes, qui
ont le temps, eux, de tenir au jour le jour l'historique de leurs
productions ; nous entendons : le sujet, ses dimensions, et le nom
du ou des modèles qui ont posé.

A vrai dire, Rodin n'a jamais rien sacrifié à son travail. Quand
sonnait, par exemple, à tous les échos le nom prestigieux de Carolus
Duran, beau cavalier et médiocre peintre, Rodin, embusqué dans
son atelier, était tel qu'une sorte de fou furieux acharné sur la
glaise.

Il n'était au courant des « nouvelles du dehors » que par des
bribes que rapportaient les uns ou les autres, — ou par ces si
utiles « manchettes » des journaux, qu'il pouvait lire d'un œil
distrait.

Que lui importaient les changements de ministères puisqu'il
n'avait rien à attendre d'eux ! Que lui importait, en particulier,
la nomination de tel ou tel sous-ministre aux Beaux-Arts, puisqu'il restait pour chacun de ces préposés un inconnu ! Et puis,

(1) Écrit en 1914.

à quoi bon s'occuper de tout cela, quand le véritable artiste est destiné — historiquement et traditionnellement — à inventer des œuvres au plein de l'indifférence des uns et de la jalouse imbécillité des autres !

*
* *

Certes, il est malaisé de faire parler Rodin sur ses œuvres ! Avec lui, on n'a aucune chance d'obtenir quelques mots seulement de ces « confidences », que déversent, au contraire, à la moindre occasion et en tous lieux, les autres peintres ou sculpteurs. C'est en unissant des tronçons d'entretiens que l'on arrive à savoir à peu près dans quelles conditions, non les principales œuvres toujours, mais les plus fameuses de Rodin, furent exécutées. Il juge, lui, que tout cela n'a aucune importance : et, pourtant, quelle surprise pour ceux qui croient que sa vie fut une heureuse suite de commandes officielles !

La *Porte de l'Enfer*, quelle complication, par exemple !

Rodin venait d'exposer l'*Age d'airain* ; et Dieu seul avait pu faire le compte des criailleries, des injures et des calomnies, tombées comme grêle sur cette statue. De quelle façon n'avait-on pas assailli Rodin? La principale calomnie l'accusait d'avoir fait un moulage sur nature ; et cette calomnie fut si tenace, que des gens de l'Institut, retournés à l'état d'enfance, la colportent encore présentement.

— Ah ! cette sotte accusation ! nous dit un jour Rodin. Cette chose-là, parce que j'avais longuement modelé cette statue. Je voulais d'abord en faire un soldat blessé, s'appuyant sur une lance ; et cela, d'après le soldat belge qui me servait de modèle. Et quelle patience je n'avais pas eue, malgré mon habileté ! Je suis resté des mois et des mois sur cette œuvre ; je me souviens encore, entre temps, de mes visites au musée de Naples, où je cherchais dans une statue d'Apollon la plus belle manière de placer l'appui de la jambe qui porte presque tout le poids du corps. Un

A MEUDON. Dans le jardin
FAÇADE RECONSTITUÉE
DE L'ANCIEN CHATEAU
D'ISSY-LES-MOULINEAUX

moulage sur nature ! Mais ils ne savent donc pas ce que cela
donne, toujours ! Mais il ne faut pas savoir pour se tromper si
grossièrement ! Le meilleur moyen de témoigner de ma loyauté
professionnelle, je l'obtins en fournissant des photographies de
mon modèle, dans la pose. Il y eut alors une sorte de consul-
tation ; quelques membres de l'Institut eux-mêmes soutinrent
ma bonne foi ; je fus renvoyé, comme on dit, des fins de l'accusation ; on me gratifia même d'une troisième médaille. Mais je
n'ai plus eu, par exemple, d'autre récompense. C'était fini : l'État,
les sculpteurs et moi, nous ne devions plus nous entendre !

— Oui. Mais quelle revanche ! dis-je. Cette statue, elle est
partout, maintenant, dans tous les grands musées.

— Même à Lyon, où, exposée longtemps sur la place Bellecour,
on se divertissait à la recouvrir d'ordures, jusqu'au jour récent où
elle fut enfin placée — à l'abri ! — dans le jardin du musée.

— Et ensuite vint votre *Porte de l'Enfer?*

— Oui. L'*Age d'airain* ayant attiré sur moi l'attention d'Antonin Proust et, par suite, de son sous-secrétaire d'État aux Beaux-
Arts, Turquet, ils songèrent tous deux à me « commander quelque
chose » ; ils ne savaient pas trop quoi, à bien dire. Et Turquet
était méfiant. L'histoire du prétendu moulage sur nature de l'*Age
d'airain* l'avait, malgré tout, désagréablement impressionné. Ce
sous-secrétaire d'État, on ne pouvait, certes, lui en vouloir ; il
tenait à savoir où il allait, à ne pas « commander à l'aveuglette ».
S'il se trompait, son ministre resterait en dehors, de toutes façons.
Mais lui, il aventurait sa place. Alors, comme on prend des renseignements sur une bonne qu'on désire engager, Turquet prit des
renseignements sur moi. Il s'entoura de nombreux avis, se fît
donner des conseils. Que risquait-il? que ne risquait-il pas?
J'étais au courant de ces terribles perplexités ; et je m'en diver-
tissais beaucoup. Mais comme tout doit avoir une fin, je me décidai
à venir au secours de cet homme politique. Il ne savait pas quoi
me commander ! Eh bien ! me lançant dans une aventure que je

devinais, moi, interminable, je lui proposai — pour quelle somme
dérisoire et bien loin de celle qu'on suppose encore maintenant ! —
de modeler une porte gigantesque, qui serait la *Porte de l'Enfer* ;
c'est-à-dire tout le détail le plus pathétique du grand poème
dantesque. Mon interlocuteur me crut fou. Il y avait de quoi !
Des centaines de personnages, alors qu'on s'en tient généralement
dans une commande à beaucoup moins, n'est-ce pas? Il m'exprima
son étonnement, sa stupeur. Il devait bien regretter maintenant
d'être entré en pourparlers avec moi ; et il maudissait assurément,
intérieurement, les renseignements incomplets qu'il avait sur
moi, et qui ne me représentaient pas, avant tout, comme une sorte
d'artiste étrange, bizarre, à coup sûr halluciné, dont on ne pouvait
rien tirer de raisonnable. Je m'amusai un instant de son émoi ;
puis, doucement, lentement, je lui dis que mon idée de cette
Porte de l'Enfer, c'était son salut ! Mais, assurément ! repris-je ;
car, si l'on a pu m'accuser d'avoir moulé sur nature une statue
grandeur nature, l'*Age d'airain*, il ne viendra à la pensée de
personne, même pas du plus obtus de mes ennemis, de croire que
j'ai moulé sur nature des centaines de statues pour les réduire
ensuite aux dimensions qu'ils doivent avoir dans l'ensemble de
ma porte! Je ne quittai pas des yeux Turquet. Il écouta, réfléchit,
puis, bien entendu, sans faire allusion à la formidable entreprise
que j'allais assumer, pour une somme relativement minime, il
voulut bien se déclarer satisfait. Voilà la vraie histoire de ma
première commande.

— Mais l'on s'étonne toujours que vous ne l'ayez pas livrée?

— Cela ne me surprend pas ! Personne ne peut même supputer
quelle somme d'argent il eût fallu pour terminer ce lourd travail !
Je vous affirme, quant à moi, que je ne suis pas en reste avec l'État.
J'ai travaillé bien au delà des acomptes qui me furent versés ;
car je n'ai jamais mesuré mon travail à l'argent reçu. Mais, c'est
toujours la même chose : on devait s'impatienter, trouver que je
n'allais pas assez vite, malgré toute ma vie consacrée alors à cette

œuvre. Alors on ne m'a plus rien donné. Ah ! les délais ! tout est
là ! Il ne faut pas *chercher*, reprendre son travail, détruire des
choses que l'on trouve mauvaises, en parfaire d'autres qui
paraissent pour le commun absolument achevées. Cette histoire-
là, c'est, du reste, l'histoire de toute ma vie. On a trouvé toujours
que je n'arrivais pas à temps. On a longtemps répété que j'étais
lent au travail. Lent ! Pendant les travaux de l'Exposition de 1878,
alors que j'étais employé par l'ornemaniste Legrain, il m'est arrivé
souvent de modeler une figure grandeur naturelle en quelques
heures ! Mais voilà, oui, j'ai toujours été brouillé avec les dates ;
je n'ai jamais eu la notion du temps en exécutant mon œuvre.

La terminerai-je, un jour, cette *Porte?* C'est bien impro-
bable ! Et pourtant, il ne me faudrait que quelques mois, peut-
être, deux ou trois au plus, pour l'achever. Vous savez que tous
les moulages sont prêts, étiquetés, pour le jour qu'il plairait d'en
demander le complet achèvement. Mais ce jour viendra-t-il jamais?
Ce seraient de nouvelles sommes d'argent que devraient me verser
les bureaux, et elles leur sont fort nécessaires pour tous les
sculpteurs qui attendent des commandes... Bah ! J'ai dispersé
un peu partout les détails de ma *Porte* ; cela est peut-être aussi
bien, ainsi ! Songez, qu'achevée, elle devrait être fondue en bronze;
et la centaine de mille francs nécessaire, vous pensez bien que les
bureaux ne me l'accorderaient jamais ! En tous cas, je lègue à
l'Etat mon œuvre ; je suis donc largement quitte avec eux.

— Et pour les *Bourgeois de Calais*, autres ennuis, n'est-ce pas?

— Naturellement !... Je ne me souviens pas, d'ailleurs, d'une
œuvre faite pour un concours, pour un particulier, ou pour l'Etat
qui ne m'ait causé des difficultés. Il semble que cela soit une atté-
nuation obligée du plaisir que l'on pourrait avoir. Est-ce par un
décret providentiel ou simplement humain? Je ne sais ! mais ce
que je sais bien, c'est que jusqu'à la fin de ma vie, je connaîtrai
maintenant ces ennuis-là ! Pour les *Bourgeois de Calais*, néanmoins, ils dépassèrent, je crois, la mesure.

« Si vous en voulez l'histoire, la voici : un jour, je reçois une
lettre d'un sieur Léon Gauchez, aux gages de feu le baron Alphonse
de Rothschild, qui me mande à son bureau. Ce Gauchez, belge
d'origine, marchand de tableaux, commanditaire du journal *L'Art*,
en était aussi le critique d'art le plus médiocre et le plus encombrant sous divers pseudonymes : Paul Leroi, Noël Gehuzac, etc.
Il faisait, je le savais, beaucoup de commandes au nom de son
riche patron ; et cela, à cette époque, était bien pour me tenter.
Je vais donc chez l'homme en question ; et, de haut, voici qu'il
me commande un *Eustache de Saint-Pierre*, pour une somme de
quinze mille francs. Il ajoute : « Je sais que vous n'êtes pas riche ;
« aussi j'ai forcé la somme qu'on accorde habituellement à une
« statue grandeur nature. » Je remercie et je rentre chez moi, me
demandant déjà comment je vais me tirer de cette commande.
J'avais à exécuter un *Eustache de Saint-Pierre* ! Je lis une brève
notice à ce sujet ; mais comme je ne me trouve pas satisfait de
cette lecture, on me recommande les *Chroniques de Froissart*. J'y
dévore le chapitre intitulé : « *Comment le roi Philippe de France
ne put délivrer la ville de Calais, et comment le roi Edouard d'Angleterre la prit* ! » et j'arrive à ceci : — Rodin va chercher un album,
et il lit : « *Le roi Edouard consent à épargner la population, à la
condition qu'il parte de Calais six des plus notables bourgeois, nu-tête
et les pieds nus, la corde au cou et les clefs de la ville et du château
dans leurs mains. Il fera de ceux-là à son bon plaisir* ! » Comment !
dit Rodin, Eustache de Saint-Pierre ne se dévoua point seul ! Il
s'agit, au contraire, de six bourgeois, tous héros au même degré !
Tenez, écoutez la suite : « *Quand le plus riche bourgeois de la ville se
fut levé et eut consenti à mourir pour ses concitoyens, chacun alla
l'adorer de pitié, et plusieurs hommes et femmes se jetaient à ses pieds,
pleurant tendrement, et c'était grand'pitié d'être là pour les entendre
et regarder. Puis c'est un second qui s'offre, très honnête bourgeois et
de grande fortune, qui avait deux belles demoiselles pour filles, puis
un troisième, qui était riche en meubles et en héritages, et ainsi les*

A MEUDON.
UN COIN DU
HALL-MUSÉE

autres. Tous se déshabillent, ne gardent que leurs chemises et leurs braies, et se mettent en marche, la corde au cou ; ils s'appellent : Eustache de Saint-Pierre, Jean d'Aire, Jacques et Pierre de Wissant... On ne sait pas les noms des deux autres. » Je m'enflamme à ce récit, continue Rodin. Alors, mon parti est vite pris : je ne ferai pas un bourgeois, mais six, et pour le même prix, s'il le faut ! Le lendemain, j'avertis de ma résolution le sieur Gauchez. Il ricane, et me jure qu'il ne « s'occupera plus de me tirer de la misère ! » Je me soucie bien de ses paroles ! Je me mets à l'œuvre ; et, furieusement, dans mon atelier du boulevard de Vaugirard, seul, je modèle les six héros calaisiens. Puis je les fais mouler ; — et c'est alors que mes ennuis commencent !

« La ville de Calais refuse de prendre possession de mes six statues. Pourtant, très justement, je supporte, seul, en m'endettant, la fonte des six personnages. Mais voilà, on ne les comprend pas ; il paraît qu'ils sont très « divertissants », alors que j'ai voulu réaliser, moi, un groupe tragique. Oui, mes statues font rire ! Le Conseil municipal de Calais ne veut rien entendre, malgré tous ceux qui prennent, à Paris, ma défense. Il paraît que je suis un humoriste ; vraiment, je ne m'en doutais pas ! Pendant des mois et des mois, on tergiverse, on bataille, on accepte mes statues, puis on les refuse de nouveau. Je suis résigné : je vais les faire rentrer dans mon atelier ; elles rejoindront beaucoup d'autres choses incomprises ou inconnues, et tout sera dit. C'est alors qu'une intervention décisive les impose à Calais ; et l'on va même jusqu'à me demander comment je désire placer mon groupe. Je suis un doux entêté, c'est vrai ; mais, tout de même, je suis si surpris de ce revirement que je ne me décide pas tout d'abord ; ou plutôt, je vois deux manières de disposer mes six statues. Je les fais connaître. Pour la première je demande qu'on place les six héros à même sur le sol, comme s'ils sortaient de l'Hôtel de Ville pour se rendre sur le lieu du supplice. Je me doute bien que cette proposition doit causer de nombreux rires parmi toute la

population, y compris l'Assemblée communale. Et pourtant !...
Pour la seconde manière, je demande un piédestal très haut,
comme celui du Colleone, à Venise, ou du général Gattamelata, à
Padoue. Ces deux propositions devaient causer ma perte. On
crut que je me moquais de ceux qui avaient tant ricané de mon
groupe ; et l'on confia à un architecte local le soin d'édifier un
piédestal très bas, sans caractère, qui, tenant par sa hauteur le
milieu entre le sol même et le haut piédestal que je demandais,
devait contenter tout le monde, moi compris. Maintenant, quant
à l'emplacement désirable, j'avais toujours protesté contre le
choix d'un square ou jardin, estimant que les œuvres purement
décoratives, allégoriques ou mythologiques, sont seules là à leur
vraie place. On ne tint aucun compte de ce dernier désir ; et, très
spirituellement, on infligea à mon propre groupe, ainsi que vous
le savez, le voisinage d'un chalet de nécessité.

— La façon, dis-je, dont vous fîtes le buste de Victor Hugo
vous avait préparé à ces touchantes manières d'honorer la sculpture.

— Ah ! certes ! j'y tenais, à ce buste ! et je me souviens que
pour me donner du courage, quand je devais approcher un grand
homme, un Victor Hugo ou un Eugène Delacroix, je buvais un bon
coup de vin de Champagne. Ah ! ce buste de Victor Hugo ! Dans
quelles mauvaises conditions je l'ai exécuté ! Sans l'aide de sa
maîtresse, Juliette Drouet, je crois bien que je n'aurais jamais
pu obtenir de Hugo même la demi-heure de pose qu'il m'accorda
en tout et pour tout. Il me tolérait dans la véranda de son hôtel
à la seule condition de ne rien réclamer, de me contenter de
l'apercevoir un moment et de noter aussitôt quelques traits
essentiels. Heureusement, j'étais déjà fort capable de travailler
de mémoire ; mon maître, Lecoq de Boisbaudran, m'avait en ce
sens fortement discipliné ; et je puis bien dire que c'est de mémoire,
après avoir aussi confronté bien des croquis, bien des profils notés
par moi, que je pus exécuter ce buste, qui, d'ailleurs, je dois le

déclarer, ne plut nullement au poëte et à tout son entourage. Mais il est vrai que plaire à un jury est chose encore plus difficile !

— Vous faites allusion à votre concours pour le *monument de la Défense*, à Courbevoie?

— Oui ! nous étions là une bonne soixantaine de sculpteurs à concourir ; mais, malgré tous mes efforts, malgré la vie qui anime, je crois, mon groupe : *L'Appel aux armes*, je ne fus même pas retenu. Aussi, moi, qui ai pour Delacroix une admiration si profonde et qui connaissais par conséquent par cœur sa fameuse lettre sur les concours, je me demande bien encore souvent ce que j'étais allé faire dans cette galère. Vraiment, je ne pouvais lutter contre Barrias et Mercié. Mon groupe dut paraître trop violent, trop vibrant. On a fait si peu de chemin depuis la *Marseillaise*, de Rude, qui, elle aussi, crie de toutes ses forces. Ce fut Barrias, vous le savez, qui obtint le prix.

—Son *Monument à Victor Hugo* est bien une autre honteuse chose!

— Et dire que cette leçon ne me corrigea point !

J'ai accepté plus tard un autre jury !

— Celui du *Balzac* !

— Oui ! et cette fois un jury de gens de lettres !

— Heureusement, cette statue vous donna une fastueuse renommée.

— Jamais statue ne me causa plus de soucis et de travail, ne mit davantage ma patience à l'épreuve. Que de voyages j'ai faits en Touraine pour *comprendre* le grand romancier ! avec quelle activité j'ai couru après les textes, les images, tous les documents utiles ! J'avais encore une fois accepté un délai pour la remise de la statue au Comité ; et cette nouvelle faute, je l'ai lourdement expiée. Comme s'il était possible, *dès qu'on cherche*, d'être prêt à une date fixée! A Azay-le-Rideau, j'ai poussé la conscience — pour m'approcher de mon modèle ! — jusqu'à exécuter un buste de voiturier, parce qu'il me rappelait Balzac jeune, tel que je me le figurais d'après des dessins et des lithographies. Et, cependant,

ai-je été calomnié, injurié ! Mais toutes mes esquisses préparatoires répondaient, au contraire, de ma probité, de mon grand
désir d'exécuter une statue « honnête ! » On a ricané autour de
mon œuvre, copieusement. C'est l'éternelle histoire, quand on
ne veut pas faire comme tout le monde ! Ce fameux sac, comme
on disait, ce qu'il y avait d'études dessous, de modelé patient,
personne ne le pouvait deviner. Il faut être du métier ! On n'a
pas voulu voir mon désir de monter cette statue comme un
Memnon, comme un colosse égyptien. Tenez, un jour, un Amé-
ricain l'a photographiée, cette statue, contre le clair de lune ;
elle prend ainsi toute sa signification ; elle ne saurait vivre par le
détail. Et puis enfin, comment ces gens du Comité, qui m'ont
refusé ma statue, pouvaient-ils parler au nom de l'Art puisqu'ils
l'ignorent, totalement?

— En tout cas, vous êtes bien vengé ! Le *Balzac*, de l'avenue
de Friedland, qu'accepta le Comité, est bien la divertissante
image d'un gros monsieur qui se repose après le bain !

— La foule ne comprend rien à la sculpture ; je n'avais qu'à
ne pas accepter cette commande. Au Panthéon, mon ami Dujardin-
Beaumetz, qui fut pour moi si affectueusement dévoué, attira
également sur moi bien des injures à propos du *Penseur*.

— Le fait est qu'on ne vous a pas gâté dans ce Panthéon
qui devrait être le musée de vos œuvres.

— J'ai contre moi toutes les hostilités de l'Institut, qui ne
désarme pas. Je sais bien, il y avait un moyen radical pour tout
pacifier : faire partie moi-même de cette maison-là ; mais alors
j'aurais dû protéger, à mon tour, des choses que j'exècre, et cela,
non, jamais ! J'aime mieux mon indépendance et les haines qu'elle
m'attire. Je descends de rouliers normands ; je suis un entêté
comme ceux de ma race ; je ne souffre pas outre mesure des
sournoises embûches que l'on me tend. Je me défends, en faisant
bloc. J'ai, à moi seul, exécuté plus d'œuvres que tout l'Institut
par tous ses sculpteurs !

A MEUDON
UNE VITRINE
DU HALL-MUSÉE

— Certes, dis-je, on peut s'égayer en pensant aux quelques statues râpées et poncées par ces messieurs. En voilà qui n'ont pas d'excédents d'imagination. Ah ! il y a plutôt en notre temps disette d'œuvres !

— Oui ! quelle différence quand on songe, par exemple, à cet extraordinaire XVIIIe siècle, qui a produit tant de hauts artistes, avec des chefs comme Pigalle et Houdon !... Pour nous, c'est le règne de Louis-Philippe qui nous accable encore ; les bourgeois sont plus sots et plus puissants que jamais ; ils sont arrivés jusqu'à tuer l'architecture qui pourrit maintenant dans l'impuissance et le plagiat. On ne sait même plus admirer ; nous nous ruons sur ce qu'on appelle des « curiosités », et nous faisons de nos logis des boutiques d'antiquaires, des bouibouis de brocanteurs.

— Et nous laissons mourir Versailles et Fontainebleau !

**

Le jardin de Meudon est en fleurs. Il est tout parfumé et tout noyé de soleil. Toute la campagne s'étire et hérisse ses panaches d'arbres, là-bas, sur les collines. Les maisons ont leurs yeux grands ouverts. Tout chante, tout reluit, tout est plein de couleurs. Il y des jaunes, des verts, des rouges, des bleus, — et des violets pour le Mont-Valérien qui se donne des airs de Temple ; pendant que les cheminées des usines d'Issy vomissent de lourdes boules. Quel bonheur ! Des coqs s'attardent à claironner ; un train roule sur le viaduc : sa belle plume Louis XIII caresse et s'effiloche. Voilà le décor. Je l'ai brossé sommairement, car j'ai hâte d'écouter Rodin parler. Je l'ai mis sur le chapitre de ses contemporains.

— Mon premier ami, me dit-il, ce fut Dalou. Un grand artiste qui avait la belle tradition des maîtres du XVIIIe. Il était né décorateur. Nous nous connûmes très jeunes chez un ornemaniste, qui oubliait souvent de nous payer, de sorte que nous fûmes obligés de nous séparer, Dalou et moi ; lui, pour entrer chez un empailleur-naturaliste, et moi chez un autre patron, plus ponctuel que le premier. Plus tard, je revis Dalou, après l'amnistie ; oui, la Politique l'avait entraîné loin ; mais il sut en profiter et prendre tout de suite une place prépondérante à l'Hôtel de Ville. C'était un beau parleur que Dalou ! Ah ! là-dessus, il me rendait aisément des points. Il parlait avec une éloquence entraînante, et qui, certes, n'était pas inutile pour amener les conseillers à comprendre quelques bribes des questions artistiques. Il rêvait d'être le grand surintendant des Beaux-Arts ; il est mort avant d'avoir pu réaliser ce beau rêve. La commande du *Monument à Victor Hugo*, qui me fut faite, éloigna de moi cet ami de jeunesse ; j'en ressentis une vraie peine.

— Et Rochefort?

— Je le connus de bonne heure, lui aussi. Je garde son souvenir. Il avait une verve étonnante, un esprit à l'emporte-pièce, qui souvent me déconcertait. Je n'ai jamais, à bien dire, goûté les mots dont il abusait, véritablement. Mais je le sentais honnête, loyal, tout vif, et cela me plaisait ; — et puis, et puis, il répétait qu'il aimait tellement l'art du xviiie siècle !

— Plus que l'art de son époque !

— Ah ! certes ! Là, il choppait rudement, maladroitement. Pour tout dire, lui qui connut tous les artistes de son temps, il n'en aima aucun. L'histoire de ses portraits en est, cela seulement, une preuve décisive. Il fut peint par Courbet, par Manet, par cent autres ; eh bien ! toujours, une fois son portrait achevé, il le montait dans son grenier ou... il le vendait. Mais le peintre avait sa revanche, quelquefois. Je me souviens ainsi de son portrait par Manet, qu'il me demanda de lui « retrouver », parce que Manet était, entre temps, devenu célèbre. Je lui dis où se trouvait ce portrait, dont on demandait maintenant vingt mille francs. Cela le fit reculer. Il se consola, du reste, aisément, de cette aventure, en continuant de mépriser l'art de son temps. Pour le buste que je fis de lui, de même il le laissa bien des années dans son grenier. Malgré tout, on ne pouvait pas lui en vouloir ; il était si ardent, si spirituel, si entraînant !

— Mais vous savez que dans les dernières années de sa vie, son plus grand peintre, c'était Luc-Olivier Merson.

— Cela ne m'étonne pas ! Je n'ai même jamais su, à vrai dire, si ses enthousiasmes n'étaient pas des boutades, et s'il n'avait pas pris en adoration le xviiie siècle, au hasard, pour paraître admirer quelque chose, comme tout le monde ! Au fond, allez, il n'entendait absolument rien à l'Art ; mais on pouvait parler de tant d'autres choses avec lui !

— Je sais que vous aimez certains tableaux de Meissonier ; celui-là, c'était un autre autoritaire, comme Dalou.

— Oui, j'aime sa *Rixe*, sa *Barricade*, quelques autres tableaux encore. Je ne rougis pas de cette admiration-là. Mais l'homme était insupportable par son orgueil, par cette sorte d'hypertrophie de la vanité qui le poussait aux plus puériles sottises. Un jour, après avoir visité une église, en Italie, le cicerone me donne le registre des visiteurs à signer. Je trouve cette manie un peu ridicule ; mais ça leur fait tant plaisir. Je signe ; puis, machinalement, je lis des noms. Je tombe sur celui de Meissonier. Je le prononce à haute voix. Alors, avec emphase, le cicerone me jette : « C'est le nom du plus grand peintre de tous les temps anciens et modernes ! » Cela me divertit. Je demande : « Mais qui vous a dit cela ? » Et le cicerone de me répondre : « M. Meissonier lui-même ! »

— Edmond de Goncourt était un autre orgueilleux de carrière !

— Certes ! et c'est pourquoi je me trouvais quelquefois mal à l'aise chez lui. Puis il avait des bouderies de vieille fille ; il était attendri, quand on parlait de lui, complaisamment ; sec, quand on citait seulement les œuvres d'un autre. Il s'entendait fort mal avec Zola, un autre vaniteux, mais fort bien avec Daudet, qui, fin, subtil, savait le prendre même par le mauvais bout. Il savait, en un mot, briser d'une répartie ses colères, ses rancœurs ; et

Goncourt, tout penaud, était bien forcé d'être bon convive.

— Goncourt, aussi, n'avait pas toujours eu des opinions bien attachantes sur l'Art. L'encombrant « journal », continué, révèle beaucoup de sottises notoires.

— Oui ! peut-être !

— C'est Goncourt qui, en 1885, précisément, déclarait qu'il se moquait également du génie d'Ingres et de celui de Delacroix. Il déniait à ce dernier tout tempérament de coloriste, et il se servait, pour expliquer son dégoût, de termes vraiment inattendus. Il est vrai qu'il avoue lui-même qu'il avait, à ce moment-là, si je me souviens bien, de la « fatigue cérébrale ! »

— Ah ! tout cela est bien explicable ! Les peintres et les sculpteurs, entre eux, sont souvent plus bornés que les bourgeois ! Avant l'estime, combien de jalousies, de dénigrements et de haines !

— L'histoire, par exemple, d'Eugène Guillaume, le sacro-membre de l'Institut, avec vous-même !

— Oui ! tout d'abord ce sculpteur ne fut point tendre pour moi. Trouvant un jour chez un de ses amis mon masque de l'*Homme au nez cassé*, il exigea que cette œuvre fût jetée aux gravats, simplement ! Et pendant tout le temps qu'il présida aux destinées de l'école des Beaux-Arts, puis de l'Académie de France à Rome, je vous assure que nos rapports ne s'améliorèrent pas. Certainement, je n'avais pas un pire ennemi ! Puis le temps passa ; et si l'on peut vieillir, on a bien des consolations ! car, pour moi, j'eus celle de voir ce même Guillaume me faire un beau jour des avances, et même me visiter à Paris et à Meudon. Alors, j'étais devenu un noble artiste pour lui ; je ne sais pas trop pourquoi, à bien dire ; et Dieu sait tous les éloges dont il me gratifia, et toutes les confidences qu'il me fit. Ah ! ce n'était pas un « caractère » !

— Vous avez dû trouver un homme d'une meilleure trempe en Henry Becque?

A MEUDON, UN COIN
DU HALL-MUSÉE

— Ah ! celui-là était un rude homme, incisif et orgueilleux de sa pauvreté. Il la portait comme un panache. Il était plein d'amertume, sans doute, mais il réservait son fiel pour les gens et les choses médiocres de son époque. Nul n'admirait avec plus d'enthousiasme ce qui était admirable ! Quand j'ai gravé son portrait, j'ai eu une joie profonde en cherchant à rendre ce masque résolu, entêté et tout empreint d'une coléreuse franchise !

— Et Puvis de Chavannes ?

— C'était un homme du monde accompli. Un régal, aux réunions du Comité de la Société Nationale, que de rester pendant des heures avec lui. Dans ce temps-là, à cause de lui, je ne manquais pas une des séances de notre Comité. J'étais heureux à la pensée que j'allais retrouver l'artiste que j'admirais le plus et un homme d'une telle parfaite distinction. On ne lui a pas encore rendu tout l'hommage auquel il a droit, avant tous les autres peintres de son temps. A Lyon même, sa ville natale, on lui a trop manqué d'égards, on l'a traité indignement ; peut-être parce que Paris avait commencé ; Paris, qui, sans les vigoureuses batailles de Dalou, n'aurait peut-être possédé aucune décoration de cet illustre maître !

— Mais vous avez aimé beaucoup d'autres artistes de votre temps ?

— Sans doute ! Vous avez vu chez moi des toiles de Corot, de Claude Monet, de Carrière, de Renoir, de Raffaëlli, et de quelques autres. Et si je n'ai pas des Cézanne, j'ai des Van Gogh, dont le *Portrait du père Tanguy*, l'ancien marchand de couleurs de la rue Clauzel : c'est Mirbeau qui me l'a fait acheter.

— C'est une belle opération !

— C'est surtout parce que le tableau me plaisait que je l'ai acquis. Je suis collectionneur ; mais je n'entends goutte au métier de spéculateur. Sans quoi, aussi clairvoyant que les autres, j'aurais, maintenant, *en cave*, des Degas, des Cézanne, des Lautrec et bien d'autres artistes cotés, qui, pour moi, également, n'étaient pas inaperçus !

— Bracquemond, n'est-ce pas? et Fantin, furent de vos amis?

— Oui ! et Falguière aussi et bien d'autres encore ! Mais autant Bracquemond et Falguière aimaient à plaisanter, autant Fantin se tenait toujours dans un mutisme grave. Il est mort, celui-ci, très découragé, très écœuré de son époque. Encore une mémoire qui n'a pas tous les fidèles qu'elle mérite !... Il a fini, comme nous finirons tous, d'ailleurs, comme un isolé, et un peu trop bousculé, peut-être, par la génération qui le suivait. Bah ! chacun son temps !

— Vous avez fait aussi de la peinture, à vos débuts?

— Oui ! à Paris, d'abord, chez un vieux peintre qui consentait à accueillir dès les premières heures du matin l'adolescent que j'étais alors. Je travaillais ainsi avant d'aller prendre mon gagne-pain chez un ornemaniste. Un peu plus tard, pendant mon séjour à Bruxelles, après la guerre, je me remis à faire de la peinture. Je fis des paysages du bois de la Cambre, notamment, — et aussi des tableaux, vus au musée, que je m'exerçais à reproduire chez moi, de mémoire. Ça allait tant bien que mal ! Quand mes souvenirs me faisaient par trop défaut, je courais au musée, et je revenais avec de nouvelles notes. Mais ce ne fut tout cela en somme qu'un passe-temps. La sculpture me tenait bien autrement !

. . . .

. . . .

Le vent s'était élevé. Des fleurs s'envolèrent des arbres. Et le soleil dorait, sous le péristyle, la poitrine d'*Adam*, le premier homme, que Rodin a, lui aussi, recréé dans la force éphémère de la vie...

*
* *

Nous eûmes beaucoup d'autres entretiens avec Rodin, à Meudon. Mais nous confessons ingénument que rien n'égala en pittoresque l'histoire de ses rapports avec la Ville de Paris.

Car on sait que la Ville se targue d'être, elle aussi, comme l'État, la protectrice des arts et des artistes. Par la voix, non du canon d'alarme, mais simplement des membres de la quatrième commission, elle régente l'Art ; elle commande ; elle achète ; et qu'est-ce qu'elle commande ? et qu'est-ce qu'elle achète ?

Du reste, comment pourrait-elle commander ? comment pourrait-elle acheter ? Certes, je ne veux pas injurier ici les honorables membres qui composèrent hier et ceux qui composent aujourd'hui l'illustre *quatrième*. Je veux bien croire que, le président compris, elle fut et elle est composée de gens fort bien intentionnés ; mais quel crédit, vraisemblablement, peut-on accorder à des braves gens qui, sortis à peine de fabriques de guano, de boyauderies et d'ateliers de chapellerie, veulent, conjointement avec un chef de bureau des Beaux-Arts, attribuer des hiérarchies artistiques, supputer le véritable apport d'un Rodin ou d'un Renoir? Comment s'intéresser aux touchantes niaiseries édictées par ces édiles? C'est fort impossible ! Ce serait même tout à fait déraisonnable que de l'essayer ! Egouts, tinettes volantes ou stables, je n'en disconviens pas, voilà leur raison d'être ! Là, et en cela, ils *s'y* connaissent !

Voyez, en effet, ce qu'ils font pour les fêtes officielles. Ils sont tellement sûrs de leur incapacité, qu'ils confient une fois et pour toutes à un entrepreneur le soin d'élever des mâts et des écussons. Alors, n'est-ce pas? pourquoi veulent-ils, quand même, « s'occuper d'art », comme ils disent. Et ils s'en occupent, et avec emphase, et avec un viril acharnement !

Présentement, l'honorable Lampué fait rire aux larmes avec sa lettre annuelle, macérée dans l'extrait d'esprit le plus subtil et le plus joyeux? N'est-il pas un extraordinaire boute-en-train. Et quelle jeunesse ! et quelle foi ! Et, pourtant, le sieur Lampué ne nous rajeunit pas, hélas ! Nous le voyons encore, pour notre compte, tandis que, très cacochyme déjà, il venait à l'école des Beaux-Arts pour essayer de nous vendre, ponctuel colporteur du pseudo-classique, de vaines et désobligeantes photographies !

Il fut un temps où Rodin se trouva aux prises avec cette immortelle *quatrième*. Il rêvait alors de donner tout son génie à la Ville ; de la gratifier d'admirables statues ! Mais, en ce temps-là, la *quatrième* était présidée par un ex-cordonnier, dont je veux taire le nom, qui entraînait les artistes tambour battant.

Il est vrai que si on ne leur donnait que des prix de famine, on n'exigeait d'eux que des besognes vaines. Rodin ne pouvait vraiment, dans ces conditions-là, plaire !

Tout de même, un jour, il se trouva en présence du cordonnier-président, qui lui tint à peu près ce langage :

« Monsieur, on vient de me dire que vous avez du talent ! Çà, je le verrai bientôt, car je suis un connaisseur, moi ! Eh bien ! il faudrait, à essai, nous fabriquer quelque chose dans les... un mètre, un mètre cinquante ! Les esquisses, moi, je ne m'en soucie pas ! J'aime une chose fignolée, finie, poussée à fond ! Tenez, je reçois tous les mardis ; venez chez moi un matin, je vous montrerai ma galerie. J'ai tous les maîtres ; j'ai une peinture de M. Cabanel et une autre de M. Cormon. Il faut que vous connaissiez cela ! Mais, auparavant, exécutez votre « œuvre ». Tenez, apportez-la ici, dans un mois ! »

Et le président-cordonnier se leva.

Rodin modela pour la façade de l'Hôtel de Ville une statue perdue au milieu de toutes les autres ; et il s'en tint là. Il ne put jamais trouver le courage de visiter la galerie du bouif municipal. Ce fut le motif de son exclusion à vie de toutes les commandes aussi municipales qu'officielles.

Cette histoire, je dirais à la Boquillon, si un génie n'y était pas mêlé, — et que j'ai écourtée, — je la donne comme rigoureusement authentique. Elle montre pleinement dans quelle irréfrénable imbécillité culbute la Ville, quand, par ses représentants, elle se veut mêler d'une autre chose que de sa voirie ou de ses promenades et plantations.

A MEUDON, UN COIN
DU HALL-MUSÉE

D'ailleurs, songez que les bureaux artistiques de l'Administration préfectorale n'étaient pas moins ahurissants ! Bouvard en était le Pape Jules II, et un sieur Maillard, le divin Bramante ! A eux deux, Paris, sous leurs lois et décrets, fétidait dans la laideur la plus dévorante. Le préfet, lui, les regardait, l'œil languissant, et il ne se demandait qu'une chose : à savoir pourquoi on lui avait réservé, à lui, dans son appartement particulier, les tristes fresques de Puvis de Chavannes, un peintre qui n'était pas drôle, assurément ! tandis que, là-bas, dans la salle des fêtes, collé au plafond, un attelage de bœufs, grandeur nature, évoquait, par sa terreuse couleur et par son fumier, la bonne odeur des champs et le repos au milieu de la nature !

Mais Rodin n'avait pas été traité par l'État d'une façon plus décente. J'espère bien qu'un jour il sera possible, sur ce sujet, de raconter d'incroyables anecdotes.

Rodin peut vendre ses *Bourgeois de Calais*, son *Balzac*, son *Buste de Dalou*, son *Appel aux armes*, etc..., etc., à l'Amérique, à l'Angleterre, à l'Italie, à la Colombie, à la Chine, aux îles de la Sonde, aux Canaques et aux habitants de la Terre de Feu, — mais pas à la France ! La France-État ne veut pas *acheter* des œuvres de Rodin !

Elle en possède, cependant, quelques-unes ! Oui, parce que Dujardin-Beaumetz les a obtenues pour rien, *au prix du bronze*. Évaluez, au contraire, toute la carrière de plâtras et de marbre, tout le dépôt de bronzes que l'État, pendant ce temps, a acheté aux députés et aux sénateurs, rongés par les sculptiers !

Aussi, visiteurs à Meudon, écoutez ce salutaire conseil : « Devant Rodin, ne le comparez jamais à Michel-Ange. Pourquoi? Pour ceci, uniment : outre que toute comparaison d'homme à homme est le plus souvent absurde, Michel-Ange a eu, lui, des commandes. Les papes avaient senti sa force, son génie ; tandis que la France et ses ministres ont toujours ignoré Rodin. »

Sur six cents députés (combien sont-ils, exactement?), il n'y

en a pas dix, parmi les moins ignares, qui soient capables de dire
les noms de cinq œuvres capitales de Rodin. Alors pourquoi se
mêlent-ils encore, ceux-là, de vouloir diriger les Beaux-Arts?
Qu'ils se cultivent donc, d'abord !

*
* *

Heureuse diversion à toutes ces misères, Rodin a son travail
— puis *ses* voyages.

Il a déjà cheminé à travers la France ; il fut maintes fois en
Belgique, en Hollande, en Angleterre, en Espagne, en Italie. Il
n'a jamais été le notoire passager de l'Atlantique, et, cependant,
il n'ignore point quelle triomphale réception lui serait offerte
aux États-Unis, où toutes ses principales œuvres pavoisent les
musées, où des salles entières lui sont consacrées au musée
métropolitain, à New-York.

En Angleterre, — où l'on vient d'inaugurer, à Londres, une
réplique de ses *Bourgeois de Calais*, Rodin, qui est membre de
nombreux clubs artistiques anglais (du reste, il est reçu par
toutes les Académies d'art d'Europe), — en Angleterre, Rodin
rencontra Whistler et Alphonse Legros, le peintre graveur français.
Par ce dernier, il grava à la pointe sèche, et d'une telle manière,
qu'il surclassa tout de suite tous les graveurs. Legros, le premier,
en conçut quelque jalousie ; car, ayant été, lui, contraint par
la misère de s'expatrier, il ne pardonnait pas à un autre artiste
de réussir, et surtout de s'imposer à Paris, seule ville, répétait-il,
qui pouvait distribuer de la gloire. Et puis Rodin était décoré,
et lui, Legros, il attendait vainement cette « remarque-là », à
épingler, cette fois, non plus sur la planche de cuivre, mais sur
le revers de son veston. Il mourut de cette faiblesse, aigri, enragé
contre les Anglais qui, pourtant, lui avaient assuré un enviable
sort.

Quant à Whistler, il était trop haut seigneur pour accorder

plus qu'une parcelle de son amitié ; et, dans les chambres bizarrement décorées de sa demeure, il vivait comme une idole enfumée par tous les encens. Ce n'était pas là attitude au goût de Rodin, et Whistler, lui, ne resserra point des relations qui flattaient si peu son orgueil.

A Prague, Rodin monta au Capitole des étudiants. Banquets, concerts, fêtes, rien ne fut réservé. On le privait seulement de dîner, parce qu'il devait, pendant tout le banquet, signer des centaines de photographies, jusqu'à des reproductions de ses œuvres, humbles hommages des journaux illustrés.

La Belgique, elle, demeure le fervent souvenir de ses premières années d'âpre labeur. Souvent, il vous a revu, pays qu'il ne cesse point d'exalter ; et vous, Bruges, Anvers, Gand, Malines, — et vous aussi toutes les forêts qui bâtirent en sa jeunesse défaillante, surmenée, un organisme de solide compagnon.

L'Espagne est une plus mystérieuse séductrice d'âmes ; Rodin en subit l'envoûtement en la compagnie du peintre Zuloaga, pendant un voyage en automobile à travers la Castille et l'Andalousie ; avec cet émoi des danses de gitanes et ce regret aussi qu'elles ne fussent point nues, comme de belles fleurs de chair tournoyantes.

Aussi, aux bords de la Méditerranée, flambe l'Italie, terre préférée, éternelle convoitée.

Cet ardent amour de Rodin, l'Italie de ses paysages, l'Italie de ses musées ! Des Alpes à la baie de Naples, Rodin a crié partout son admiration, exhalé sa joie. Il a chanté Turin, Milan, Gênes, les lacs italiens, Vérone, Venise, Bologne ; il a, pèlerin passionné, parcouru la Ligurie, la Toscane, l'Ombrie ; il a dévotieusement aimé Livourne, Pise, Florence, Terontola, Sienne, Pérouse, Orvieto et Foligno ; il a nourri dans Rome ses plus amères douleurs ; il s'est livré à la turbulente gaieté de Naples et aux odorantes joies de Caserte et de Pouzzoles, d'Ischia et de Capri.

Mais quel hôte surtout des musées ! De quels regards furieusement interrogateurs Rodin dévore les œuvres de Giotto et de Cimabuë, les sculptures de Jacopo della Quercia, de Donatello, de Ghiberti, de Giovanni Pisano, les fresques de Masaccio, de Fra Angelico !

Il va, il brûle sa route, enfiévré, avide de tout voir. Il s'arrête devant vous, della Robbia, Desiderio da Settignano, Antonio Rossellino, Mino da Fiesole. Les cyprès et les pins, dans la campagne, il les contemple ainsi que des bornes de repos ; il a les yeux brûlés de tout ce qu'il a vu et retenu. Tant de beauté l'oppresse. Il respire lentement du haut des collines.

Mais il faut admirer encore, s'enivrer toujours. Voici Ghirlandajo, Sandro Botticelli, Piero della Francesca, Signorelli, Benozzo Gozzoli, Paolo Uccello, Filippo Lippi, Agostino di Duccio, Verrocchio, puis les architectes Benedetto de Majano, Palladio, — et encore Léonard de Vinci, Benvenuto Cellini, Jean Bologne. Comme un autre Isaac Laquedem, le pèlerin passionné court maintenant vers d'autres maîtres : Giorgione, Titien (une idole !), Raphaël, Michel-Ange, Bramante, Brunelleschi, Gentile da Fabriano, Pérugin, Pinturrichio, Sodoma, Corrège, Pisanello, Mantegna, Jacopo Bellini, Carpaccio, Tiepolo, Tintoret, Véronèse et cette autre idole : le Bernin.

Et il y a tant encore de musées d'antiques ; une autre forte passion. Aussi, Rodin vit d'inégalables heures dans la collection du Vatican, l'incomparable. Il regarde, il contemple ; il emportera au plus profond de sa mémoire les chefs-d'œuvre si désirés dans le musée Pio-Clementino, dans le musée égyptien, dans la salle du Bige, dans la galerie des Candélabres, dans le musée étrusque, dans la salle ronde, dans la galerie des statues, dans la salle des bustes, dans le cabinet des masques, dans la cour du belvédère, dans le musée Chiaramonti et dans le Braccio Nuovo ; et, quand Rodin quittera le divin musée, il se dirigera, de lui-même, vers la place de Saint-Pierre in Montorio, d'où apparaît, en une splendeur enchantée, la Ville, la Ville des Villes : Rome.

A MEUDON, UN COIN
DU HALL-MUSÉE

Voici pêle-mêle de l'eau, du ciel et des formes de pierres, de coupoles, de dômes et de tours !

Des yeux ardemment contemplatifs se posent sur le Tibre, sur Saint-Paul hors les murs, et, en avant du mur d'enceinte, sur le mont Testaccio, la pyramide de Cestius et la porte Saint-Paul. Puis, ces yeux considèrent l'Aventin, où s'élèvent les églises Sainte-Marie-Aventine, Saint-Alexis, Sainte-Sabine et Saint-Anselme. Puis s'érigent des monts, des villas et encore des églises, avec, dans le lointain, les Abruzzes. Voici le Palatin, puis le Colisée, les trois arcades de la basilique de Constantin, le Capitole avec le palais Caffarelli et l'église d'Araceli. Majestueux, les deux dômes et la tour de Sainte-Marie-Majeure s'imposent maintenant, puis, le palais royal du Quirinal, la colonne Trajane et l'église du Gesù, avec son dôme, qui surgissent de ce chaos tantôt comme voilé, tantôt comme poudré de lumière. Sur le Pincio, les yeux ardemment contemplatifs découvrent la villa Médicis, si hostile, et, là-bas, non loin du Tibre, le palais Farnèse qui n'est pas plus hospitalier. Et les yeux regardent encore des croupes de monts, et le château Saint-Ange, et Saint-Jean-des-Florentins, et le mont Mario, et la villa Mellini, jusqu'au moment où ils arrêtent leur méditation extasiée sur le dôme de Saint-Pierre !

Que de souvenirs ! Que de fois Rodin est venu là, en songeant à une installation possible dans Rome ; de longues années de travail en paix, en ignorant tout si aisément du monde, puisque les dieux : Titien, Michel-Ange, les Antiques seraient là, toujours, à ses côtés !... Il eût pu être, lui aussi, directeur de l'Académie de France à Rome, sans la pesante hostilité de son génie ! Il eût exécuté, alors, sans doute, cette statue équestre qu'on ne lui demanda jamais, et qui fut un de ses rêves tenaces !... Mais aussi il le sentait, Paris et la France ne se peuvent oublier ainsi.

La France ! tout son charme, toute sa puissance, toute sa beauté ! Rodin ne vient-il pas de célébrer tout cela dans son livre consacré aux églises françaises.

Ce livre qu'il a conçu avec la plus durable joie, avec un culte enthousiaste, nous n'ignorons pas qu'il fut longtemps en préparation, qu'il fut amené à terme, après avoir été choyé et caressé pendant de lentes rêveries. Et, sans souci de sa fatigue, de ses lourdes années glorieuses, nous avons vu Rodin toujours prêt à partir à l'improviste pour visiter une église ou revoir quelque détail encore imprécis dans sa mémoire. Il a été, lui, le véritable pèlerin, l'auguste visiteur tout chargé d'admiration et de reconnaissance. Ah ! historiens, commentateurs, découvreurs de bribes, coupeurs en quatre de graines architecturales, vous n'avez jamais retrouvé « l'âme errante » des cathédrales ! A Rodin qui l'a tant aimée, c'est seulement à lui qu'elle s'est donnée. Aussi, quel que soit votre sort de demain, majestueuses nefs, superbes fleurs d'oraisons, et votre destinée à vous, chères églises dolentes, penchées si bas vers la terre, pauvres vieilles que ne soutiennent plus les prières, vous vivrez toujours dans le livre de cet homme, qui vous aima plus — et mieux que nous tous, — et qui vous chanta avec des épithètes et des mots de brûlant amour !

Des chambres d'auberge, d'hôtel humble, le recevaient au cours de ses voyages ; c'est là qu'il oubliait sa richesse, les vanités de la gloire, pour vous chérir mieux, plus près de votre cœur, douces églises de Chartres, d'Amiens, de Reims, de Champeaux, de Limay, d'Etampes, de Beaugency, de Noyon, d'Ussé, de Loudun, de Montrésor, de Vétheuil, d'Ancy-le-Franc et de Quimperlé ! Celles-ci et beaucoup d'autres encore ; toutes les pastoures du pays de France.

Rodin, lui qui a chéri tellement le mouvement ! Il convenait de donner, parmi quelques-uns de ses dessins dans ce livre reproduits, une de ces petites gazelles cambodgiennes, danseuses du roi Sisowath, qui l'émerveillèrent, au cours de l'année 1906,

et qui furent gratifiées par lui de cette couronne d'hommages
(*Rodin, les cathédrales de France*) :

« Entre deux pèlerinages à Chartres, j'avais vu les danseuses
cambodgiennes ; je les avais assidûment étudiées, à Paris (au Pré
Catelan), à Marseille (à la villa des Glycines), le papier sur les
genoux et le crayon à la main, émerveillé de leur beauté singulière
et du grand caractère de leur danse. Ce qui surtout m'étonnait
et me ravissait, c'était de retrouver dans cet art d'Extrême-
Orient, inconnu de moi jusqu'alors, les principes mêmes de l'art
antique. Devant des fragments de sculpture très anciens, si
anciens qu'on ne saurait leur assigner une date, la pensée recule
en tâtonnant à des milliers d'années vers les origines : et, tout
à coup, la nature vivante apparaît, et c'est comme si ces vieilles
pierres venaient de se ranimer ! Tout ce que j'admirais dans les
marbres antiques, ces Cambodgiennes me le donnaient, en y
ajoutant l'inconnu et la souplesse de l'Extrême-Orient. Quel
enchantement de constater l'humanité si fidèle à elle-même à
travers l'espace et le temps ! Mais à cette constance il y a une
condition essentielle : le sentiment traditionnel et religieux.
J'ai toujours confondu l'art religieux et l'art : quand la religion
se perd, l'art est perdu aussi ; tous les chefs-d'œuvre grecs,
romains, tous les nôtres, sont religieux. En effet, ces danses
sont religieuses parce qu'elles sont artistiques ; leur rythme est
un rite, et c'est la pureté du rite qui leur assure la pureté du
rythme. C'est parce que Sisowath et sa fille Samphondry, direc-
trice du corps de ballet royal, prennent un soin jaloux de conserver
à ces danses la plus rigoureuse orthodoxie, qu'elles sont restées
belles. La même pensée avait donc sauvegardé l'art à Athènes,
à Chartres, au Cambodge, partout, variant seulement par la
formule du dogme ; encore ces variations, elles-mêmes, s'atté-
nuaient-elles, grâce à la parenté de la forme et des gestes humains
sous toutes les latitudes.

« Comme j'avais reconnu la beauté antique dans les danses

du Cambodge, peu de temps après mon séjour à Marseille, je reconnus la beauté cambodgienne à Chartres, dans l'attitude du Grand Ange, laquelle n'est pas, en effet, très éloignée d'une attitude de danse. L'analogie entre toutes les belles expressions humaines de tous les temps justifie et exalte, chez l'artiste, sa profonde croyance en l'unité de la nature. Les différentes religions, d'accord sur ce point, étaient comme les gardiennes des grandes mimiques harmonieuses, par lesquelles la nature humaine exprime ses joies, ses angoisses, ses certitudes. L'Extrême-Occident et l'Extrême-Orient, dans leurs productions supérieures, qui sont celles où l'artiste exprima l'homme en ce qu'il a d'essentiel, devaient ici se rapprocher. »

Ces petites danseuses cambodgiennes ! Rodin, sa joie prise à dessiner ces charmants animaux, graciles créatures à la souplesse de chattes et parées d'une grâce tout à fait inimitable ! Rappelons-nous leurs jolis gestes si tourbillonnants de caresses ! Leurs bras, leurs cuisses gonflés de toute une vie débordante !

Minces gazelles, Rodin a fixé souvent votre image; quelques-unes d'entre vous, en vous rehaussant d'aquarelle, telles qu'on vous voit sur les enluminures des vieux manuscrits de l'Orient ; minces gazelles nullement gênées par la haute orfèvrerie de votre coiffure, — vos bras levés et arrondis ou vos mains joliment retombantes comme des palmes. Et, nouvelle ivresse encore venue du complexe ajustement doré de vos costumes, de vos pieds si finement recourbés, de vos petites narines battantes, de vos yeux si brillants, de vos mains s'écartant et se posant à plat dans l'air, tandis que l'orchestre rythmait les salutations et les séductions des amoureuses épopées.

Rodin les a-t-il recherchés ces mouvements où il y a tant de grâce féline et de voluptueux amour !

Cet Amoureux des danses ! Ses admirateurs familiers connaissent les chefs-d'œuvre inspirés encore par le masque de la danseuse Hanako. Rodin a reculé jusqu'aux dernières limites de la sensation,

A MEUDON
UN COIN DU
HALL - MUSÉE

le mystère, l'angoisse, la douloureuse volupté de cette face. Il l'a animée si harmonieusement, si musicalement, que certains se sont mépris, et ont cru se trouver devant un masque de Beethoven. Méprise acceptée : voyez, à Meudon, un buste agrandi d'Hanako, douleur tragique et mutisme farouche !

A miss Loïe Fuller, Rodin apporta également l'offrande de toute sa joie ressentie. Il écrivit : « Toutes les villes où elle a passé et Paris lui sont redevables des émotions les plus pures, elle a réveillé la superbe antiquité. Son talent sera toujours imité maintenant et sa création sera reprise toujours, car elle a semé et des effets et de la lumière et de la mise en scène, toutes choses qui seront étudiées éternellement. »

Nul jugement n'apparaît plus équitable. Que d'enchantements, en effet, ne nous garde pas encore miss Loïe Fuller, et son école de danse ! Tous les ballets les plus merveilleux, dans la plus complète variété, avec de constantes recherches de lumière, elle qui fut l'inoubliable danseuse du Feu !

Isadora Duncan, autre fleur dansante, soumit également Rodin. Il lui offrit une corbeille de nombreux dessins qui sont d'harmonieuses et rythmiques arabesques, du plus sûr effet décoratif. Les plus rares dessins gravés sur les vases antiques, seuls témoignent de cette joie de mouvement ; mouvement bondissant et toujours équilibré, retenu, discipliné par la grâce la plus parfaite.

Ah ! de la terre, Rodin aura choisi, avec l'expression la plus vive de la douleur, avec l'inquiétude la plus angoissée devant le mystère, tout ce qu'il y a ainsi, par la danse, de bonheur léger et ingénu. Il aura tout pris de la terre, ce frénétique amoureux de la vie !

Du ciel, il en aura, au contraire, toujours redouté l'inexplicable, et c'est cette inquiétude qui le poussa souvent à écarter, devant nous, avec un geste vif, tous les livres et toutes les brochures qui parlent d'astronomie.

Et, pourtant, il regarde le ciel ; mais il ne le veut voir que comme la suprême splendeur des décors terrestres ; ou encore comme le domaine des hommes-oiseaux qu'il admire si complètement. Oui ! Wilbur Wright, Latham, Garros, les héroïques aviateurs morts ou vivants, il vous a déjà préparé un monument qu'on ne vous accordera, sans doute, jamais, car il ne se présente aucune raison pour qu'on se décide maintenant à honorer Rodin.

APPENDICE

BALZAC

ÈVE

FAUNESSE

MATERNITÉ

Photo Bulloz

LE PENSEUR

SAINT JEAN-BAPTISTE

ADAM ET ÈVE

L'APPEL
AUX ARMES

LES BOURGEOIS DE CALAIS

Phot. Bulloz.

BELLONE

MONUMENT
A VICTOR HUGO
(Fragment)

BUSTE DE
MOZART

BARBEY D'AUREVILLY
(Esquisse)

BUSTE DE
PUVIS DE CHAVANNES

BUSTE DE
DALOU

BUSTE DU PEINTRE
JEAN-PAUL LAURENS

QUELQUES MOTS

Le texte qui précède devait être édité au mois de novembre 1914. De tragiques raisons en retardèrent jusqu'à ce jour sa publication. Mais, malgré la guerre, la question du « musée Rodin » est venue en discussion devant la Chambre et devant le Sénat. Il m'a paru alors opportun, après tous mes plus anciens plaidoyers, d'imprimer ce qui fut encore écrit par moi, il y a plus de deux ans, en faveur de ce « musée Rodin », qui est, je le revendique nettement, tout mon ouvrage : car c'est moi qui ai fait venir Rodin à l'hôtel Biron, qui l'ai déterminé à y rester et qui ai fait naître dans son esprit l'idée de léguer à la France toute son œuvre et toutes ses collections.

Aujourd'hui, la suite à ce texte, ce sont — avec les articles de la *donation Rodin* — les comptes rendus de la Chambre et du Sénat. Sans commentaires, les voici publiés ci-après *in-extenso*. Cette publication s'imposait, car voilà ainsi réunies toutes les pièces du procès.

Au lecteur de conclure!

G. C.

RAPPORT

FAIT

AU NOM DE LA COMMISSION DE L'ENSEIGNEMENT ET DES BEAUX-ARTS[*],
CHARGÉE D'EXAMINER LE PROJET DE LOI PORTANT ACCEPTATION
DÉFINITIVE DE LA DONATION CONSENTIE A L'ÉTAT PAR M. AUGUSTE
RODIN.

PAR M. SIMYAN

Député

———

MESSIEURS,

Je prie la Chambre, au nom de la Commission de l'Enseignement et des Beaux-Arts, de vouloir bien consacrer un instant au vote du projet de loi qui permettra au gouvernement d'accepter la donation magnifique d'un grand artiste. Le souci de la défense nationale, qui assiège tous les esprits, ne l'empêchera pas de saisir l'occasion d'assurer à l'État la possession de l'œuvre, considérable par sa richesse et par sa beauté, que M. Rodin offre à son pays.

Après un demi-siècle de labeur fécond, le maître songe à l'avenir. Il ne lui suffit pas d'avoir ouvert les yeux des plus aveugles et de connaître la gloire, de s'être fait un nom qui vivra tant qu'il y aura des hommes pour aimer le beau ;

(*) Cette Commission est composée de MM. Simyan, *président*; Ellen Prévot, Léon Bérard, Bouffandeau, Paul Beauregard, Arthur Dessoye, Pierre Dupuy (Gironde), *vice-présidents*; Pierre Rameil, Alexandre-Blanc, Labroue, Deshayes, Locquin, Lefas, Prat, Jean Lerolle, *secrétaires*; Louis Andrieux (Basses-Alpes), Maurice Barrès, Betoulle, Bouilloux-Lafont, Théo Bretin (Saône-et-Loire), Emile Constant (Gironde), Daniel-Vincent (Nord), Jules Delahaye (Maine-et-Loire), Deschamps, Dreyt, Lucien Dumont (Indre), Even, Henry Fougère, Henri Galli, Abel Gardey, Groussau, Abel Lefèvre (Eure), Malaviale, Mayéras, Merlin, J.-B. Morin (Cher), Pacaud, Patureau-Baronnet, Georges Ponsot, Roux-Costadau, Louis Simonet, Valière.

il veut grouper son œuvre, et la présenter lui-même. Insensible au sourire des marchands et à la séduction des dollars, il en a gardé autour de lui une partie importante qu'il aime d'une affection paternelle, coulant une vieillesse heureuse parmi ces enfants de sa pensée. Il a dû souvent avoir la vision pénible de toutes ces belles choses dispersées après lui au hasard des enchères, où le plus offrant peut être parvenu à la fortune sans être parvenu à sentir le charme de l'art, et souvent cherche un placement avantageux plutôt que le plaisir supérieur de vivre parmi des chefs-d'œuvre. Il s'est sans doute représenté ses marbres, amoureusement modelés, échouant chez d'opulents barbares des deux mondes, où ils ne seraient pas entourés de la dévotion qu'ils méritent. Mais aussi, sans doute, le noble artiste pénétré de l'idée que l'art a un rôle social éminent, qu'il contribue pour une large part à l'éducation des hommes et embellit leur existence, ne veut pas que même des admirateurs sincères enferment chez eux, pour eux seuls, ce qui peut être utile à tous et faire la joie de tous.

C'est pourquoi, à la suite de négociations entamées dès 1912 par MM. L.-L. Klotz et Léon Bérard et heureusement poursuivies par MM. Painlevé et Dalimier, l'illustre maître, par le contrat qui vous est soumis, donne à l'État toutes les statues et tous les dessins qui emplissent ses trois ateliers de Meudon, de l'hôtel Biron et du dépôt des marbres. Il y ajoute sa collection d'antiques et les tableaux modernes qu'il possède. Mais il désire que le tout soit réuni en un musée où les amateurs puissent étudier les différents aspects de son talent, juger son œuvre d'ensemble, connaître aussi son goût pour toutes les formes du beau. Et il souhaite pour son œuvre un cadre qui ne la dépare pas. Le délicieux hôtel Biron, chef-d'œuvre de grâce élégante, est le domicile qu'il a rêvé pour ses marbres et ses bronzes. Aussi bien beaucoup d'entre eux l'occupent-ils déjà depuis plusieurs années que le maître en est le locataire ; quelques-uns y ont été conçus et exécutés.

En retour de sa donation, il demande pour le musée Rodin la jouissance de cet immeuble et de la chapelle désaffectée qui est voisine, pendant sa vie et vingt-cinq ans encore à dater de son décès. En outre, s'il renonce en faveur de l'État à la propriété de ses œuvres et de ses collections, il ne songe pas à s'en séparer. Il veut achever sa vie au milieu des statues qu'il a jalousement conservées jusqu'ici, organiser et administrer son musée, dont il sera le conservateur bénévole.

S'il ne se fût agi que d'accepter un don précieux et de confier au donateur le soin de le présenter au public, il enrichirait depuis longtemps les collections nationales. Mais, pour disposer d'un monument de l'État, le ministre avait besoin d'une loi. D'autre part, le ministre des Finances, économe de nos deniers, hésitait devant les frais qu'entraîne l'installation d'un musée et l'entretien de tout son personnel pendant de longues années. Il songeait que demain le Luxembourg, plus à l'aise dans l'ancien séminaire de Saint-Sulpice, et ensuite le Louvre, s'empresseraient de faire une place d'honneur à la donation Rodin sans qu'il soit besoin d'augmenter les dépenses publiques. Le maître, avec son désintéressement ordinaire, leva la difficulté. Il proposa de prendre à sa charge les frais de transport et la mise en place de ses œuvres et de ses collections, de rétribuer aussi lui-même le personnel, à condition d'être autorisé à prélever sur les visiteurs un droit d'entrée de 1 franc, sauf un jour par semaine où ils seraient admis gratuitement. Ainsi le musée se suffirait à lui-même.

Il est vrai que l'Etat doit renoncer durant la vie de M. Rodin, et pendant vingt-cinq ans encore, à la libre disposition de l'hôtel Biron. Mais si l'on songe que, lors de la vente des biens congréganistes, il en a fait l'acquisition pour conserver un des plus gracieux monuments de l'architecture française, qu'il l'a sauvé des hommes d'affaires et des entrepreneurs de laid qui rêvaient de lotir le parc, d'abattre l'œuvre de Gabriel et de substituer à toute cette beauté de lourdes bâtisses uniformes, on ne peut supposer qu'il soit jamais question de l'aliéner. Dès lors qu'en fera-t-on ? Y donnera-t-on l'hospitalité aux services débordants de quelque Ministère voisin ? Ces salons, dessinés dans le goût le plus pur du XVIIIe siècle, deviendront-ils des bureaux ? Et garnira-t-on de cartons verts l'élégante décoration de ces murs ? Aucun Ministre des Beaux-Arts n'autoriserait ce sacrilège. Le réservera-t-on à la résidence des souverains de passage à Paris ? Outre que jusqu'ici les palais n'ont pas manqué pour offrir aux amis de la France une hospitalité digne d'eux et digne d'elle, il serait déplorable que le public ne pût ni jouir du parc, ni visiter le pavillon qui, fermés tous deux, attendraient un hôte des mois et des années. Il faut que le parc soit ouvert à tous, que tous puissent reposer leurs yeux sur ce coin de nature luxuriante qui survit comme par miracle en plein Paris ; et il faut que l'hôtel Biron soit accessible à tous.

La munificence de M. Rodin permet de lui attribuer la destination qui lui convient. L'aimable demeure qui, au cours du XVIIIe siècle, abrita tant d'existences élégantes et vaines, qui, depuis la Révolution, connut des fortunes si diverses, tour à tour établissement de plaisir, résidence de légat ou d'ambassadeur, à la fin couvent de jeunes filles, et vit passer tant de figures distinguées ou vulgaires, charmantes ou maussades, gaies ou austères, sera désormais soustraite à ces vicissitudes. Elle sera consacrée à l'art. L'ombre de Jacques Gabriel, si elle vient parfois errer sous ses voûtes, se réjouira d'y trouver installées les statues de M. Rodin.

Il est bien vrai que l'État, qui accueille au Luxembourg les plus belles œuvres des artistes vivants, et qui offre la glorieuse hospitalité du Louvre à celles que le temps a consacrées, ne saurait concéder une partie du domaine public à chacun des grands artistes qui sont l'ornement de ce pays. Mais il peut accorder cette faveur unique à un génie unique en retour d'un don unique. Si c'est un précédent, il est à craindre qu'il ne se renouvelle pas de longtemps.

**
* *

En effet, il ne s'agit pas d'honorer une de ces réputations que la mode a créées et qu'une autre mode fera demain oublier, ni même un de ces talents plus solides qui ont acquis d'abord la célébrité pour avoir flatté le goût de leurs contemporains, et que les générations suivantes dédaigneront peut-être à l'excès. M. Rodin a vu se dresser contre lui, dès ses débuts, les légions compactes des amateurs de poncif. Son premier envoi important au Salon, l'*Age d'airain*, donne une telle impression de vérité et de vie qu'il s'élève une voix dans le jury pour accuser l'artiste d'avoir moulé son modèle. Et cet aréopage accueille d'abord cette absurdité, comme si un moulage sur le corps humain pouvait rendre autre chose que des chairs figées et inertes. D'autre part, le public s'étonne à mesure que s'affirme l'originalité du sculpteur. Il est habitué à voir les sentiments et les passions traduits par des attitudes et des gestes consacrés, qui, d'ailleurs, ne sont pas toujours faux. Comme il regarde plus souvent des œuvres d'art que des corps vivants, il se fait de la nature une idée conforme aux statues qu'il a vues ; il est incapable de concevoir l'infinie variété des mouvements et des formes, et repousse comme contraire à la vérité tout ce qu'on ne lui a pas encore montré. La nature, pour lui, ce sont quelques statues célèbres ou imitées de statues célèbres ; tout ce qui s'en écarte n'est que fantaisie ambitieuse. Au lieu de chercher dans l'œuvre nouvelle une ressemblance avec la vie, il y cherche une ressemblance avec les œuvres qu'il connaît. Le troupeau des confrères médiocres mêle ses railleries à celles de la foule. L'artiste, qu'on accusait de mouler la nature, est maintenant accusé de la violenter.

Il néglige les sottises de tous ceux qui ont des yeux pour ne point voir. Soutenu par une petite élite d'admirateurs clairvoyants : statuaires, peintres, critiques, amateurs, il poursuit sa tâche les yeux fixés sur la nature. A chaque Salon, il scandalise les Béotiens de Paris et d'ailleurs. Cependant, la vérité fait son chemin. Peu à peu, on se décide à regarder sans prévention ; on essaie de comprendre, on comprend, on admire. Tout homme capable d'une émotion esthétique est conquis. Ainsi, par la persistance de son effort, avec le tranquille entêtement de celui qui a raison, M. Rodin a vaincu toutes les résistances ; il a soumis le public à son goût, qui est le bon.

Si l'on peut craindre les erreurs de l'engouement, jamais une œuvre éphémère n'a triomphé de haute lutte, pas plus dans le domaine de l'art que dans celui de la poésie. Les grands poètes, dont la postérité a fait des classiques, ont subi les assauts de ceux qu'offusquait la vérité. Le délicat Racine a choqué un grand nombre de ses contemporains, avant de les charmer. M. Rodin, sorti victorieux de la même épreuve, est devenu de son vivant un des grands classiques de la statuaire.

Ses œuvres maîtresses, plusieurs fois exposées, dont quelques-unes peuvent être étudiées à loisir au Luxembourg ou sur nos places publiques, portent la marque de la beauté qui défie le temps : ces marbres et ces bronzes palpitent de vie. Et non pas seulement d'une vie animale : la vie de l'âme rayonne aussi de la matière. Ce ne sont pas des modèles habilement rendus, ce ne sont pas de beaux « morceaux », mais des hommes et des femmes qui pensent, qui sentent, qui souffrent, qui aiment. Toute une humanité voluptueuse, douloureuse ou pensive est sortie des mains de l'artiste. C'est proprement une création à l'image de la nature.

Après avoir contemplé, on cherche le secret de cette vie ; la première émotion dominée, on essaie de comprendre cet art. D'abord, on est frappé de la vérité à la fois et de la nouveauté des attitudes par lesquelles s'exprime le sentiment. Il semblerait que depuis l'âge préhistorique où les hommes commençaient de sculpter la pierre à l'imitation des êtres vivants, après la longue floraison de l'art égyptien, tantôt naïf, tantôt plus savant, après les merveilles de la statuaire grecque, si variée dans sa perfection, après les maîtres anonymes du moyen âge qui peuplèrent les cathédrales d'un monde de saints et de démons, après la Renaissance si féconde en recherches heureuses, toutes les flexions du corps, toutes ses lignes, tous les gestes possibles, aient été déjà reproduits, et qu'il soit trop tard pour prétendre découvrir du nouveau dans la forme humaine. Illusion de l'esprit, que dissipe l'étude de la nature, si on la regarde avec des yeux exercés. Pour un Rodin, le corps vivant est un univers que l'homme peut explorer sans fin. L'originalité de l'artiste consiste non à inventer mais à y découvrir le mouvement harmonieux, et encore inaperçu de ses prédécesseurs, qui traduira pour les yeux le sentiment ou le caractère de son personnage. Mais pour cela il faut observer directement la nature et se débarrasser de toute réminiscence ; il faut aussi l'observer en mouvement, laisser le modèle vivre en liberté dans l'atelier, éviter de figer la vie dans une pose qui ne peut être naturelle ; car la vie ne s'immobilise pas.

Grâce à cette conception, servie par une acuité de vision exceptionnelle, M. Rodin a multiplié les trouvailles. C'est le *Saint Jean-Baptiste* avec son geste d'apôtre convaincu et tenace, le bras droit tendu en avant et l'index levé, qui parcourt le désert d'un pas décidé en proclamant la parole de son maître. C'est *Ève*, le dos courbé sous le poids de la faute, essayant de cacher dans ses deux bras croisés la honte de son visage et de ses seins. C'est le *Penseur*, dont tout le corps, depuis le front jusqu'aux orteils crispés, est tendu par l'effort de l'esprit, le menton volontaire écrasé sous le poing, le coude droit appuyé sur la cuisse gauche. C'est le *Bourgeois de Calais*, qui porte la clef de la ville, les bras et les jambes raidis par la volonté de surmonter sa douleur. C'est la *Danaïde* anéantie de fatigue, effondrée sur le côté gauche, le corps ramassé, le bras droit épuisé entourant la tête inerte. Qu'on examine toutes les statues de M. Rodin, on n'en trouvera pas une qui ne rende un aspect original de la nature, qui ne reproduise une attitude rare peut-être et fugitive, vraie pourtant et toujours expressive.

Mais, dans la nature, une attitude, sauf dans l'immobilité, n'est qu'une phase d'un mouvement. Elle est précédée, elle est suivie d'autres attitudes dont la succession est le mouvement même. La difficulté est de la fixer sans figer la figure, de rendre par une seule image un personnage qui se meut. Les sculpteurs grecs avaient déjà résolu le problème. S'ils ont surtout aimé pour leurs dieux et leurs déesses le calme et la sérénité, ils furent tentés aussi de représenter le mouvement, qui est la manifestation la plus expressive de la vie ; et ils sont parvenus à le rendre, comme l'attestent leurs Dianes, leurs discoboles et leurs coureurs.

Certains maîtres de la sculpture française moderne s'y étaient particulièrement attachés. Les *Volontaires* de Rude, entraînés par la « Marseillaise » semblent marcher à la frontière, et le *Maréchal Ney* s'élancer sur l'ennemi en tirant son épée ; les *Danseuses* de Carpeaux sont emportées dans leur ronde. M. Rodin, à son tour, a triomphé de la difficulté. Il a senti qu'on ne peut rendre l'action par la copie d'un geste à un moment déterminé ; qu'une photographie instantanée du mouvement est une image immobile et invraisemblable, qui ne traduit pas ce que voit l'œil ; que, comme on ne peut représenter la suite des instants du geste dans l'ensemble de la figure, pour créer l'illusion du mouvement, il faut représenter le déroulement progressif du geste dans les différentes parties. Et il s'agit d'imposer à la vue du spectateur l'ordre dans lequel se déroule le geste. On sait avec quel bonheur M. Rodin, guidé par un instinct et par une science très sûrs, a maintes fois exécuté ce tour de force. Qu'on se rappelle l'éphèbe de l'*Age d'airain* qui se détend au sortir du sommeil, l'allure rapide et décidée de *Saint Jean-Baptiste*, la démarche inégale des *Bourgeois de Calais*, le pas accéléré de l'*Homme qui marche*, pour ne parler que des œuvres les plus célèbres. Quelques-unes, exposées au Luxembourg sur le parquet même, sans piédestal, semblent se mouvoir parmi le public, plus vivantes que lui, et nous émeuvent comme un prodige.

Mais ni la vérité des attitudes, ni le mouvement ne suffisent à expliquer qu'une vie si intense émane de la matière inerte. C'est surtout par le modelé que s'anime l'ébauche. C'est là que triomphent la science et l'art d'un maître. Il sait voir et rendre ce que le profane n'aperçoit pas à la surface du corps, ces vallonnements et ces dépressions insensibles causés par l'affleurement des muscles et des os, qui décèlent la structure interne, et varient avec le mouvement, bien plus, avec l'émotion. Et, à force de regarder et d'étudier la chair vivante, il finit par saisir le rapport de ces ondulations constantes avec les états de l'âme. Comme le vulgaire lit les sentiments et les passions sur le visage, l'artiste les lit sur tout le corps. Pour lui, un torse, un bras, une main, une jambe, un pied ont leur physionomie. La chair et les muscles frissonnent de volupté ; ils se contractent dans la douleur, la colère ou la haine ; ils se détendent dans la sérénité ; ils s'abandonnent dans le repos. Ils sont aussi expressifs que les yeux et que la bouche.

Dans cet art du modelé, M. Rodin a égalé les sculpteurs grecs, ses maîtres, qui ont fait connaître aux hommes la perfection. Ses corps n'apparaissent pas en surface, mais en volume. Ce ne sont pas des fantômes tels qu'en produit l'art académique ; les reliefs exactement indiqués par les plans d'ombre et de lumière créent l'illusion d'organismes vivants et mobiles. C'est ici qu'intervient, à côté de la science, la personnalité du sculpteur pour accuser le relief caractéristique, pour souligner par le modelé la pensée qui anime chaque partie de la figure. Les doigts, en pétrissant la glaise, lui communiquent le sentiment qui inspire le maître. « L'intelligence dessine, a écrit M. Rodin, mais c'est le cœur qui modèle. »

La vérité des attitudes, la vérité du mouvement, la vérité du modelé, tous les éléments de la forme concourant à l'expression de la vie intérieure, la nature suivie avec une sorte de dévotion par un artiste à qui rien n'échappe de sa beauté, qui lui assujettit un tempérament exceptionnel, ardent à saisir ses aspects les plus caractéristiques et les plus harmonieux, voilà ce qui explique le miracle de ces œuvres si vivantes qui rappellent tantôt les grâces de la statuaire grecque, tantôt la puissance de Michel-Ange.

**

Les amis du beau retrouveront ces mêmes qualités dans les œuvres moins connues, ou tout à fait nouvelles pour le public, que nous offre la générosité du maître. Ils y pourront admirer en même temps l'extrême variété d'inspiration et la déconcertante souplesse de ce génie qui se plie, avec la même aisance, aux sujets les plus divers que lui suggèrent ses lectures ou son imagination.

Voici l'*Adam* de la Bible qui s'éveille à la vie, titubant au sortir du néant, comme accablé déjà par le malheur, et la réplique en marbre de l'*Ève* aux flancs robustes d'où sortira la race des hommes. A côté de ces grandes figures, dans le petit groupe de la *Création de la femme*, l'artiste offre à nos yeux le corps souple et la jeunesse radieuse de celle qui sera la source des tentations, du bonheur et des peines. Ailleurs, l'*Aurore* du poëte se levant de sa couche, où le soleil est encore endormi, étire gracieusement ses beaux bras. *Ariane*, couchée sur la plage déserte, se désole de son abandon. Ici, c'est le *Comte Ugolin* de la Divine Comédie, dans l'attitude d'un fauve affamé, se traînant à quatre pattes, et luttant contre la tentation de dévorer ses enfants, dont l'atroce agonie contracte encore les cadavres; c'est, inspiré aussi de Dante, le groupe de Francesca et de Paolo emportés dans le tourbillon, tendrement enlacés, la femme s'abandonnant avec confiance sur la poitrine de son amant, qui semble encore la protéger. Et c'est la *Porte de l'Enfer*, dont les parties achevées représentent tragiquement l'humanité souffrante, avec ses groupes où tous les âges, depuis la plus tendre enfance, montrent des visages et des membres crispés par les douleurs, les passions et les vices. Là, ce sont des figures symboliques : la *Centauresse* dont la partie humaine, d'un élan fougueux, aspire à l'idéal, tandis que les sabots de la bête s'accrochent au sol et l'y retiennent ; le corps de la *Sphynge*, impassible et mystérieux comme son âme, sur lequel un homme se tord de désespoir, impuissant à la saisir ; le large geste fervent des *Bénédictions ailées* qui se penchent sur le Travail.

Et voici l'expression la plus réaliste du désir et de l'amour, dans des œuvres qui comptent parmi les plus hardies. Le culte de M. Rodin pour la nature ne lui a pas permis de la mutiler. Des passions et des attitudes humaines, il pense qu'aucune ne doit être exclue de l'art, pourvu qu'elle soit vraie et qu'elle soit belle ; en art, il n'y a, pour lui, d'immoral que le faux et le laid. L'amour physique, la passion la plus universelle, source de volupté, source de vie, chantée par Lucrèce en des vers immortels, est digne d'inspirer le sculpteur comme le poëte. Il comporte une beauté plastique qu'il est légitime de reproduire, à condition d'éliminer le détail vulgaire. De cette conception est né tout un monde d'amants et d'amantes. Une toute jeune femme assise sur ses talons, les deux mains appuyées à terre, tend son minois de japonaise avec des airs de chatte et creuse ses reins frémissants de vie. Des couples se cherchent avec fureur, d'autres s'étreignent ; un autre, séparé, est anéanti dans le sommeil. Certains groupes font penser à la brûlante Sapho ; certains semblent des illustrations de Baudelaire.

A côté des belles formes qu'animent les passions, voici les images de contemporains célèbres ou de simples particuliers, dont la physionomie révèle le caractère. Le *Balzac*, qui souleva jadis des tempêtes aujourd'hui apaisées, dresse parmi le cercle des bustes sa stature massive de lutteur ; la tête, d'un geste familier noté par Lamartine, rejetée en arrière avec une sorte d'orgueil héroïque, son œil profond regardant la société, et sa lèvre railleuse plissée par un sarcasme. Un *Victor Hugo* en marbre, perdu dans la méditation, le regard fixé sur son rêve, incline vers la terre sa tête puissante qui semble contenir l'univers. Deux bustes perpétueront les traits de M. *Clemenceau*. L'un est en bronze, d'un modelé très fouillé, le front haut, les mâchoires volontaires, l'ironie dans les yeux et sur le visage ; toute la loyauté, toute l'assurance, toute la combativité, tout l'esprit de l'orateur et du polémiste éclatent sur ce visage. Le second est en marbre, d'une autre manière. Négligeant le détail secondaire, l'artiste a surtout accusé les saillies caractéristiques du front, des sourcils, des pommettes et des mâchoires ; de ces larges plans d'ombre et de lumière se dégage avec un relief saisissant la nature du modèle. De cette même manière procède le buste de *Puvis de Chavannes* dont la figure sereine évoque le peintre du Bois sacré, et celui de lady *Warwick* où l'énergie se devine sous la grâce des lignes. Ces portraits, dignes du statuaire qui modela les célèbres figures de V. Hugo, de Rochefort, de Berthelot et de Falguière, exposées au Luxembourg, semblent sortis des mains d'un autre Houdon aussi délicat psychologue, et plus vigoureux que le premier.

Cette brève description de quelques-unes des œuvres choisies dans l'ensemble de la donation peut donner un avant-goût du plaisir que nous réserve le musée Rodin, où le public trouvera 56 marbres, 50 bronzes et 193 plâtres ou grès qui tous, jusqu'aux moindres ébauches, portent la marque originale du maître.

Ce n'est pas tout. Il y a joint 1.500 dessins qui forment un complément du plus haut intérêt à l'œuvre du statuaire. Ce sont des croquis, le plus souvent très rapides, à la plume ou au crayon, teintés tantôt de noir et de blanc, tantôt de couleur chair, ou bien simplement estompés ; les uns trahissent le tâtonnement de l'artiste ; d'autres sont jetés sur le papier d'un seul trait impeccable qui serrit toute la figure. Ces instantanés sont les notes du sculpteur. Il a fixé ainsi un mouvement fugitif, une ligne entrevue sur le corps mobile du modèle, une attitude harmonieuse, un geste expressif, que ses doigts, si agiles pourtant, n'auraient pas eu le loisir d'indiquer sur la glaise avant que s'évanouît le souvenir de la vision. Grâce à ce répertoire de documents, notre connaissance de la forme s'enrichit de toutes les observations d'un chercheur toujours en éveil. Les aspects des corps qui nous échappent d'ordinaire sont multipliés pour nos yeux. Ce ne sont que des matériaux, mais qui ont chacun leur beauté propre. Quelques-uns ont été utilisés. Les curieux trouveront, parmi ces esquisses, les éléments de telle ou telle composition, et ils pourront en reconstituer la genèse. Ils se donneront ainsi le plaisir de pénétrer dans l'intimité de l'atelier et d'assister au travail de l'artiste. Qu'elles aient ou non trouvé leur place dans une œuvre, elles sont attachantes par la nouveauté, la grâce ou l'énergie du mouvement, et par la vie étonnante qui résulte de notations si sommaires.

**

En même temps que des œuvres du maître, les visiteurs du musée jouiront de ses collections. Elles leur paraîtront précieuses à un double titre : d'abord, par leur valeur artistique ; ensuite, parce qu'elles font mieux connaître le goût de celui qui les a aimées.

Celle des antiques est la plus nombreuse. 562 pièces y représentent l'art égyptien ; 1.094, la céramique ancienne ; 398, la sculpture grecque et romaine. Parmi ces ouvrages ou ces fragments d'ouvrages d'inégale importance, on trouvera maints admirables morceaux qui, après avoir charmé M. Rodin, ne seront sans doute pas dédaignés des amateurs. Le maître, dans sa longue carrière de fureteur en quête de belles choses, a souvent été heureux. Il a su distinguer, parmi les épaves du passé confondues dans le bric-à-brac des antiquaires, celles qui portaient le cachet authentique de l'art. Statues ou fragments de statues, qui, toutes mutilées, conservent des traces d'humanité, parfois laissent deviner l'harmonie de l'ensemble ; stèles et bas-reliefs où persiste la vie ; vases sculptés, vases peints, coupes de toutes dimensions et de toutes formes, charmantes par la grâce de leurs flancs et de leurs anses, ou par les scènes qu'un artiste inconnu y a figurées, ouvrages de tous les âges et de tous les pays, égyptiens, assyriens, chinois, grecs, romains ; tout ce qui, au cours de ses explorations chez les marchands, a flatté son regard par quelque beauté de ligne ou d'expression, il l'a rapporté chez lui pour le contempler à son aise.

Même largeur d'esprit dans le choix de ses tableaux modernes. Les soixante toiles offertes à l'Etat sont signées d'artistes qui ont eu de la nature des visions très différentes, et dont la manière ne l'est pas moins. Au premier rang brillent sept œuvres de Carrière dont le sculpteur doit particulièrement aimer le talent, frère du sien. Mais à côté de leurs tons bistrés, la *Jeune femme nue* de M. Renoir étale sa fraîche carnation qui ne fait pas tort, dans l'esprit du maître, aux *Trois grands personnages* de M. Zuloaga. Une *Vue de Belle-Isle* de M. Claude Monet voisine avec trois paysages de M. René Ménard et avec deux marines de M. Cottet, non loin d'un paysage de Ziem. Deux compositions de Roll : *Paysan gardant des vaches*, *La Femme et la vache* sont appréciées de M. Rodin aussi bien que la *Moisson* et les *Moyettes* de M. Van Gogh. Le *Portrait du Père Tanguy* par ce dernier artiste et les *Deux vieux marins* de M. Raffaëlli ne l'empêchent pas de goûter la *Tête de femme* de M. Jacques Blanche ni la *Femme décolletée* de M. Aman-Jean. Les natures mortes mêmes peuvent plaire à ce passionné de la vie quand elles sont dues au pinceau d'un Ribot. Il n'a exclu aucun genre ni aucune école. Aux peintres modernes, comme aux sculpteurs antiques, comme à tout artiste, il ne demande que de l'émouvoir par la représentation de la belle nature, sans se préoccuper de leur technique.

*
* *

Quelque intérêt qu'offrent ces collections, c'est l'œuvre de M. Rodin qui fait tout le prix de sa donation. J'ai tenté d'en montrer la valeur inestimable. L'inventaire prescrit par la loi a dû pourtant l'estimer et s'exprimer en son langage, qui est celui des chiffres. J'éprouve quelque répugnance à le lui emprunter, à passer de la critique d'art à l'expertise, ne saisissant, d'ailleurs, pas de rapport entre des francs et la beauté. Mais, puisque les distingués conservateurs des musées nationaux, chargés de l'inventaire par le ministre, se sont résignés à mettre des étiquettes sur des chefs-d'œuvre, le rapporteur de la Commission de l'Enseignement doit au moins mentionner leur évaluation, ne fût-ce que pour faire ressortir la modicité du crédit demandé à la Chambre. Pourtant, je la préviens qu'ici les chiffres, même élevés, ne sont pas assez éloquents.

En ce qui concerne l'œuvre même de M. Rodin, le total des estimations atteint :

Pour les marbres. . . . . 942.800 fr.
Pour les bronzes. . . . . 125.000 »
Pour les terres cuites, grès et plâtres. . . . . 85.650 »
Pour les dessins. . . . . 85.900 »
Pour les gravures originales. . . . . 10.000 »

En tout. . . . . 1.249.350 fr.

A cette somme, il faut ajouter la valeur attribuée aux collections, aux moules des statues de M. Rodin, et à un certain nombre de moulages, qui porte l'évaluation des experts, pour l'ensemble de la donation, à. . . . . 2.086.505 fr.

D'autre part, les charges de l'État pour l'entretien du musée seront légères. Pour l'an prochain, il faudra de ce chef inscrire au budget une somme de 13.150 fr. dans laquelle le chauffage est compté pour 7.800 francs, qui seront réduits de 4.300 francs environ quand le prix du charbon sera redevenu normal. Voici les chiffres approximatifs fournis par l'Administration :

1° Chauffage (pour une moyenne de 180 jours). . . . . . 7.800 fr.
2° Éclairage . . . . 1.000 »
3° Eau . . . . 150 »
4° Entretien des locaux, etc. . . . . 2.000 »
5° Taxes de balayage, écoulement à l'égout. . . . . 2.200 »

13.150 fr.

Pour l'instant, le crédit nécessaire est de 10.812 fr. 50 correspondant aux dépenses du dernier trimestre de 1916 et aux frais d'actes notariés et d'honoraires, qui s'élèvent à 9.600 francs.

.*.

Messieurs, vous n'hésiterez pas à voter ce projet de loi. Vous voudrez réaliser le rêve caressé depuis plusieurs années par un artiste rare, qui, au soir de sa vie, est épris de la gloire, le but le plus noble de l'ambition. Vous lui permettrez d'installer le musée Rodin dans le cadre qu'il a choisi. Ainsi, vous retiendrez en France une œuvre destinée autrement à se disperser, et vous seconderez la générosité du donateur qui veut l'offrir à ses concitoyens. Ce sera le remerciement de la Chambre.

PROJET DE LOI

ARTICLE UNIQUE.

Est acceptée définitivement, aux charges et conditions y stipulées, la donation consentie à l'État par M. Auguste Rodin, statuaire, grand-officier de la Légion d'honneur, suivant acte notarié du 1er avril 1916, dont une copie est annexée à la présente loi.

ANNEXE

Par devant Mᵉ Théret et Mᵉ Cottin, notaires à Paris, soussignés.

A comparu :

M. Auguste-René Rodin, artiste sculpteur, grand officier de la Légion d'honneur, demeurant à Meudon-Val-Fleury, avenue Paul-Bert.

Lequel a, par ces présentes, fait donation entre vifs en toute propriété ;

A l'État français :

1° De toutes les œuvres de sculpture antique et œuvres d'art diverses lui appartenant et dont un état descriptif et estimatif demeure ci-annexé après avoir été certifié véritable par le donateur et avoir été revêtu de la mention d'usage par les notaires soussignés ;

2° De ses œuvres personnelles de dessin, peinture et sculpture, ainsi que des droits de propriété artistique y afférents, sauf la réserve stipulée à l'article 6 ci-après, lesdites œuvres comprenant : les originaux, les moules, les copies ou reproductions, les empreintes ou les moulages, le tout décrit et estimé dans un état qui demeure ci-annexé après avoir été certifié véritable par le comparant et revêtu de la mention d'usage, par les notaires soussignés.

Charges et conditions de la donation.

La présente donation est faite par M. Rodin sous les charges et conditions ci-après, qui sont déterminantes et sans lesquelles elle n'aurait pas lieu.

ARTICLE PREMIER.

Les œuvres présentement données seront placées et installées, par les soins de M. Rodin, dans l'hôtel Biron, situé à Paris, rue de Varenne, n° 77, et dans la chapelle désaffectée qui est voisine, le tout devant porter la dénomination de « musée Rodin ».

Les frais de transport de ces œuvres, et ceux qui seront nécessités par leur mise en place, seront supportés par M. Rodin.

Dans le cas où l'État viendrait à déplacer ces œuvres, elles devront être réunies dans un même immeuble, de manière à continuer à former un ensemble complet constituant la collection Rodin.

Dans tous les cas, ce déplacement ne pourra être effectué du vivant de M. Rodin, ni dans les vingt-cinq années qui suivront son décès, en ce qui concerne l'hôtel Biron, mais l'État aura le droit, à toute époque, de reprendre possession de la chapelle : en ce cas, il devra mettre préalablement à la disposition du musée Rodin un local d'une superficie égale aménagé d'une façon convenable pour y placer les œuvres d'art y contenues, et qui sera édifié à ses frais dans les limites du jardin entourant l'hôtel Biron.

L'État, en ce cas, devra de plus prendre en charge les frais de transport et d'installation des objets d'art.

Art. 2.

M. Rodin aura, sa vie durant, l'entière et absolue disposition de son musée.

Il recrutera, nommera et révoquera, à son gré, le personnel chargé de la garde et de l'entretien du musée.

L'entrée du musée, qui sera ouvert six jours par semaine, donnera lieu à une perception de 1 franc par personne. Toutefois, sur simple demande du ministre des Beaux-Arts, M. Rodin s'engage à ouvrir gratuitement le musée au public, un jour par semaine.

La comptabilité des entrées sera tenue par un employé du musée et soumise, pour contrôle à l'Administration des Beaux-Arts, en fin d'année.

Le produit des entrées servira à rémunérer le personnel du musée, sauf à M. Rodin, en cas d'insuffisance, à parfaire les sommes nécessaires à cette rémunération, ainsi qu'il s'y engage. En cas d'excédent, l'excédent sera employé par M. Rodin en acquisitions d'œuvres d'art ou de toute autre façon, à son gré, dans l'intérêt du musée.

Art. 3.

M. Rodin aura, sa vie durant, le droit d'occuper, à titre gratuit, la totalité de l'hôtel Biron, et spécialement la chapelle voisine désaffectée dans les conditions énoncées dans l'article premier, pour y exposer, non seulement les œuvres ci-dessus données à l'État, mais toutes celles qu'il pourra lui donner ou lui destiner par la suite.

Du fait de cette occupation, il ne sera tenu d'aucune charge quelconque d'entretien, ou autre, de quelque nature qu'elle soit ; notamment aucun impôt quelconque ne pourra être mis à sa charge.

M. Rodin ne pourra pas faire de changement de distribution, ni percement de murs dans l'hôtel et ses dépendances, sans avoir obtenu l'avis du ministre des Beaux-Arts, sans l'assentiment duquel il ne pourra être procédé aux dites réparations ou modifications qui devront, en tous cas, être exécutées par les soins des architectes des bâtiments civils.

Art. 4.

Tous les travaux de mise en état des bâtiments concédés à M. Rodin, tant à l'extérieur qu'à l'intérieur, devront être effectués par les soins et aux frais de l'État.

Toutes les réparations à faire dans l'avenir, qu'elles soient, par leur nature, grosses réparations ou réparations d'entretiens, resteront également à la charge de l'État, ainsi que le chauffage et l'éclairage et toutes charges quelconques.

L'État devra installer, à ses frais, un calorifère à chauffage central dans l'hôtel, dans le plus bref délai possible.

Il devra de plus faire faire de suite les travaux nécessaires pour améliorer l'éclairage de la chapelle.

Le jardin dépendant de l'hôtel Biron sera entretenu aux frais de l'État. Dans le cas où il serait ouvert au public, dans les conditions déterminées par les règlements concernant les parcs et jardins de l'État, M. Rodin aurait la faculté d'y pénétrer librement, en dehors des heures d'ouverture.

Art. 6.

Droits de reproduction.

Nonobstant la cession de propriété artistique consentie à l'État par M. Rodin, celui-ci se réserve expressément la jouissance, sa vie durant, du droit de reproduction des œuvres par lui données, étant bien entendu que ledit droit de reproduction demeurera strictement personnel au donateur qui s'interdit de le céder, à un titre quelconque, à aucun tiers. Il aura, en conséquence, le droit de reproduire et éditer ses œuvres et de faire des empreintes ou moulages à l'usage qui lui conviendra.

Au cas où M. Rodin, usant du droit qu'il s'est ainsi réservé, traiterait avec un éditeur d'art, pour la reproduction en bronze d'une ou plusieurs œuvres comprises dans la présente donation, le traité d'édition ne pourra être fait pour une durée supérieure à cinq années, et le nombre de reproductions de chaque œuvre ne pourra pas être supérieur à dix.

Les moules ayant servi à faire ces reproductions, empreintes et moulages, demeureront la propriété de l'État donataire.

ART. 7.

Une grande partie des objets compris dans la présente donation se trouvant encore dans les locaux autres que celui de l'hôtel Biron et notamment dans les ateliers de M. Rodin, au Dépôt des marbres, dans sa villa de Meudon, dans divers immeubles situés même commune et dont un forme musée, il est expressément convenu que les risques de conservation ainsi que ceux de transport de ces divers objets à l'hôtel Biron resteront à la charge exclusive du ministère des Beaux-Arts, quoique le transport doive en être effectué par les soins de M. Rodin et à ses frais.

En conséquence, M. Rodin ne pourra, en aucun cas, être jamais rendu responsable, soit de la perte ou disparition, soit de la détérioration de tout ou partie de ces objets.

Entrée en jouissance.

L'État français entrera en possession et jouissance des biens donnés aussitôt qu'il aura été régulièrement autorisé à accepter la présente donation, mais les avantages conférés à M. Rodin prendront effet à dater de la signature du présent acte.

Conditions résolutoires et révocatrices.

A défaut d'acceptation définitive par l'État français des biens donnés, dans un délai de six mois de ce jour, la présente donation sera résolue de plein droit, et M. Rodin reprendra l'entière disposition et propriété de ses biens.

Dans le cas d'inexécution dûment constatée de toutes les conditions ci-dessus, ou de l'une d'elles seulement, la présente donation sera révoquée purement et simplement, et M. Rodin reprendra la propriété des biens donnés.

Déclaration d'état civil.

M. Rodin déclare :

Qu'il est célibataire et qu'il n'a aucun héritier ayant droit à une réserve dans sa succession.

Acceptation provisoire.

Aux présentes est intervenu : M. Paul Painlevé, député, ministre de l'Instruction publique, des Beaux-Arts et des Inventions intéressant la Défense nationale, demeurant à Paris, à l'hôtel du ministère, sis rue de Grenelle, n° 110.

Agissant en sa dite qualité, au nom de l'État français, lequel, connaissance prise de la donation et des conditions qui précèdent, a déclaré les accepter, à titre provisoire, au nom de l'État français.

Cette donation deviendra définitive après l'obtention d'un décret d'autorisation, dans le délai de six mois de ce jour.

M. Rodin déclare avoir cette acceptation provisoire pour agréable et se la tenir pour bien et dûment signifiée.

Frais.

Les frais des présentes et des actes qui en seront la suite seront à la charge de l'État français.

Dont acte :

Fait et passé à Meudon-Val-Fleury (Seine-et-Oise), au domicile ci-dessus indiqué de M. Rodin, l'an mil neuf cent seize, le premier avril, en présence de :

M. Étienne Clémentel, député, ministre du Commerce, de l'Industrie et des Postes et Télégraphes ;

M. Anatole de Monzie, avocat à la Cour d'appel de Paris, député, et

M. Henri Valentino, chef de division au sous-secrétariat d'État des Beaux-Arts, représentant M. Dalimier, sous-secrétaire d'État.

Et après lecture faite, les parties ont signé avec les personnes présentes et les notaires.

La lecture des présentes aux parties et la signature par celles-ci et les personnes présentes ont eu lieu en la présence réelle de M° Cottin, second notaire, conformément à la loi.

La minute est signée : René-Auguste Rodin, Paul Painlevé, Clémentel, de Monzie, Valentino, Cottin et Théret, ces deux derniers notaires.

N° 2431

CHAMBRE DES DÉPUTÉS

ONZIÈME LÉGISLATURE

SESSION DE 1916

Annexe au procès-verbal de la séance du 28 juillet 1916.

PROJET DE LOI

PORTANT ACCEPTATION DÉFINITIVE DE LA DONATION CONSENTIE A L'ÉTAT PAR M. AUGUSTE RODIN.

(Renvoyé à la Commission de l'Enseignement et des Beaux-Arts.)

PRÉSENTÉ

AU NOM DE M. RAYMOND POINCARÉ
Président de la République française,

PAR M. PAUL PAINLEVÉ,
Ministre de l'Instruction publique, des Beaux-Arts et des Inventions intéressant
la Défense nationale,

ET PAR M. A. RIBOT,
Ministre des Finances.

EXPOSÉ DES MOTIFS

MESSIEURS,

M. Auguste Rodin, statuaire, grand-officier de la Légion d'honneur, a décidé de faire don à l'État, sous certaines conditions, de ses collections de sculpture et de ses œuvres personnelles.

Cette libéralité a été constatée par un acte passé à Paris, en double minute, devant M⁰ Théret, notaire de M. Auguste Rodin, et Mᵉ Cottin, notaire de l'Administration des Beaux-Arts, le 1ᵉʳ avril 1916.

Aux termes de cet acte, M. Auguste Rodin abandonne gratuitement à l'État :

1° Ses collections de sculpture antique, dont un détail estimatif est annexé à l'acte ;

2° Ses œuvres personnelles de dessin, peinture et sculpture ;

3° Son droit de propriété artistique sur lesdites œuvres à partir de son décès.

Mais, comme condition expresse de cette libéralité, il stipule :

1° Que les œuvres données seront installées à ses frais, mais par ses soins, dans l'hôtel Biron, situé à Paris, rue de Varenne, n° 77, et dans la chapelle désaffectée voisine, qui appartient à l'État ;

2° Que le « musée Rodin » restera ainsi installé jusqu'à son décès et vingt-cinq ans après, l'État ayant simplement la faculté, durant ce laps de temps, de reprendre possession de la chapelle en y substituant une autre construction édifiée dans le jardin entourant l'hôtel Biron ;

3° Qu'il aura, sa vie durant, l'entière et absolue administration de son musée, avec droit de recruter et de révoquer le personnel de garde et d'entretien ;

4° Qu'il aura la faculté de percevoir un droit d'entrée dans le musée d'un franc par personne, sauf à soumettre la comptabilité des recettes effectuées de ce chef au contrôle de l'Administration des Beaux-Arts et à affecter le produit des droits d'entrée à la rémunération du personnel, l'insuffisance de ce produit devant être, le cas échéant, comblée des deniers personnels de M. Rodin ou l'excédent employé par lui et à son gré dans l'intérêt du musée ;

5° Qu'il aura, sa vie durant, le droit d'occuper gratuitement la totalité de l'hôtel Biron et de la chapelle voisine, sans être tenu d'aucune charge quelconque d'entretien ou autre, de quelque nature qu'elle soit, et, notamment, d'aucun impôt quelconque ;

6° Que l'État effectuera à ses frais tous les travaux de mise en état desdits immeubles, tant à l'extérieur qu'à l'intérieur, et se chargera des frais de toutes les réparations, quelles qu'elles soient, à effectuer dans l'avenir; qu'il installera à ses frais le chauffage central dans l'hôtel et améliorera l'éclairage de la chapelle ;

7° Que le jardin attenant à l'hôtel sera entretenu aux frais de l'État et que M. Rodin aura la faculté d'y pénétrer librement à toute heure, alors même que le jardin ne serait ouvert au public qu'à des heures fixes.

Cette libéralité a été acceptée provisoirement par le ministre de l'Instruction publique, des Beaux-Arts et des Inventions intéressant la Défense nationale, et il a été stipulé qu'elle serait résolue de plein droit :

1° Si un décret d'acceptation définitive n'intervenait pas dans les six mois, c'est-à-dire avant le 1ᵉʳ octobre 1916 ;

2° En cas d'inexécution dûment constatée de l'une quelconque des conditions indiquées.

L'inventaire descriptif et estimatif des œuvres et collections offertes par M. Auguste Rodin a été effectué par les soins des conservateurs des musées nationaux, qui en ont apprécié la valeur à près de deux millions, c'est-à-dire à une somme très supérieure à la valeur des avantages stipulés en sa faveur par le généreux donateur.

En l'état de la législation, il n'appartient pas aux ministres d'accepter les libéralités qui sont faites à l'État lorsque ces libéralités sont affectées de charges ou de conditions dont le Parlement seul peut autoriser l'exécution. Or, il en est ainsi tout au moins de la charge imposée par M. Auguste Rodin de lui abandonner sa vie durant la jouissance gratuite de l'hôtel Biron et de la chapelle désaffectée voisine, qui sont la propriété de l'État, car l'article 7 de la loi du 6 décembre 1897 subordonne à l'autorisation du Parlement les baux de biens domaniaux d'une durée de plus de dix-huit ans, et l'article 56 de la loi de finances du 25 février 1901 n'autorise à concéder gratuitement des logements dans les bâtiments de l'État par voie de décret qu'en raison des besoins des services publics.

Un projet de loi spécial a, d'ailleurs, été déposé le 18 juillet 1916 pour demander l'ouverture, sur l'exercice 1916, d'un crédit de 10.813 francs nécessaire pour la création du musée Rodin et permettre ainsi l'exécution des conditions de la donation.

Depuis longtemps déjà, les amis et les admirateurs du statuaire avaient conçu l'idée de créer à Paris un « musée Rodin ». Son œuvre est, en effet, bien plus considérable qu'on ne l'imagine et le public est loin de pouvoir en jouir dans sa totalité. Une grande partie en est enfermée dans les différents ateliers du maître. Des centaines de dessins, qui suffiraient à constituer la renommée d'un artiste, sont serrés dans des cartons. Plusieurs monuments, dont M. Rodin lui-même ne possède pas de répliques complètes, se trouvent à l'étranger. Il paraît donc infiniment désirable qu'un ensemble aussi riche soit rassemblé avec soin dans un local adapté à ce but et présenté le plus tôt possible au public.

Nous avons, en conséquence, l'honneur de soumettre à vos délibérations le projet de loi ci-après :

PROJET DE LOI

Le Président de la République française

Décrète :

Le projet de loi dont la teneur suit sera présenté à la Chambre des Députés par le ministre de l'Instruction publique, des Beaux-Arts et des Inventions intéressant la Défense nationale, et par le ministre des Finances, qui sont chargés d'en exposer les motifs et d'en soutenir la discussion.

ARTICLE UNIQUE.

Est acceptée définitivement, aux charges et conditions y stipulées, la donation consentie à l'État par M. Auguste Rodin, statuaire, grand-officier de la Légion d'honneur, suivant acte notarié du 1er avril 1916 dont une copie est annexée à la présente loi.

Fait à Paris, le 28 juillet 1916.

Signé : R. POINCARÉ.

Par le Président de la République :

Le Ministre de l'Instruction publique,
des Beaux-Arts
et des Inventions intéressant la Défense nationale.
Signé : PAUL PAINLEVÉ.

Le Ministre des Finances,
Signé : A. RIBOT.

N° 2431 (ANNEXE)

CHAMBRE DES DÉPUTÉS

ONZIÈME LÉGISLATURE

SESSION DE 1916

Annexe au procès-verbal de la séance du 28 juillet 1916.

ANNEXE

AU

PROJET DE LOI

PORTANT ACCEPTATION DÉFINITIVE DE LA DONATION CONSENTIE A L'ÉTAT
PAR M. AUGUSTE RODIN.

(Renvoyé à la Commission de l'Enseignement et des Beaux-Arts.)

PRÉSENTÉ

AU NOM DE M. RAYMOND POINCARÉ,

Président de la République française,

PAR M. PAUL PAINLEVÉ,

Ministre de l'Instruction publique, des Beaux-Arts et des Inventions intéressant
la Défense nationale,

ET PAR M. A. RIBOT,

Ministre des Finances.

Par devant M° Théret et M° Cottin, notaires à Paris, soussignés,

A comparu :

M. Auguste-René Rodin, artiste sculpteur, grand officier de la Légion d'honneur,
demeurant à Meudon-Val-Fleury, avenue Paul-Bert.

Lequel a, par ces présentes, fait donation entre vifs en toute propriété :

A l'État français :

1° De toutes les œuvres de sculpture antique et œuvres d'art diverses lui appartenant et dont un état descriptif et estimatif demeure ci-annexé après avoir été certifié véritable par le donateur et avoir été revêtu de la mention d'usage par les notaires soussignés ;

2° De ses œuvres personnelles de dessin, peinture et sculpture, ainsi que des droits de propriété artistique y afférents, sauf la réserve stipulée à l'article 6 ci-après, lesdites œuvres comprenant : les originaux, les moules, les copies ou reproductions, les empreintes ou les moulages, le tout décrit et estimé dans un état qui demeure ci-annexé après avoir été certifié véritable par le comparant et revêtu de la mention d'usage par les notaires soussignés.

Charges et conditions de la donation.

La présente donation est faite par M. Rodin sous les charges et conditions ci-après, qui sont déterminantes et sans lesquelles elle n'aurait pas lieu.

ARTICLE PREMIER.

Les œuvres présentement données seront placées et installées par les soins de M. Rodin dans l'hôtel Biron situé à Paris, rue de Varenne, n° 77, et dans la chapelle désaffectée qui est voisine, le tout devant porter la dénomination de « musée Rodin ».

Les frais de transport de ces œuvres, et ceux qui seront nécessités par leur mise en place, seront supportés par M. Rodin.

Dans le cas où l'État viendrait à déplacer ces œuvres, elles devront être réunies dans un même immeuble, de manière à continuer à former un ensemble complet constituant la collection Rodin.

Dans tous les cas, ce déplacement ne pourra être effectué du vivant de M. Rodin, ni dans les vingt-cinq années qui suivront son décès, en ce qui concerne l'hôtel Biron, mais l'État aura le droit, à toute époque, de reprendre possession de la chapelle ; en ce cas, il devra mettre préalablement à la disposition du musée Rodin un local d'une superficie égale aménagé d'une façon convenable pour y placer les œuvres d'art y contenues, et qui sera édifié à ses frais dans les limites du jardin entourant l'hôtel Biron.

L'État, en ce cas, devra de plus prendre en charge les frais de transport et d'installation des objets d'art.

ART. 2.

M. Rodin aura, sa vie durant, l'entière et absolue disposition de son musée.

Il recrutera, nommera et révoquera, à son gré, le personnel chargé de la garde et de l'entretien du musée.

L'entrée du musée, qui sera ouvert six jours par semaine, donnera lieu à une perception de 1 franc par personne. Toutefois, sur simple demande du ministre des Beaux-Arts, M. Rodin s'engage à ouvrir gratuitement le musée au public, un jour par semaine.

La comptabilité des entrées sera tenue par un employé du musée et soumise, pour contrôle, à l'Administration des Beaux-Arts en fin d'année.

Le produit des entrées servira à rémunérer le personnel du musée, sauf à M. Rodin, en cas d'insuffisance, à parfaire les sommes nécessaires à cette rémunération, ainsi qu'il s'y engage. En cas d'excédent, l'excédent sera employé par M. Rodin en acquisitions d'œuvres d'art ou de toute autre façon, à son gré, dans l'intérêt du musée.

Art. 3.

M. Rodin aura, sa vie durant, le droit d'occuper, à titre gratuit, la totalité de l'hôtel Biron, et spécialement la chapelle voisine désaffectée dans les conditions énoncées dans l'article premier, pour y exposer, non seulement les œuvres ci-dessus données à l'État, mais toutes celles qu'il pourra lui donner ou lui destiner par la suite.

Du fait de cette occupation, il ne sera tenu d'aucune charge quelconque d'entretien, ou autre, de quelque nature qu'elle soit ; notamment aucun impôt quelconque ne pourra être mis à sa charge.

M. Rodin ne pourra pas faire de changement de distribution, ni percement de murs dans l'hôtel et ses dépendances, sans avoir obtenu l'avis du ministre des Beaux-Arts, sans l'assentiment duquel il ne pourra être procédé aux dites réparations ou modifications qui devront, en tous cas, être exécutées par les soins des architectes des bâtiments civils.

Art. 4.

Tous les travaux de mise en état des bâtiments concédés à M. Rodin, tant à l'extérieur qu'à l'intérieur, devront être effectués par les soins et aux frais de l'État.

Toutes les réparations à faire dans l'avenir, qu'elles soient, par leur nature, grosses réparations ou réparations d'entretien, resteront également à la charge de l'État, ainsi que le chauffage et l'éclairage et toutes charges quelconques.

L'État devra installer, à ses frais, un calorifère à chauffage central dans l'hôtel, dans le plus bref délai possible.

Il devra, de plus, faire faire de suite les travaux nécessaires pour améliorer l'éclairage de la chapelle.

Le jardin dépendant de l'hôtel Biron sera entretenu aux frais de l'État. Dans le cas où il serait ouvert au public, dans les conditions déterminées par les règlements concernant les parcs et jardins de l'État, M. Rodin aurait la faculté d'y pénétrer librement, en dehors des heures d'ouverture.

Art. 6.

Droits de reproduction.

Nonobstant la cession de propriété artistique consentie à l'État par M. Rodin, celui-ci se réserve expressément la jouissance, sa vie durant, du droit de reproduction des œuvres par lui données, étant bien entendu que ledit droit de reproduction demeurera strictement personnel au donateur qui s'interdit de le céder, à un titre quelconque, à aucun tiers. Il aura, en conséquence, le droit de reproduire et éditer ses œuvres et de faire des empreintes ou moulages à l'usage qui lui conviendra.

Au cas où M. Rodin, usant du droit qu'il s'est ainsi réservé, traiterait avec un éditeur d'art, pour la reproduction en bronze d'une ou plusieurs œuvres comprises dans la présente donation, le traité d'édition ne pourra être fait pour une durée supérieure à cinq années, et le nombre de reproductions de chaque œuvre ne pourra pas être supérieur à dix.

Les moules ayant servi à faire ces reproductions, empreintes et moulages demeureront la propriété de l'État donataire.

ART. 7.

Une grande partie des objets compris dans la présente donation se trouvant encore dans les locaux autres que celui de l'hôtel Biron et notamment dans les ateliers de M. Rodin, au Dépôt des marbres, dans sa villa de Meudon, dans divers immeubles situés même commune et dont un forme musée, il est expressément convenu que les risques de conservation ainsi que ceux de transport de ces divers objets à l'hôtel Biron resteront à la charge exclusive du ministère des Beaux-Arts, quoique le transport doive en être effectué par les soins de M. Rodin et à ses frais.

En conséquence, M. Rodin ne pourra, en aucun cas, être jamais rendu responsable, soit de la perte ou disparition, soit de la détérioration de tout ou partie de ces objets.

Entrée en jouissance.

L'État français entrera en possession et jouissance des biens donnés aussitôt qu'il aura été régulièrement autorisé à accepter la présente donation, mais les avantages conférés à M. Rodin prendront effet à dater de la signature du présent acte.

Conditions résolutoires et révocatrices.

A défaut d'acceptation définitive par l'État français des biens donnés, dans un délai de six mois de ce jour, la présente donation sera résolue de plein droit, et M. Rodin reprendra l'entière disposition et propriété de ses biens.

Dans le cas d'inexécution dûment constatée de toutes les conditions ci-dessus, ou de l'une d'elles seulement, la présente donation sera révoquée purement et simplement, et M. Rodin reprendra la propriété des biens donnés.

Déclaration d'état civil.

M. Rodin déclare :

Qu'il est célibataire et qu'il n'a aucun héritier ayant droit à une réserve dans sa succession.

Acceptation provisoire.

Aux présentes est intervenu : M. Paul Painlevé, député, ministre de l'Instruction publique, des Beaux-Arts et des Inventions intéressant la Défense nationale, demeurant à Paris, à l'hôtel du ministère, sis rue de Grenelle, n° 110.

Agissant en sa dite qualité, au nom de l'État français, lequel, connaissance prise de la donation et des conditions qui précèdent, a déclaré les accepter, à titre provisoire, au nom de l'État français.

Cette donation deviendra définitive après l'obtention d'un décret d'autorisation, dans le délai de six mois de ce jour.

M. Rodin déclare avoir cette acceptation provisoire pour agréable et se la tenir pour bien et dûment signifiée.

Frais.

Les frais des présentes et des actes qui en seront la suite seront à la charge de l'État français.

Dont acte :

Fait et passé à Meudon-Val-Fleury (Seine-et-Oise), au domicile ci-dessus indiqué de M. Rodin, l'an mil neuf cent seize, le premier avril, en présence de :

M. Etienne Clémentel, député, ministre du Commerce, de l'Industrie et des Postes et Télégraphes ;

M. Anatole de Monzie, avocat à la Cour d'appel de Paris, député, et

M. Henri Valentino, chef de division au sous-secrétariat d'État des Beaux-Arts, représentant M. Dalimier, sous-secrétaire d'État.

Et après lecture faite, les parties ont signé avec les personnes présentes et les notaires.

La lecture des présentes aux parties et la signature par celles-ci et les personnes présentes ont eu lieu en la présence réelle de Me Cottin, second notaire, conformément à la loi.

La minute est signée : René-Auguste Rodin, Paul Painlevé, Clémentel, de Monzie, Valentino, Cottin et Théret, ces deux derniers notaires.

CHAMBRE DES DÉPUTÉS

Séance du 14 septembre 1916.

DISCUSSION DU PROJET DE LOI PORTANT ACCEPTATION DÉFINITIVE DE LA DONATION CONSENTIE A L'ÉTAT PAR M. AUGUSTE RODIN.

M. LE PRÉSIDENT. — L'ordre du jour appelle la discussion du projet de loi portant acceptation définitive de la donation consentie à l'État par M. Auguste Rodin.

La parole est à M. Breton, dans la discussion générale.

M. JULES-LOUIS BRETON. — Messieurs, je ne voudrais pas, surtout en ce moment, soulever des controverses artistiques, mais je ne saurais, même par mon silence, sembler m'associer au projet de loi qui est actuellement soumis à nos délibérations.

M. ANDRÉ LEBEY. — Je demande la parole.

M. JULES-LOUIS BRETON. — Que l'on place au musée du Luxembourg des œuvres choisies de Rodin, qu'on les transfère ensuite au musée du Louvre après sa mort, comme cela se fait pour tous les grands artistes, rien de mieux, et je n'aurais aucune protestation à formuler.

Mais ce qui me paraît inadmissible, c'est la mesure tout à fait exceptionnelle qu'on soumet à notre approbation, et dont n'ont encore été l'objet jusqu'alors aucun de nos plus puissants génies artistiques.

Les circonstances qui ont amené le Gouvernement à nous faire cette proposition sont, d'ailleurs, des plus singulières.

Je n'ai pas l'intention de faire à cette tribune l'historique de l'hôtel Biron depuis qu'il a été attribué à l'Administration des Beaux-Arts ; il faut, pour cela, la fine, spirituelle et aimable éloquence de notre ami, M. Léon Bérard, et je suis convaincu qu'il se fera un devoir d'apporter à la Chambre les indications précises et intéressantes qu'il a déjà fournies à la Commission de l'Enseignement.

S'il fait ici un exposé aussi sévère, un grand nombre de nos collègues se refuseront à voter le projet qui nous est proposé et dont l'origine est plutôt singulière.

M. ANDRÉ LEBEY. — Pas du tout.

M. JULES-LOUIS BRETON. — Il vous dira, en effet, qu'à son arrivée au sous-secrétariat des Beaux-Arts, l'hôtel Biron était occupé par plusieurs locataires et qu'il eut quelques difficultés à les faire déménager. En ce qui concerne M. Rodin, ce fut même chose tout à fait impossible. Et c'est parce qu'elle ne put le faire partir, que l'Administration des Beaux-Arts nous propose aujourd'hui de lui donner définitivement l'hôtel Biron.

Voilà, en deux mots, l'historique de la question qui se pose devant vous.

Il me paraît, en tous cas, extrêmement dangereux, pour nos belles traditions artistiques, pour notre action artistique dans le monde, que le Gouvernement et le Parlement français semblent donner, sans aucune réserve, leur approbation à l'œuvre d'un artiste qui, certes, a un grand talent, mais qui s'est livré trop souvent à des manifestations tapageuses...

M. ANDRÉ LEBEY. — Vous ne pouvez dire cela sérieusement.

M. JULES-LOUIS BRETON. — ...et excessives, qui ont eu la plus déplorable influence sur l'orientation artistique de ces dernières années. *(Applaudissements.)*

M. LE PRÉSIDENT. — La parole est à M. Jules Delahaye.

M. LÉON BÉRARD. — Voulez-vous, monsieur Delahaye, me permettre de répondre en quelques mots à M. Breton ?

M. JULES DELAHAYE. — Volontiers.

M. LÉON BÉRARD. — J'ai été mis très courtoisement en cause par mon honorable ami M. Breton. Je demande la permission de lui répondre avec la même modération et la même courtoisie.

M. Breton a dit que si je rééditais ici les explications que j'ai eu l'honneur de fournir à la Commission de l'Enseignement sur les origines du projet d'affectation de l'hôtel Biron à un musée Rodin, cela suffirait à faire rejeter le projet de loi qui nous est aujourd'hui soumis par le Gouvernement. Il n'en est rien et c'est là-dessus que je voudrais m'expliquer.

Après les observations de M. Breton, deux questions vous sont en réalité soumises : celle de l'affectation d'un immeuble, propriété de l'État, à la conservation des œuvres qui lui sont données par M. Rodin, et celle de savoir quelles directions il convient que l'État donne à l'art français.

M. Breton estime que Rodin a engagé cet art dans des voies de perdition et que c'est une manière de scandale que de consacrer législativement son œuvre et son action en acceptant la donation qu'il veut bien nous faire.

Moi, messieurs, j'estime que Rodin est un très grand artiste. *(Très bien ! très bien ! sur plusieurs bancs.)* Je le dis, veuillez le remarquer, sans aucune frénésie dithyrambique ; je ne compare Rodin ni au Dieu de la Genèse, ni à Pascal, ni à Victor Hugo, car vous savez que toutes ces comparaisons ont cours dans une certaine critique d'art, lorsqu'il s'agit d'artistes discutés... Non, je dis simplement, avec une conviction profonde et tranquille, que Rodin est un grand artiste. *(Très bien ! très bien !)*

M. Breton pense, sans doute, un peu différemment. Et il est clair que la Chambre n'est pas appelée à trancher aujourd'hui ce différend. Ce que j'en veux retenir, c'est que des conflits de même nature, et tout aussi irréductibles, surgiront chaque fois que nous nous mêlerons de régenter l'art dans les conditions où nous y invitent M. Breton et son allié d'un instant, l'honorable M. Jules Delahaye, que je m'excuse de faire attendre à la tribune.

M. Jules-Louis Breton. — Je demande, au contraire, que le Gouvernement et le Parlement n'interviennent pas dans cette question.

M. Léon Bérard. — Monsieur Breton, vous avez indiqué très nettement que ce qui vous choquait dans le projet du Gouvernement, que j'appuie, c'est que Rodin avait donné, sinon de mauvais conseils, du moins de mauvais exemples à l'art français.

Eh bien ! puisque vous avez abordé ce sujet des rapports de l'art et de l'État, je vais vous faire, monsieur Breton, une concession qui ne sera pas pour déplaire à M. Delahaye. Je conviens qu'il fut un temps, sous la monarchie, où l'art officiel a rendu de glorieux services à l'art tout court et qu'ils se sont confondus, en matière d'architecture et d'art décoratif, surtout aux plus grandes et aux plus brillantes époques. Cela a tenu beaucoup moins — monsieur Delahaye, ne vous hâtez pas de triompher — *(Sourires)* aux institutions politiques qu'à l'état des mœurs publiques et à la constitution de la société. Il y avait alors des corporations où les artistes apprenaient leur métier et une clientèle extrêmement restreinte qui était, d'ailleurs, une élite et aux besoins de laquelle il s'agissait, pour les artistes, de satisfaire.

Aujourd'hui et depuis cent ans, nous sommes en liberté, avec les bienfaits et les inconvénients que le régime comporte.

Il y a dispersion du goût et des tendances en matière d'art. Ce n'est plus l'affaire de l'État d'exercer en ce sujet le pouvoir spirituel. Et, voici ce qu'à ce propos je veux dire à M. Breton : si la République ne peut pas rendre, par l'art officiel, les mêmes services que la monarchie absolue, elle a, du moins, le devoir de se montrer aussi libérale que la monarchie constitutionnelle.

Jamais, à l'époque des grandes batailles entre classiques et romantiques, la Restauration ne s'est mêlée dans ce conflit. Sous Louis XVIII, à l'occasion du même salon de peinture, le Gouvernement a décoré M. Ingres et acheté à M. Eugène Delacroix son premier tableau. Louis-Philippe qui n'aimait pas beaucoup Eugène Delacroix et qui, malgré la finesse de son esprit, ne le comprenait peut-être pas très bien, Louis-Philippe n'a pas cessé d'encourager ce grand peintre, notamment en lui faisant la commande du magnifique plafond qui orne notre bibliothèque.

Je vous demande, monsieur Breton, d'être aussi libéral, en art, que Louis XVIII, Charles X et Louis-Philippe. *(Rires et applaudissements.)*

M. Jules-Louis Breton. — Je demande la parole.

M. Léon Bérard. — Cela dit, et puisqu'on m'a rendu responsable des origines de l'affaire que je félicite amicalement M. Painlevé et M. Dalimier d'avoir si heureusement poursuivie et terminée, voici ce qui s'est passé.

L'hôtel Biron a été acquis par l'État en juillet 1911.

Si vous vous reportez aux travaux préparatoires de la loi par laquelle cette acquisition a été réalisée, vous y verrez qu'on s'est essentiellement proposé pour but de sauver un chef-d'œuvre d'architecture du XVIIIe siècle, en même temps que d'offrir au peuple de Paris de nouveaux espaces libres et un magnifique jardin.

Les projets d'affectation se sont aussitôt multipliés. Successivement ou simultanément, il a été question d'affecter l'hôtel Biron à un palais des souverains, au ministère de la Justice, au Service des retraites ouvrières, à la mairie du VIIe arrondissement et au sous-secrétariat d'État des Beaux-Arts. *(Rires.)*

Il faudrait n'avoir aucune expérience des affaires administratives pour ne pas se rendre compte qu'avec cette multiplicité de projets, ce qui serait inévitablement arrivé, c'est que nous aurions peut-être vu l'hôtel Biron tomber de vétusté avant qu'il lui eût été donné aucune destination utile.

Or, il se trouvait que, dès avant l'acquisition de cet immeuble par l'État et son affectation à l'Administration des Beaux-Arts, un certain nombre d'artistes, parmi lesquels M. Rodin, y avaient été installés, à titre plus ou moins précaire, par le mandataire de justice qui était chargé de la gestion du domaine. M. Rodin y avait transporté quelques-unes de ses œuvres, notamment celles en voie d'exécution, dont la commande lui avait été faite par l'État.

Depuis longtemps, on nous avait demandé, par une pétition signée d'écrivains, d'artistes, d'hommes politiques, de réunir dans un musée public les originaux de ses œuvres, dont M. Rodin se proposait dès lors de faire don à l'État.

Il nous a paru, à mon ami M. Klotz, alors ministre des Finances, et à moimême, que puisque le Parlement avait voulu, en acquérant l'hôtel Biron, sauver un chef-d'œuvre d'architecture, il était tout naturel d'embellir encore le jardin, qui serait ouvert au public, par un musée où il pourrait voir dans son développement et dans son ensemble l'œuvre d'un grand artiste. Car, messieurs, si Rodin est discuté par M. Breton, il est, à l'étranger, en Angleterre, aux États-Unis et jusqu'au Japon l'un des noms les plus glorieux et les plus justement populaires de l'art français.

M. JULES-LOUIS BRETON. — Malheureusement pour l'art français. *(Mouvements divers.)*

M. LÉON BÉRARD. — Voilà ce que nous avons voulu faire et ce que nos successeurs ont réalisé, en menant à bonne fin des négociations engagées depuis trois ou quatre ans. Nous avons tout simplement voulu donner à un bel exemplaire d'architecture française, la destination artistique qui paraissait impliquée dans le vote même que la Chambre émettait en 1911. La renommée de Rodin est, dès à présent, assez sûre et son talent suffisamment consacré pour que nous risquions, en adoptant ce projet, de lui rendre un hommage que la postérité ne ratifierait pas. *(Vifs applaudissements.)*

M. JULES-LOUIS BRETON. — Permettez-moi, monsieur Delahaye, de répondre quelques mots. Je ferai d'abord remarquer que, malheureusement pour la Chambre, notre collègue, M. Bérard, a enlevé, dans son discours, tout l'humour de l'historique de l'hôtel Biron qu'il avait apporté à la Commission de l'Enseignement.

M. Charles Benoist. — Cela devait être autre chose, mais cela ne pouvait pas être plus joli.

M. Jules-Louis Breton. — C'était en tout cas beaucoup plus savoureux. Notre collègue avait, en effet, indiqué qu'il s'était trouvé quelque peu embarrassé, en arrivant au sous-secrétariat des Beaux-Arts, devant les locataires qui occupaient à ce moment l'hôtel Biron. La liquidation avait concédé ces locaux à trois locataires jouissant tous à des degrés divers d'une certaine notoriété : M. Rodin, M. de Max et Mᵐᵉ Jeanne Bloch.

M. Simyan. — C'était le liquidateur qui les avait installés là.

M. Jules-Louis Breton. — L'expulsion de Mᵐᵉ Bloch ne souffrit pas de trop grandes difficultés. Il paraît, en revanche, que l'expulsion de M. de Max fut déjà infiniment plus compliquée ; mais quand il fallut s'attaquer à M. Rodin, ce fut, cette fois, matériellement impossible. L'Administration des Beaux-Arts n'ayant pu, malgré de longs et louables efforts, le faire consentir à déménager, trouva finalement, pour se tirer d'embarras, l'élégante solution que l'on vous demande aujourd'hui de ratifier.

C'est, en deux mots, l'historique vrai du projet de loi qui vous est soumis ; la chose n'est pas contestable et nulle rectification, vous le verrez, ne sera apportée sur ce point précis.

Je reprends maintenant la partie artistique du discours de M. Bérard. M. Bérard paraît considérer que c'est moi qui soulève ce débat. C'est renverser singulièrement les rôles ; ce n'est pas moi qui ai pris cette regrettable initiative et qui vous demande de prendre parti dans une polémique artistique, ce n'est pas moi qui viens faire ici l'apologie d'une thèse artistique quelconque, ce n'est pas moi qui viens vous demander de prendre une mesure absolument exceptionnelle pour un artiste discuté et discutable, quoi que vous disiez. Jamais je n'ai songé à demander une telle chose.

Si on avait réservé à M. Rodin le même traitement qui est accordé à tous les grands artistes, si on avait proposé de mettre certaines de ses œuvres au Luxembourg, puis au Louvre, je n'aurais jamais songé à apporter à cette tribune aucune protestation ; mais ce n'est pas cela que vous voulez, vous nous demandez une mesure tout à fait exceptionnelle qui n'a jamais été proposée pour aucun artiste, à n'importe quelle époque et sous aucun régime. En aucune circonstance, on n'a jamais pris une mesure semblable à celle qui est demandée pour les œuvres de M. Rodin.

Par conséquent, ce n'est pas moi qui prends parti, en matière artistique, et qui vous demande de mêler le Gouvernement et la Chambre aux polémiques artistiques. Je vous demande exactement le contraire, et c'est le Gouvernement lui-même, en apportant d'une manière bien intempestive en un tel moment le projet qu'il soumet à nos suffrages, qui nous demande de prendre parti en ces matières qui devraient rester complètement en dehors de nos discussions politiques.

J'ai dit tout à l'heure, et je le répète volontiers, que M. Rodin est un artiste de talent : et c'est justement parce que je reconnais son talent que je déplore les fantaisies regrettables, les exagérations extravagantes auxquelles il s'est trop souvent livré dans ses manifestations artistiques. Je considère, par suite, qu'il y aurait danger, au point de vue des belles traditions artistiques de notre pays, à voter le projet qui nous est soumis.

C'est donc moi qui préconise la neutralité artistique du Parlement et de l'État, et c'est M. Bérard, ainsi que ceux qui ont déposé le projet qui veulent faire prendre parti à la Chambre pour une conception artistique qui est pour le moins discutable. *(Applaudissements.)*

M. LE PRÉSIDENT. — La parole est à M. Jules Delahaye.

M. JULES DELAHAYE — Pour ne faire aucune peine à notre honorable rapporteur et ne pas offenser sa foi dans le « génie unique », comme il dit, de M. Rodin, je me garderai même de contester la sorte de dogme, auquel il s'est rallié. Je reconnais, d'ailleurs, qu'il ne fallait rien de moins que ses affirmations un peu osées pour justifier la convention vraiment « unique », qu'il soutient avec un lyrisme débordant. Mais il me permettra d'être assez libre penseur *(On rit)* pour lui expliquer les doutes qui ont inspiré ma proposition. Car, bien que surpris par le dépôt de son rapport à la première heure de notre rentrée et par la mise à l'ordre du jour dès le surlendemain, il ne m'a pas laissé le temps de venir le développer devant mes collègues de la Commission de l'Enseignement et des Beaux-Arts. Si je suis bien informé — M. Symian voudra bien me le dire — la Commission n'a pas même été prévenue par son président que j'avais reçu sa convocation trop tard pour pouvoir y répondre et que j'avais déposé un amendement, ainsi que j'avais eu le soin et la déférence de l'en avertir télégraphiquement.

M. SYMIAN, *rapporteur*. — Permettez-moi une précision. Je n'ai reçu votre dépêche, par laquelle vous m'annonciez le dépôt d'un contre-projet, que vers quatre heures du soir. La Commission avait été réunie à une heure et demie et sa séance était levée depuis longtemps quand j'ai reçu votre dépêche. Je ne connaissais donc pas votre intention et encore moins votre contre-projet que je viens de recevoir il y a une demi-heure. Vous ne doutez pas un instant que si je les eusse connus, je me fusse empressé d'en saisir la Commission. Je l'ai indiqué aujourd'hui à la Commission et si vous aviez bien voulu vous rendre à cette réunion, vous n'auriez pas produit une affirmation qui n'est pas conforme à la vérité des faits.

M. JULES DELAHAYE. — Je n'ai pas affirmé, j'ai pris la précaution de vous demander si j'étais bien informé. Au reste, je ne vous fais pas grand grief de votre précipitation, car vous avez une excuse très plausible : M. Rodin, en effet, exige un débat et une solution électriques. Après le 1er octobre, si nous ne nous inclinions pas, c'en serait fait de la munificence et du musée de M. Rodin.

M. LE RAPPORTEUR. — Quand il y a une convention, il faut la respecter.

M. JULES DELAHAYE. — Au moment où nos minutes paraissent des années et où des projets bien plus urgents, semble-t-il, attendent encore nos délibérations, M. le rapporteur ne m'en voudra pas de trouver l'impatience de M. Rodin un peu excessive et même un peu familière à l'égard de la « souveraineté nationale ».

Afin d'abréger mes observations, laissez-moi vous lire le texte de mon contre-projet et le sommaire d'usage qui l'accompagne. Il est arrivé trop tard aussi pour vous le faire distribuer, en temps convenable, comme l'a dit M. Simyan.

« Article premier. — Aucun musée nouveau, aucune collection d'art ne pourront être créés aux frais de l'État ou dans les édifices publics, du vivant des légataires ou des donateurs intéressés. » *(Interruption.)*

M. LE PRÉSIDENT. — Nous sommes dans la région de l'art, messieurs.

M. JULES DELAHAYE. — Si je ne peux pas parler d'art sans exciter vos passions...

M. ANDRÉ LEBEY. — Cela excite bien les vôtres.

M. JULES DELAHAYE. — Qu'en savez-vous?

M. ANDRÉ LEBEY. — Je vous écoute et je m'en rends compte.

M. JULES DELAHAYE. — Laissez-moi au moins continuer ma lecture, pour savoir si je suis aussi passionné que vous le prétendez :

« Art. 2. — La valeur artistique des donations ou legs, ainsi que leurs conditions financières ou immobilières, devront être soumises à l'avis préalable et motivé d'une commission de douze membres, élue, pour moitié, par les classes compétentes de l'Institut... » *(Interruptions sur les bancs du parti socialiste.)*

Attendez la fin de la phrase.

M. LE PRÉSIDENT. — Monsieur Delahaye, voulez-vous me dire si cette nomination d'une commission formée de membres de l'Institut est dans le texte ?

M. JULES DELAHAYE. — Je le relis : « Art. 2. — La valeur artistique des donations ou legs, ainsi que leurs conditions financières ou immobilières, devront être soumises à l'avis préalable et motivé d'une commission de douze membres, élue, pour moitié, par les classes compétentes de l'Institut, et pour moitié en dehors de l'Institut. » *(Interruptions sur les bancs du parti socialiste.)*

M. LE PRÉSIDENT. — Messieurs, ne laissez pas dire qu'on ne peut pas parler quand on n'est pas de votre avis.

M. JULES DELAHAYE. — Pour abréger le plus possible mes observations, — car je suis fatigué d'un voyage nocturne, — je vous demande la permission de lire aussi mon exposé sommaire, ce qui me permettra d'éviter tout développement :
« Aux engouements passagers ou aux prétentions excessives des coteries d'art ou des artistes trop enclins à se soustraire aux sages traditions de nos musées nationaux, qui, jusqu'à ce jour, imposaient à toute consécration du « génie » la sanction du temps, — il s'agit d'imposer, par le contre-projet ci-contre, au moins le contrôle et l'appréciation motivée d'une élite de compétences indépendantes de toute influence étrangère à l'art.

« Il s'agit aussi d'empêcher la conséquence évidente d'un précédent sans pareil dans l'histoire ancienne et moderne des artistes français. »

M. JULES-LOUIS BRETON. — Très bien !

M. DELAROCHE-VERNET. — C'est une erreur absolue.

M. JULES DELAHAYE. — « Car il est facile de prévoir que, dans l'avenir, beaucoup d'autres que M. Rodin seront tentés, moyennant de riches donations, de faire proclamer, de leur vivant, une supériorité contestée par l'élite de leurs pairs.

« Il s'agit encore de relever d'autant plus haut, aux yeux des contemporains, l'exception proposée pour M. Rodin et de justifier autrement que par une convention avec l'État, intéressée de part et d'autre, « la faveur unique, accordée à un génie unique, en retour d'un don unique ».

« Il s'agit surtout de maintenir contre tout particularisme l'abnégation artistique, qui n'a jamais cessé d'être le plus grand orgueil des artistes français et de proclamer une fois de plus que la plus grande gloire pour ceux-ci est, non pas d'obtenir d'une assemblée politique un atelier et un musée isolés, personnels, dans un édifice public, mais d'être admis dans nos musées nationaux à côté des illustrations nationales. »

En résumé, comme vous le voyez, je ménage l'opinion qu'a de son œuvre M. Rodin et qu'ont avec lui le Gouvernement et deux Commissions de la Chambre. Je la ménage assez pour ne pas écarter d'emblée ses propositions pour le moins insolites, j'allais dire son caprice « unique », dans le passé, dans le présent, et, vraisemblablement dans l'avenir, au dire de M. le rapporteur lui-même. Je craindrais d'être confondu dans le mépris qu'il professe pour le vulgaire, qui s'obstine dans l'incompréhension du miracle « d'œuvres si vivantes », écrit-il, « qu'elles rappellent tantôt les grâces de la statuaire grecque, tantôt la puissance de Michel-Ange ». *(Très bien ! très bien ! sur divers bancs.)*

Jugez si j'ai raison d'être circonspect par ces quelques lignes, dont tout le rapport de M. Simyan n'est que le développement.

« Le troupeau des confrères médiocres mêle ses railleries à celle de la foule. L'artiste, qu'on accusait de mouler la nature, est maintenant accusé de la violenter.

« Il néglige les sottises de tous ceux qui ont des yeux pour ne point voir. » *(Très bien ! très bien ! sur les bancs du parti socialiste.)*

M. ANDRÉ LEBEY. — Il y en a beaucoup.

M. JULES DELAHAYE. — « Soutenu par une petite élite d'admirateurs clairvoyants : statuaires, peintres, critiques, amateurs, il poursuit sa tâche les yeux fixés sur la nature. A chaque salon il scandalise les Béotiens de Paris et d'ailleurs. »

La phillipique est audacieuse, j'en conviens. Mais treize pages sur ce ton d'amertume et de défi ne sont pas sans suggérer une remarque inquiétante pour des législateurs à qui l'on demande de prendre parti pour un maître qui n'a encore, pour l'exalter, ni la grande foule, ni la grande élite de ses confrères.

M. LE RAPPORTEUR. — Je parle là de ses débuts, mais, depuis, tout le monde s'est incliné devant le génie de Rodin. *(Très bien ! très bien ! sur les bancs du parti socialiste.)*

M. JULES DELAHAYE. — Vous exagérez. Plus les législateurs, à qui l'on demande, en somme, une décision à laquelle ils sont si mal préparés par leurs occupations et, pour le plus grand nombre, par leur compétence, plus ces législateurs seront modestes dans leur jugement, plus ils paraîtront excusables de douter qu'ils soient vraiment qualifiés pour accorder à M. Rodin la compensation exorbitante qu'il sollicite en faveur de ses vieux jours, plus ils seront excusés de ne pas vouloir se prononcer entre un public récalcitrant, une démocratie ainsi dédaignée, des contribuables traités de troupeau aveugle, imbécile, et un artiste qui s'est donné la tâche de scandaliser tout le monde. *(Exclamations sur les bancs du parti socialiste.)*

J'entends bien que l'honorable M. Simyan ne doute de rien. Il a réponse à tout. Il affirme que « la vérité fait son chemin », que peu à peu la foule et l'élite finissent par comprendre, que peu à peu « tout homme capable d'une émotion esthétique est conquis », que toutes les résistances sont vaincues et que M. Rodin a fait, entre autres « miracles », le miracle de « soumettre le public à son jugement, qui est le bon ». C'est toute la question et c'est là que j'attendais l'honorable M. Simyan. *(Murmures et interruptions sur les bancs du parti socialiste.)*

Je ne dis et ne dirai rien qui puisse vous froisser. Outre que tant de « peu à peu » me paraissent bien contradictoires avec les résistances soi-disant vaincues, j'aimerais bien savoir à quels signes l'honorable M. Simyan a reconnu que M. Rodin avait vraiment soumis le public à son goût, et que son goût était le meilleur.

M. LE RAPPORTEUR. — Il suffit de voir la pétition de tous les artistes et littérateurs en faveur du musée Rodin ; elle contient les plus grands noms de la littérature et de l'art à l'heure actuelle et de tendances les plus opposées.

M. JULES DELAHAYE. — Je pourrais vous en citer beaucoup plus d'autres encore qui ne partagent pas leur sentiment.

Le malheur, c'est que nous sommes obligés de trancher le débat. J'ai cherché le précieux indice des résistances enfin vaincues par le génie de M. Rodin. Avec la meilleure volonté, je n'ai pu le trouver dans tout le rapport de notre honorable collègue qu'à la treizième page. Encore paraît-il tiré de bien loin : « M. Rodin est épris de gloire, le plus noble but de l'ambition », s'écrie l'honorable M. Simyan.

Très bien, mais c'est en quoi le génie de M. Rodin n'est pas « unique ». S'il fallait donner à tous les artistes épris de gloire un hôtel historique, un couvent, une chapelle, un jardin public, il ne vous resterait bientôt plus rien du fameux milliard des congrégations.

M. LE RAPPORTEUR. — Voilà le bout de l'oreille !

M. JULES DELAHAYE. — L'oreille et l'âme tout entières.

M. ANDRÉ LEBEY. — Eh bien ! vous n'êtes pas devenu libre penseur. Vous 'avez dit, mais ce n'est pas exact.

M. DELAROCHE-VERNET. — Parlez-nous de l'immeuble et non de l'artiste.

M. JULES DELAHAYE. — M. Simyan n'en conclut pas moins avec bravoure que vous ne pouvez pas, messieurs, hésiter à réaliser le rêve caressé depuis plusieurs années par M. Rodin, que vous lui permettrez d'installer son musée dans le cadre qu'il a choisi et que, ce faisant, vous serez ses obligés. « Ce sera, dit-il, le remerciement de la Chambre. »

Pourquoi le remerciement de la Chambre ?

L'honorable M. Simyan vous le dit dans une formule que je vous prie de retenir, messieurs, car elle est rare dans l'histoire de l'art. Depuis qu'il y a des rois, des républiques et des sculpteurs, je ne crois pas que jamais artiste ait reçu un pareil coup sur sa couronne de lauriers. C'est du 420. Tout autre que M. Rodin en paraîtrait écrasé. L'honorable rapporteur a un trait commun avec M. Rodin : il ne lui déplaît pas « de scandaliser les Béotiens de Paris et d'ailleurs ».

Veuillez écouter ce morceau : « Il est bien vrai que l'État, qui accueille au Luxembourg les plus belles œuvres des artistes vivants, et qui offre la glorieuse hospitalité du Louvre à celles que le temps a consacrées, ne saurait concéder une partie du domaine public à chacun des grands artistes qui sont l'ornement de ce pays ; mais il peut accorder cette faveur unique à un génie unique en retour d'un don unique. Si c'est un précédent, il est à craindre qu'il ne se renouvelle pas de longtemps. »

Ne vous semble-t-il pas, messieurs, que voilà des raisons bien hardies pour créer un précédent extraordinaire, inouï, mais bien fragiles et bien peu cohérentes pour édifier un nouveau musée et une loi d'exception ?

N'hésiterez-vous pas à les faire vôtres, comme vous y invite l'honorable M. Simyan et ne craindrez-vous pas, en comblant tous les vœux de M. Rodin, de paraître tenir la gageure d'une poignée de frondeurs, d'une petite élite d'amateurs qui ont juré de venger les injures du plus fameux des mécontents ?

Dans sa foi religieuse en M. Rodin, l'honorable M. Simyan me rappelle un moine *(Exclamations et rires)* encore plus célèbre que M. Rodin.

M. LE RAPPORTEUR. — J'aime mieux cette foi que l'autre.

M. JULES DELAHAYE. — Le P. Lacordaire, qui bravait volontiers, lui aussi, les critiques et les railleries de son temps, a prononcé, un jour, ce mot sublime sur les lèvres d'un aussi grand orateur, d'un artiste aussi rare : « Sachez que je n'ai pas le sentiment du ridicule. »

Un membre à gauche. — Il pouvait se permettre cela.

M. JULES DELAHAYE. — Comme le P. Lacordaire, comme M. Rodin, l'honorable M. Simyan ne me paraît pas non plus avoir le sentiment du ridicule.

M. LE RAPPORTEUR. — Je ne l'ai pas le moins du monde.

M. JULES DELAHAYE. — Mais il n'en saurait être de même pour un Gouvernement d'opinion, pour une Chambre de députés.

Au moment de ressusciter la vieille institution des peintres du roi, des sculpteurs de la reine, au moment de leur réserver, non seulement les principales commandes de l'État, comme au temps de la monarchie, mais de leur donner encore des monuments historiques pour installer leur atelier, leur musée, une sorte d'hymne à leur génie ne saurait leur suffire.

Il faut aussi un peu d'esprit critique, un contrôle moins superficiel et surtout moins partial pour les convaincre d'engager les deniers de l'État, d'aliéner le domaine public, de désigner les peintres et les sculpteurs de la République.

L'esprit critique et le contrôle sévère, c'est ce qui pouvait manquer, sinon à l'honorable M. Simyan, du moins à son rapport, sur l'acceptation définitive de la donation de M. Rodin.

Il n'est pas difficile à des ministres de trouver des fonctionnaires, fussent-ils conservateurs des musées nationaux et architectes du Gouvernement, pour présenter des évaluations d'actif de 2.086.505 francs en face d'évaluations de 13.150 francs. On n'a qu'à leur dire préalablement que les richesses ainsi inventoriées sont « inestimables ». Mais il n'est besoin que de percevoir les articles de semblables devis, de pareils bilans, pour en apercevoir les omissions volontaires, les complaisances ordonnées et les futures surprises. Il n'est besoin que de lire, en particulier, les conditions résolutives et révocatrices du contrat, pour en pressentir l'éventuel danger. Jugez-en par ces seules dispositions :

« ART. 2. — M. Rodin recrutera, nommera et révoquera, à son gré, le personnel chargé de la garde et de l'entretien du musée.

« ART. 7. — Il est expressément convenu que les risques de la conservation, ainsi que ceux de transport de ces divers objets à l'hôtel Biron... resteront à la charge exclusive du ministère des Beaux-Arts, quoique le transport doive en être effectué par les soins de M. Rodin et à ses frais.

« En conséquence, M. Rodin ne pourra, en aucun cas, être jamais rendu responsable, soit de la perte ou disparition, soit de la détérioration, de tout ou partie de ces objets.

« Dans le cas d'inexécution dûment constatée de toutes les conditions ci-dessus ou de l'une d'elles seulement, la présente donation sera révoquée purement et simplement, et M. Rodin reprendra la propriété des biens donnés. »

Ainsi, aucune responsabilité pour M. Rodin, et la faculté de révocation pure et simple, dans le cas d'inexécution d'une seule clause du contrat, comme je vois, la perte et la disparition des pièces nombreuses du musée.

Les artistes sont mobiles et changeants. Quelle tentation pour un homme âgé et entouré peut-être de bien des gens intéressés à ressaisir après lui une propriété qui leur échappe, pour un donateur qui semble avoir la vocation du mécontentement esthétique, de transformer la fantaisie de munificence en une fantaisie de révocation !

Je n'insiste pas sur les inconvénients d'une convention préconisée par l'honorable M. Simyan. Quoi qu'il en dise, il saute aux yeux que M. Rodin en a les principaux avantages, de son vivant, et que l'État peut en avoir, plus tard, les plus grands risques. Au reste, la nature des critiques que j'ai l'honneur de vous exposer dans le sommaire de mon contre-projet étant surtout d'ordre public, il serait superflu de m'étendre sur les motifs d'ordre privé qui vous engagent à examiner de plus près la valeur « inestimable », mais estimée par des experts qui vous sont inconnus, de ce que l'État donne et de ce que M. Rodin reçoit.

Je glisse aussi sur la convenance du futur musée, établi dans un couvent et une chapelle par un artiste dont on nous dit qu'il a toujours eu la prétention de soumettre le public à son goût, qui est le bon, et je me contente, à cet égard, de reproduire sans commentaire le passage suivant du rapport de M. Simyan :

« Et voici l'expression la plus réaliste du désir et de l'amour, dans des œuvres qui comptent parmi les plus hardies. Le culte de M. Rodin pour la nature ne lui a pas permis de la mutiler. Des passions et des attitudes humaines, il pense qu'aucune ne doit être exclue de l'art, pourvu qu'elles soient vraies et qu'elles soient belles. En art, il n'y a, pour lui, d'immoral que le faux et le laid. L'amour physique, la passion la plus universelle, source de volupté, source de vie, chantée par Lucrèce en des vers immortels, est digne d'inspirer le sculpteur comme le poète. Il comporte une beauté plastique qu'il est légitime de reproduire à condition d'éliminer le détail vulgaire. De cette conception est né tout un monde d'amants et d'amantes. Une toute jeune femme assise sur ses talons, les deux mains appuyées à terre, tend son minois de Japonaise avec des airs de chatte, et creuse ses reins frémissants de vie. Des couples se cherchent avec fureur, d'autres s'étreignent ; un autre, séparé, est anéanti dans le sommeil. Certains groupes font penser à la brûlante Sapho ; certains semblent des illustrations de Baudelaire. »

Il n'est pas bon qu'un musée qui, jadis, devait demeurer secret, soit ouvert au public, pour y contempler des spectacles dont l'immoralité est indifférente à l'artiste.

Il n'est pas bon, il n'est pas prudent, de dispenser de la sanction du temps, reconnu nécessaire par l'expérience de tous les pays et de tous les siècles, la consécration des talents et même des génies les plus populaires, et à plus forte raison des talents et des génies les plus contestés.

Il n'est pas bon, il n'est pas prudent de proclamer solennellement que ces talents, ces génies pourront, désormais, si vous votez le projet du Gouvernement, préférer les jouissances immédiates d'un atelier d'État, d'un musée personnel, à la gloire posthume et désintéressée d'un musée national.

Il convient mieux à une commission d'hommes de l'art, choisis consciencieusement et en toute indépendance par des hommes de l'art, qu'à une assemblée politique de prendre la responsabilité de décider qu'il en sera autrement pour M. Rodin que pour les autres artistes français.

La renommée de M. Rodin ne peut que gagner à l'arbitrage de ses pairs, les plus illustres et les plus compétents. Une moitié par les membres de l'Institut qui ne passent pas pour les plus médiocres et une moitié par la grande ou la petite élite, à l'estime de laquelle il doit tenir par-dessus tout.

S'il est vrai, comme on nous l'assure, que M. Rodin a vaincu toutes les résistances, qu'il a réussi enfin à soumettre le public à son goût, s'il a forcé l'admiration de tous, quelle revanche pour son génie méconnu jusqu'ici, que cette constatation par experts indiscutables, indiscutés, jointe à celle du Gouvernement et de la Chambre des députés. Quelle revanche même pour la petite élite de ses admirateurs clairvoyants mais solitaires.

Constatation d'autant plus opportune et nécessaire que, à l'heure où nous sommes, les résistances ne semblent pas aussi réduites que vous le prétendez. Voyez ce qui se passe autour de vous. Vous sollicitez une sorte de réhabilitation d'un génie incompris, une manifestation de remerciement qui ne s'est jamais vue.

Et les journaux d'art, aussi bien que les journaux politiques, se taisent presque unanimement. On disait, jadis, que le silence des peuples était la leçon des rois. Il devrait aussi être la leçon des Parlements souverains, la leçon de la « République des arts » et de la « République des camarades ». *(Mouvements divers.)*

M. MARROU. — Il y a autre chose à dire et à faire en ce moment que le discours que vous prononcez.

M. JULES DELAHAYE. — Alors, vous seriez seul à avoir le droit de parler et d'exprimer vos opinions ?

M. MARROU. — Non, mais vous parlez à tort en ce moment.

M. LE PRÉSIDENT. — Pardon ! il y a un projet de loi à l'ordre du jour ; et l'orateur est parfaitement en droit de le discuter. Veuillez l'écouter. Vous aurez le droit de prendre la parole sur le projet. D'autres orateurs l'ont fait.

M. JULES-LOUIS BRETON. — Nous sommes tous d'accord sur ce point que ce n'était pas le moment de discuter un tel projet.

Sur les bancs du parti socialiste. — Pas tous !

M. JULES DELAHAYE. — Je croyais que le régime parlementaire était celui de la contradiction. Et toutes les fois qu'on élève une contradiction ici on est interrompu et maltraité.

M. MARROU. — Avouez que le moment est mal choisi.

M. JULES DELAHAYE. — ...Pour déposer ce projet. Oui ; c'est ce que j'ai dit. Et vous me reprochez d'être d'accord avec vous.

Un seul journal à ma connaissance, un journal républicain, que vous lisez et applaudissez tous les jours, celui qui a fait la campagne si heureuse « des canons et des munitions », a chargé un écrivain, estimé de tous pour son talent et son indépendance courageuse, de placer sous vos yeux des réflexions bien appropriées aux circonstances que nous traversons. Permettez-moi de vous les lire pour terminer. *(Interruptions et bruit sur les bancs du parti socialiste.)*

Sur divers bancs du parti socialiste. — Non ! non ! Nous n'estimons pas Gohier.

M. JULES DELAHAYE. — Tant pis pour vous, si vous ne l'estimez pas.

M. LE PRÉSIDENT. — Messieurs, veuillez laisser l'orateur s'expliquer.

M. JULES DELAHAYE. — Le *Journal*, dis-je, a chargé cet écrivain de mérite de placer sous vos yeux des réflexions bien appropriées aux circonstances que nous traversons ; permettez-moi de les recommander à votre attention, pour terminer.

M. JEAN LONGUET. — Il y a des noms qu'on ne doit pas prononcer ici...

M. JULES DELAHAYE. — Voici ce qu'écrivait, hier, M. Urbain Gohier... *(Vives exclamations sur les bancs du parti socialiste.)*

M. JEAN LONGUET. — Il faut avoir la pudeur de ne pas parler de lui ici. *(Bruit.)*

M. JULES DELAHAYE. — Ne parlez donc pas de pudeur.

M. RAFFIN-DUGENS. — C'est un assassin, et la justice l'a pris sous sa protection. *(Vives exclamations et bruit sur un grand nombre de bancs...)*

M. LE PRÉSIDENT. — C'est intolérable ! Voulez-vous, oui ou non, écouter l'orateur ?

M. RAFFIN-DUGENS. — L'orateur n'a pas le droit d'apporter ici cette protestation. *(Bruit.)* Il devrait être à l'ombre, cet homme-là. *(Bruit.)*

M. LE PRÉSIDENT. — Vous allez m'obliger à vous rappeler à l'ordre, si vous continuez.

M. RAFFIN-DUGENS. — Vous pouvez me rappeler à l'ordre. Je dis qu'Urbain Gohier est l'assassin de Jaurès, et s'il y avait une justice...

M. LE PRÉSIDENT. — Je vous prie de cesser ces interruptions continuelles.

M. RAFFIN-DUGENS. — Nous ne voulions pas entendre ces paroles !

M. LE PRÉSIDENT. — Je vous rappelle à l'ordre pour votre persistance à interrompre.

M. RAFFIN-DUGENS. — Portez cela au cabinet ! *(Vives exclamations et bruits.)*

M. LE PRÉSIDENT. — Je vous rappelle à l'ordre avec inscription au procès-verbal.

Sur les bancs du parti socialiste. — Tous !... tous !

M. JEAN LONGUET. — Nous sommes solidaires.

M. LE PRÉSIDENT. — Non ! Vous ne pouvez prendre à votre compte des expressions aussi antiparlementaires que celle-là !

M. Jules Delahaye a la parole et il la gardera. *(Très bien ! très bien !)*

Je fais appel à tous mes collègues : je les prie de respecter la liberté de la tribune. *(Applaudissements.)*

M. MARIUS MOUTET. — Nous ne laisserons pas lire la prose d'un homme qui a poussé à l'assassinat d'un de nos camarades. *(Bruit.)*

A droite. — Lisez ! lisez !

Sur les bancs du parti socialiste. — Non ! Non ! *(Bruit.)*

M. PAUL PONCET. — Elle ne sera pas lue.

M. JULES DELAHAYE. — Quoi que vous disiez, elle sera lue.

M. LE PRÉSIDENT. — Un jour peut-être viendra où quelqu'un des vôtres voudra lire un article qui déplaira à une autre partie de l'assemblée. Ce jour-là, je croirai de mon devoir d'assurer la liberté de la tribune pour vous comme je le fais en ce moment pour M. Jules Delahaye. Puis-je procéder autrement ? *(Applaudissements.)*

M. JULES DELAHAYE. — Messieurs, voici des lignes qui ne sont pas faites pour exciter vos colères. Je vous répète que je les lirai.

M. JEAN LONGUET. — Non ! non ! Nous oublierions la mémoire de Jaurès.

M. JULES DELAHAYE. — Si ! si ! Car elles traitent d'une question d'art, de quelque part qu'elles viennent — et je proteste contre tout ce que vous venez de dire de M. Urbain Gohier. Vous pouvez les entendre, et les entendre avec calme. Je reprends.

« Nous pouvons vendre le trop-plein de nos musées… » *(Vives réclamations sur les bancs du parti socialiste.)*

M. DEGUISE. — Vous ne ferez pas cette lecture ; nous ne vous le permettrons jamais. *(Bruit.)*

M. JULES DELAHAYE. — Je la ferai, que vous le permettiez ou non.

M. LE PRÉSIDENT. — Je n'ai pas besoin de vous rappeler les circonstances dans lesquelles nous nous trouvons. Laissez-moi vous dire que peut-être vous soulignez à l'excès, en lui attachant trop d'importance, un incident qui, dans les événements que nous traversons *(Applaudissements)*, devrait compter pour peu de chose à vos yeux.

Maintenant, messieurs, vous savez à quel sentiment de liberté j'ai toujours fait appel ici…

Plusieurs membres. — C'est exact.

M. LE PRÉSIDENT. — …Vous savez que je me suis toujours efforcé, avec vous tous, de défendre la liberté de la tribune, qui est notre bien commun ; je vous supplie de ne pas prolonger cet incident. *(Applaudissements.)*

M. VALIÈRE. — Eh bien ! que M. Delahaye le termine ! *(Bruit.)*

M. LE PRÉSIDENT. — Voulez-vous, messieurs, m'obliger à suspendre la séance ? Est-ce cela que vous voulez ?

M. JULES DELAHAYE. — Je reprends ma lecture :

« Nous pouvons vendre le trop-plein de nos musées… » *(Nouvelles réclamations sur les bancs du parti socialiste.)*

M. LE PRÉSIDENT. — Je supplie encore une fois quelques interrupteurs de ne pas donner au pays ce spectacle. S'ils continuent à interrompre, je suspendrai la séance et ils en auront la responsabilité. *(Très bien ! très bien !)*

M. JULES DELAHAYE. — Voici, messieurs, des lignes qui n'ont rien de politique, et qui expriment un avis que bien d'autres avant M. Urbain Gohier ont exprimé :

« Nous pouvons vendre le trop-plein de nos musées, parce que nos musées sont réellement trop pleins. Ce ne sont plus des musées, mais des capharnaüms. Aucun morceau n'est en valeur. Que de travail et que d'argent pour aboutir au ridicule ! On achète sans trêve pour consommer les crédits budgétaires, comme on rôtit les pauvres bureaucrates pour consommer la provision de bois. On emmagasine sans discernement les legs hétéroclites de tous les Chauchard qui veulent mériter *post mortem* les honneurs nationaux décernés à leur argent. Il en résulte un extraordinaire bric-à-brac, devant lequel l'étudiant artiste reste affolé et l'amateur dégoûté.

« Liquidons, éclaircissons ; faisons un choix, faisons de la place pour demain.

« Les Américains payeront ce qu'on voudra les œuvres qui auront été authentifiées pour un séjour au Louvre ou au Luxembourg. Ils seront sûrs — enfin ! — de n'être pas volés. Et le flot toujours montant de la peinture aura bientôt comblé les vides. »

M. ANDRÉ LEBEY. — Cela n'a aucun rapport avec le projet de loi en discussion !

M. JULES DELAHAYE. — Le rapport est évident, au contraire, puisque je vous démontre par une citation d'un de vos plus grands journaux qu'au moment où l'on vous demande de créer un nouveau musée, la voix publique vous dit : Il y en a déjà trop et les musées que vous avez sont trop pleins. Il faut les liquider, les vider, et non les remplir, les multiplier.

Messieurs, avant la guerre, M. le ministre des Finances qui, pourtant, a signé le projet que nous discutons, nous disait sagement : « Plus la moindre dépense de luxe ! nous n'en avons plus les moyens. Depuis la guerre, nous avons prodigué les dizaines et les dizaines de milliards pour la Défense nationale. »

Le Gouvernement a dû interdire toutes les importations de luxe. Et pourtant, c'est encore une dépense de luxe que vous allez voter sans même consentir à la contrôler, à ne pas vous exposer à son aggravation. Vous affrontez le sentiment public. L'hôtel Biron vous embarrasse ? Offrez-le aux plus glorieux sauveurs de la France, à ses plus glorieux mutilés, plutôt que d'y mettre l'atelier et le musée de l'opulent M. Rodin.

Et je vous assure qu'au lieu de vous siffler, la France vous applaudira. *(Applaudissements à droite.)*

M. LE PRÉSIDENT. — La parole est à M. de Monzie.

M. DE MONZIE. — Messieurs, je serai bref, parce que je ne veux pas, en allongeant ce débat, prolonger ce qui au regard de beaucoup aura demain figure de scandale.

Notre collègue M. Jules-Louis-Breton me permettra de lui dire que son intervention et son opposition sont pour le moins inattendues. Il est, en effet, singulier que dans le moment présent la Chambre soit invitée à refuser à celui qui est incontestablement le sculpteur le plus illustre de ce temps ce qui doit être incontestablement aussi son avant-dernière demeure. Il est encore plus singulier que cette invitation nous soit faite par un orateur d'extrême-gauche qui, semble-t-il, devrait unir aux hardiesses de la pensée les hardiesses du goût. Sans doute, notre collègue M. Breton est président de la commission du règlement...

M. JULES-LOUIS BRETON. — Cela n'a rien à voir en la circonstance.

M. FERDINAND BOUGÈRE. — Il est également président de la Commission de l'assistance sociale.

M. DE MONZIE. — ...Et peut-être en cette qualité a-t-il une préférence trop marquée pour l'art réglementaire, pour les artistes officiels, pour ceux qui ne sortent ni de la formule ni de l'ornière. Peut-être aussi se rappelle-t-il que sous la monarchie de Juillet les libéraux se flattaient d'être classiques et les ennemis du romantisme : comme eux, M. Breton se plaît à contredire ses opinions politiques par ses opinions artistiques ; c'est son affaire. La nôtre est simplement d'apprécier le mérite d'une transaction qui nous est proposée par le Gouvernement. Je demande à la Chambre la permission de rappeler sur quoi elle discute. Il ne s'agit pas de faire à M. Rodin une donation, il s'agit d'en recevoir une. *(Très bien ! très bien !)*

M. JULES DELAHAYE. — Vous donnez plus que vous ne recevez.

M. DE MONZIE. — Il s'agit d'accepter une donation dont il est impossible à l'heure actuelle de mesurer l'importance en millions et d'affecter pour recevoir les trésors qui en font l'objet un immeuble charmant, certes, mais qui, jusqu'ici, a été constamment inutilisé au dire même de notre excellent collègue et ami, M. Léon Bérard.

Je comprends mieux la résistance de notre collègue, M. Jules Delahaye, encore qu'il n'ait insisté sur les motifs vrais et respectables de cette résistance. L'affectation de l'hôtel Biron lui paraît être un sacrilège parce que de 1820 à 1904 la communauté du Sacré-Cœur occupa ces lieux qui, désormais, seraient consacrés à la gloire d'un artiste profane, d'un sculpteur amoureux de la chair, de la ligne et du mouvement. Je rappellerai à M. Delahaye que la congrégation du Sacré-Cœur n'a pas été la seule propriétaire de l'hôtel Biron. *(Interruptions à droite.)*

M. LE PRÉSIDENT. — Ne rompez pas la ligne.

M. DE MONZIE. — Il eut comme propriétaire un certain Peyrenc de Moras, escroc de bourse heureux, suborneur de filles professionnel, ventre doré, un de ces nouveaux riches contre lesquels notre collègue exerce si volontiers sa verve, dont il dénonce si volontiers les exactions et l'insolence.

Ce Peyrenc de Moras céda au maréchal de Biron ce même hôtel qu'on vous sollicite aujourd'hui de refuser à Rodin et à ses œuvres. Cette histoire nous est contée par un conseiller municipal royaliste de Paris, M. d'Andigné. Je la dédie simplement en guise de réponse à notre collègue, M. Jules Delahaye. *(Applaudissements et rires à gauche.)*

Ma réponse à M. Breton sera plus simple encore. M. Auguste Rodin a soixante-seize ans. Il a connu tous les déboires et tous les triomphes. Il a été « retoqué » trois fois à l'examen d'entrée de l'école des Beaux-Arts. S'il vous plaît de le retoquer une quatrième fois, libre à vous. *(Applaudissements et rires.)* S'il vous plaît de refuser un logis à ses œuvres, ne soyez pas en peine, il trouvera un logis ailleurs. *(Applaudissements.)* Il y a déjà une salle Rodin au Musée Métropolitain de New-York. Si vous écoutez M. Breton et M. Delahaye conjugués, il y aura bientôt un musée Rodin à New-York.

M. MARCEL SEMBAT, *ministre des Travaux publics.* — Cela fera honneur au Parlement français !

M. DE MONZIE. — Enfin, messieurs, pendant que nous nous indignons contre la dévastation de nos cathédrales, tandis que nous stigmatisons les Allemands pour avoir brisé à Ypres et à Reims les belles images de France et de Flandre, il est inopportun et malséant de blasphémer telles de ces belles images qui, par-dessus la Renaissance, rattachent Rodin à la pure tradition gothique. *(Applaudissements.)*

En vérité, aucun mécompte, aucune déconvenue n'auront été épargnés à cette pauvre union sacrée ! Que les hommes publics soient diffamés en temps de guerre comme en temps de paix, passe encore ! Nous en prenons l'habitude.

M. CHARLES BERNARD. — C'est la monnaie courante !

M. DE MONZIE. — C'est peut-être plus dangereux que nous ne le pensons. Nous connaîtrons un jour le danger de ces mutuelles diffamations que nous continuons à couvrir de notre indifférence. Mais que nous allions plus loin, qu'en cette séance, quasi inaugurale, il soit possible de mettre en cause un artiste comme Rodin, et de nous instituer juges d'un homme consacré par une gloire devenue universelle, voilà, n'est-il pas vrai ? une façon de propagande qui servira mal notre renom de grâce et de bonne grâce auprès de l'étranger déconcerté. *(Applaudissements.)*

M. JULES-LOUIS BRETON. — Ce n'est tout de même pas nous qui avons soulevé ce débat !

M. DE MONZIE. — Vous consacrez des millions à propager ce renom. Mais vous saisissez la première occasion pour discréditer un de vos porteurs de flambeaux.

M. JULES-LOUIS BRETON. — C'est ce que l'on nous propose qui est de nature à discréditer la France.

M. DE MONZIE. — Ce n'est pas la première fois que s'institue, dans une assemblée élue, un débat sur Auguste Rodin. Permettez-moi de rappeler que vous avez, dans cet ordre d'idées tout au moins, un devancier : l'honorable M. Lampué, conseiller municipal de Paris. Rodin, qui a conquis le suffrage d'Anatole France, de Gustave Geoffroy, d'Octave Mirbeau et de tant d'autres, énumérés dans la pétition des artistes dont a parlé M. le rapporteur, n'a pas eu le suffrage de M. Lampué.

M. JULES-LOUIS BRETON. — Ni celui de quelques autres !

M. DE MONZIE. — En dépit de la clairvoyance courageuse de notre collègue, Paul Escudier, M. Lampué a jadis triomphé des admirateurs d'Auguste Rodin. Résultat ! A la place d'une œuvre admirable qui figurerait aujourd'hui sur une des places de Paris, pour le châtiment des Béotiens, on a eu la statue de Balzac par Falguière. *(Mouvements divers.)*

D'après cette aventure on peut juger de ce qu'il y a de fâcheux dans les discussions de cette sorte.

Tout à l'heure l'honorable M. Breton disait : « Nous n'avons pas à nous instituer juges d'art. »

M. JULES-LOUIS BRETON. — C'est ce que vous faites. Avoir institué ce débat en pleine guerre, c'est inadmissible. *(Interruption.)* Pourquoi voulez-vous que nos idées artistiques plient devant les vôtres ? Ce n'est vraiment pas le moment de soulever un pareil débat.

M. DE MONZIE. — Quand un artiste, au lieu de capitaliser son effort et sa gloire, veut offrir, en réunissant dans un même lieu celles de ses œuvres qu'il considère comme les meilleures, il est invraisemblable qu'il se dresse dans cette Chambre, quel que soit le sentiment artistique de ses membres, une opposition quelconque, bien mal motivée.

Pour justifier cette opposition, vous soutenez que le projet de loi dont nous discutons est intempestif et prématuré, prématuré après six ans de préparation administrative. Car, si je ne me trompe, depuis 1910, on discute pour établir les conditions de cette donation. Depuis six ans, M. Dujardin-Beaumetz, M. Léon Bérard, M. Painlevé, M. Dalimier ont négocié pour que cette donation ne comportât aucune espèce de charges.

En vérité, si c'est la récompense qu'une Chambre française accorde aux donateurs, vous en trouverez peu qui voudront priver leurs héritiers ou leurs amis du profit de leur travail et par surcroît s'offrir en pâture à des discussions comme celle d'aujourd'hui qui ne peuvent que décourager toutes les générosités. *(Applaudissements.)*

Il n'y avait pas lieu à ouvrir un débat ni sur la personnalité de Rodin, ni sur l'affectation de l'hôtel Biron. Le grand sculpteur Rodin vous offre un trésor inestimable que tous les pays civilisés épris d'art vous envient.

La seule attitude à prendre était de tourner, vers l'homme qui nous a dotés de marbres impérissables, l'unanime gratitude de la nation et de ses représentants. *(Vifs applaudissements.)*

M. LE PRÉSIDENT. — La parole est à M. le sous-secrétaire d'État des Beaux-Arts.

M. DALIMIER, *sous-secrétaire d'État des Beaux-Arts.* — J'en demande pardon à mon collègue, M. Breton, mais je n'ai jamais pensé et nous n'avons jamais pensé que l'heure était mal choisie pour déposer sur le bureau de la Chambre le projet de loi qui est en discussion.

Notre collègue, M. Breton, disait que jamais on n'avait réservé en France à aucun artiste l'honneur, que l'on fait aujourd'hui à Rodin, de réunir ses œuvres dans un bâtiment appartenant à l'État pour constituer un musée qui portera son nom.

C'est sans doute parce que jamais, à aucune époque, aucun artiste ne fit à l'État une offre comme celle que Rodin nous fait aujourd'hui.

Depuis de longues années, Rodin qui aurait pu avec la plus grande facilité vendre à l'étranger toutes ses œuvres, n'a eu que ce souci, dont nous devons le louer, de les garder, de les grouper, d'avoir toujours sous la main celles qui lui paraissaient les meilleures et les plus pures, évaluées aujourd'hui, non pas comme on le prétendait à dire d'experts officiels, mais de la façon la plus stricte, à près de 3 millions. Ces œuvres, Rodin aurait pu les monnayer ; il les a gardées pour son pays, pour qu'on puisse suivre l'ensemble de ses efforts depuis le jour où, comme le rappelait M. de Monzie, il était refusé à l'École des Beaux-Arts, depuis le jour où son premier envoi au Salon était refusé, luttant difficilement et arrivant enfin à réunir cette œuvre considérable devant laquelle tous les esprits non prévenus s'inclinent. Cet homme aurait pu vendre tout cela à l'étranger ; il l'a gardé pour son pays. Aucun artiste, à aucune époque, n'a fait à l'État une offre semblable, et c'est pour cela peut-être que la question ne s'est jamais posée et qu'il n'y a pas de précédent.

Je dois indiquer à ceux de nos collègues qui ont apporté leur protestation que, depuis hier, nous avons singulièrement aggravé notre cas. Rodin, depuis la donation, s'est aperçu qu'il était resté dans ses ateliers un certain nombre d'œuvres qu'il n'avait pas encore données à l'État, et hier, M. le ministre de l'Instruction publique et moi, nous avons fait une fois de plus le pèlerinage de la petite maison de Meudon, cette petite maison dans laquelle Rodin a toujours vécu de la façon la plus humble et la plus modeste ; et, hier, Rodin a donné à l'État, outre les œuvres indiquées dans la donation qui vous est soumise aujourd'hui, toutes les œuvres qu'il n'avait pas données jusqu'à ce jour et qui ont été chiffrées par les experts à 347.700 francs, ce qui porte l'ensemble de la donation à près de trois millions.

Dans ces conditions, nous pensons que nous avions le devoir d'apporter immédiatement le projet devant la Chambre et que la Chambre a le devoir, dans un vote quasi-unanime, d'exprimer à ce grand artiste toute sa reconnaissance et tous ses remerciements.

Il y a, on l'a rappelé, des salles Rodin. On a groupé les œuvres de Rodin au musée Kensington de Londres ; il y a des salles dans lesquelles on a groupé ses œuvres au Métropolitain de New-York ; on a créé à San-Francisco un musée Rodin, et la France, qui peut revendiquer Rodin comme un de ses plus grands artistes, serait seule à ne pas avoir de musée Rodin ! La Chambre ne refusera pas le cadeau qu'on lui apporte. *(Applaudissements.)*

M. LE PRÉSIDENT. — Monsieur Delahaye, maintenez-vous votre proposition de renvoi à la Commission ?

M. JULES DELAHAYE. — Je demande simplement le renvoi de mon contre-projet à la Commission de l'Enseignement, devant laquelle je n'ai pas pu développer mes raisons.

M. LE RAPPORTEUR. — Nous repousserons le renvoi.

M. LE PRÉSIDENT. — Personne ne demande plus la parole sur la discussion générale ?...

Je consulte la Chambre sur la question de savoir si elle entend passer à la discussion des articles.

(La Chambre, consultée, décide qu'elle passe à la discussion des articles.)

M. LE PRÉSIDENT. — *Article unique* : Est acceptée définitivement, aux charges et conditions y stipulées, la donation consentie à l'État par M. Auguste Rodin, statuaire, grand-officier de la Légion d'honneur, suivant acte notarié du 1ᵉʳ avril 1916 dont une copie est annexée à la présente loi. »

Ici se place le contre-projet présenté par M. Delahaye.

Je donne lecture de l'article premier de ce contre-projet :

« Article premier. — Aucun musée nouveau, aucune collection d'art ne pourront être créés aux frais de l'État ou dans les édifices publics, du vivant des légataires ou des donateurs intéressés. »

Vous avez déposé, si je ne me trompe, sur cet article, une demande de scrutin public ?

M. JULES DELAHAYE. — Sur l'ensemble, pas sur cet article.

M. LE PRÉSIDENT. — Alors, je mets aux voix l'article premier du contre-projet de M. Delahaye.

(L'article premier, mis aux voix, n'est pas adopté.)

La parole est à M. Lefas sur l'article unique du projet de loi.

M. LEFAS. — Je voudrais, messieurs, expliquer en quelques mots pourquoi, mes amis et moi, nous votons contre le projet qui vous est soumis.

Nous avons pour cela des raisons d'ordre général qui ont été développées. Cette absence de législation des fondations, spéciale à notre pays, qui fait qu'arbitrairement l'État peut prendre à des collectivités charitables les biens qui leur appartenaient et les détourner de leur destination pour les concéder à des particuliers constitue un régime insupportable que nous ne pouvons pas sanctionner.

Mais il y a d'autres raisons, et puisqu'on a parlé d'union au nom de la guerre, c'est au nom de cette union que je voterai contre le projet.

Depuis deux ans nous avons le scandale, dans ce quartier des Invalides, où l'Administration de la guerre est si à l'étroit qu'elle a dû s'installer dans des immeubles réservés aux services publics, le lycée de jeunes filles Duruy, dans des hôtels mêmes appartenant à des particuliers, nous avons, dis-je, la douloureuse surprise de voir l'Administration des Beaux-Arts, qui possède deux immeubles : l'hôtel Biron, acheté 3 millions, et le séminaire de Saint-Sulpice, n'avoir qu'un but : empêcher l'autorité militaire d'y mettre les pieds… *(Bruit)*, peut-être parce qu'elle pressent que si l'Administration de la guerre entrait dans ces immeubles, ils lui conviendraient si bien, comme aménagement et comme situation, qu'elle aurait des chances d'y rester.

De ce chef, des sommes énormes ont été dépensées en constructions, en locations, dans le quartier, à côté et en face de l'hôtel Biron ; des enfants ont été privés d'enseignement pendant deux ans. Aujourd'hui encore nous ne savons même pas comment nous logerons demain les invalides de la guerre, ou comment nous installerons les services établis dans l'hôtel des Invalides.

Nous serions fondés à demander que des cloisons moins étanches, puisqu'on a parlé d'union, existent entre les diverses Administrations, et que les futurs directeurs de musées pensent un peu plus, pendant la guerre, à l'intérêt général et un peu moins à celui de leur musée particulier.

Et cependant, à quelque pas de l'hôtel Biron, un de nos collègues n'avait pas craint, lui, de donner l'exemple d'ouvrir son propre hôtel et de l'affecter à des services d'ambulances ; et, non content d'avoir ainsi donné de son confort et de ses biens, il a donné sa vie. J'ai nommé notre regretté collègue, le duc de Rohan. *(Applaudissements.)*

Est-ce que son exemple ne s'imposait pas à suivre ? Peut-être, me dira-t-on, qu'il n'était que duc et de Rohan : M. Rodin est un prince de l'art, je ne lui conteste pas ce titre…

M. DALIMIER, *sous-secrétaire d'État des Beaux-Arts.* — Le duc de Rohan a signé le projet en faveur du musée Rodin.

M. LEFAS. — …Et l'Administration des Beaux-Arts est reine irresponsable en matière de dépenses. Ainsi, après nous avoir fait dépenser inutilement pendant la guerre, faute d'avoir affecté ses immeubles vacants aux services de la Guerre, elle vous redemandera demain des millions pour l'aménagement des musées en question. Je les eusse votés volontiers, demain, si on nous avait permis de les économiser aujourd'hui. Comme on ne l'a pas fait, je ne voterai pas le projet. Notre bulletin de vote est le seul moyen que nous ayons de protester contre ces agissements, au nom des contribuables. Nous serions responsables nous-mêmes si nous ne nous en servions pas. *(Applaudissements sur divers bancs.)*

M. LE PRÉSIDENT. — La parole est à M. le sous-secrétaire d'État des Beaux-Arts.

M. DALIMIER, *sous-secrétaire d'État des Beaux-Arts.* — Je ne peux pas laisser sans réponse l'allégation inexacte de M. Lefas. Il affirme que l'Administration des Beaux-Arts s'est refusée à mettre des locaux à la disposition des services de la Guerre.

L'hôtel Biron, que l'on a cité d'abord, est, vous ne l'ignorez pas, loué à M. Rodin; le ministère de la Guerre ne pouvait donc l'avoir que par voie de réquisition, et il n'était pas en mon pouvoir de le mettre à sa disposition.

M. LEFAS. — C'est donc M. Rodin qui n'a pas compris ce qu'il devait faire.

M. DALIMIER, *sous-secrétaire d'État des Beaux-Arts.* — Quant au séminaire de Saint-Sulpice, vous devriez savoir que j'ai fait évacuer l'une après l'autre toutes les pièces occupées par mes services, pour les mettre à la disposition du Secours de guerre. J'en ai fait retirer les décors de l'Odéon et des tableaux et statues appartenant au musée du Luxembourg, pour y installer des réfugiés et orphelins des régions envahies. *(Très bien ! très bien !)*

Quant aux autres bâtiments dépendant de l'Administration des Beaux-Arts, ils ont tous, sans exception — un grand nombre de nos collègues le savent — été mis à la disposition du ministère de la Guerre ou des œuvres. Dans mon souci de donner satisfaction à tous ceux qui pouvaient avoir besoin des bâtiments de l'État, j'ai été jusqu'à installer le Secours national à l'École des Beaux-Arts, dans la salle Melpomène ; je ne pouvais vraiment pas aller plus loin.

Je tenais à rectifier, pour l'honneur de l'Administration que je dirige, des renseignements inexacts. *(Applaudissements sur les bancs du parti socialiste et du parti républicain radical et radical socialiste.)*

M. LE PRÉSIDENT. — La parole est à M. de Gailhard-Bancel.

M. DE GAILHARD-BANCEL. — Au nom d'un certain nombre de mes collègues et au mien, je demande la permission d'expliquer notre vote et de dire que nous voterons contre le projet soumis à la Chambre, pour empêcher la prescription, celle de l'oubli tout au moins, de courir contre la congrégation qui a été dépossédée de l'immeuble... *(Exclamations sur les bancs du parti socialiste et du parti républicain radical et radical socialiste. — Applaudissements à droite et sur divers bancs au centre)* de l'immeuble dont dispose le projet de loi.

Je tiens à rappeler ce que j'ai dit autrefois à cette tribune : c'est qu'avant d'être expulsée de France la congrégation des religieuses du Sacré-Cœur avait été expulsée d'Alsace-Lorraine, pour son trop grand attachement à la France. Ce sont les termes mêmes du décret rendu contre elle par l'empereur d'Allemagne. *(Applaudissements à droite.)*

M. JULES-LOUIS BRETON. — M. le sous-secrétaire d'État a dit que l'hôtel Biron était loué. Quel est le chiffre de la location?

M. DALIMIER, *sous-secrétaire d'État des Beaux-Arts.* — 5.900 francs par an.

M. JULES-LOUIS BRETON. — Je croyais que le chiffre de la location était de 1 franc.

M. DALIMIER, *sous-secrétaire d'État des Beaux-Arts.* — Nous aurons, en tout cas, toujours fait payer trop cher à un homme qui nous apporte aujourd'hui des millions.

M. LEFAS. — Je constate, d'après les déclarations mêmes de M. le sous-secrétaire d'État, que l'hôtel Biron n'a pas été mis à la disposition des services de la Guerre. M. le sous-secrétaire d'État a ajouté que M. Rodin seul aurait pu le faire...

M. DALIMIER, *sous-secrétaire d'État des Beaux-Arts.* — Tous les locataires.

M. LEFAS. — En apportant cette précision, vous avez porté contre le futur usager de l'immeuble une accusation plus formelle que celles que je m'étais permises. *(Très bien ! très bien ! sur divers bancs. — Mouvements divers.)*

M. LE PRÉSIDENT. — Je mets aux voix l'article unique du projet de loi.

Il y a une demande de scrutin, signée de MM. Jules Delahaye, de Gailhard-Bancel, Lefas, de Pomereu, le baron Gérard, de Hercé, Ginoux-Defermon, l'amiral Bienaimé, Ballande, Lerolle, Piou, Ferdinand Bougère, etc.

Le scrutin est ouvert.

(Les votes sont recueillis. — MM. les secrétaires en font le dépouillement.)
M. LE PRÉSIDENT. — Voici le résultat du dépouillement du scrutin :

```
Nombre des votants. . . . . . . . . . . . . . .   435
Majorité absolue. . . . . . . . . . . . . . . .   218
   Pour  l'adoption. . . . . . . . . . . . .   379
   Contre . . . . . . . . . . . . . . . . .    56
```

La Chambre des députés a adopté.

ADOPTION D'UN PROJET DE LOI PORTANT OUVERTURE, SUR L'EXERCICE 1916,
D'UN CRÉDIT DE 10.813 FRANCS EN VUE DE LA CRÉATION D'UN MUSÉE RODIN.

M. LE PRÉSIDENT. — L'ordre du jour appelle la discussion du projet de loi
portant ouverture, sur l'exercice 1916, d'un crédit de 10.813 francs en vue de la
création d'un musée Rodin.

Personne ne demande la parole dans la discussion générale ?...

Je consulte la Chambre sur la question de savoir si elle entend passer à la
discussion de l'article unique.

(La Chambre, consultée, décide qu'elle passe à la discussion de l'article.)

M. LE PRÉSIDENT. — « *Article unique* : Il est ouvert au ministre de l'Instruction
publique, des Beaux-Arts et des Inventions intéressant la Défense nationale, au
titre de l'exercice 1916, en addition aux crédits provisoires alloués par les lois des
29 décembre 1915, 30 mars et 30 juin 1916 et par des lois spéciales, pour les
dépenses du budget général, un crédit de 10.813 francs, applicable à un chapitre
nouveau de la deuxième section du budget de ce ministère (Beaux-Arts) portant
le n° 55 *bis* et intitulé : « musée Rodin. — Matériel. »

Personne ne demande la parole sur l'article unique ?...

Je le mets aux voix.

(L'article unique, mis aux voix, est adopté.)

SÉNAT

Séance du 9 novembre 1916.

DISCUSSION DU PROJET DE LOI CONCERNANT LA DONATION AUGUSTE RODIN.

M. LE PRÉSIDENT. — L'ordre du jour appelle la 1re délibération sur le projet de loi, adopté par la Chambre des députés, portant acceptation définitive de la donation consentie à l'État par M. Auguste Rodin.

La parole est à M. de Lamarzelle, sur l'ajournement.

M. DE LAMARZELLE. — Messieurs, je demande au Sénat de bien vouloir ordonner l'ajournement, en raison de ce que notre collègue, M. Delahaye, qui devait prendre à cette discussion une part très importante, étant malade, se trouve dans l'impossibilité absolue de se rendre parmi nous. Je ne sais d'ailleurs pas quel motif pourrait nous empêcher d'accomplir cet acte de courtoisie.

En effet, de deux choses l'une : ou M. Delahaye triomphera dans son argumentation et le projet sera rejeté ; s'il en est ainsi, l'ajournement ne peut avoir aucune importance ; ou bien, M. Delahaye ne triomphera pas, et, le projet étant accepté par le Sénat, les intérêts de M. Rodin n'auraient pas à souffrir de cet ajournement. Voici, en effet, la clause que je trouve dans une des donations de M. Rodin : « Les avantages conférés à M. Rodin prendront effet à dater de la signature du présent acte. »

Il n'y a donc aucun inconvénient à attendre le retour de notre honorable collègue, M. Delahaye, qui, je le répète, a fait une étude approfondie de la question, et au nom duquel je demande au Sénat de vouloir bien prononcer l'ajournement. *(Très bien ! à droite.)*

M. EUGÈNE LINTILHAC, *rapporteur*. — Je demande la parole.

M. LE PRÉSIDENT. — La parole est à M. le rapporteur.

M. LE RAPPORTEUR. — Messieurs, je ne demanderais pas mieux que de me rendre à l'invitation courtoise qui nous est adressée, mais le dilemme dans lequel M. de Lamarzelle étreint la Commission ne la saisit pas dans ses branches.

Notre collègue, en effet, nous dit que les avantages, pour M. Rodin, prendront date du 1er avril 1916. C'est le *dies a quo*, mais il y a un *dies ad quem*, et qui tombe le 31 décembre. Or, le projet, par deux modifications — consécutives à la seconde et à la troisième donation — introduites dans son texte, doit faire retour à la Chambre ; s'il ne pouvait revenir au Sénat dans ce délai relativement court, nous serions forclos.

D'ailleurs, les deux nouvelles dispositions impliquent le vote d'un crédit pour les frais de notaire, notamment, crédits au sujet desquels M. le ministre des Beaux-Arts m'indique qu'il a déposé aujourd'hui même un projet de loi. Le projet de loi qui va être soumis à votre vote reviendra de la Chambre pour ces motifs, et une occasion sera ainsi fournie à M. Delahaye de se faire entendre. *(Marques d'approbation.)*

M. GAUDIN DE VILLAINE. — Alors, vous ne demanderez pas l'urgence ?

M. LE RAPPORTEUR. — Pardon, nous demandons l'urgence pour les deux projets concernant : le premier, l'acceptation de la donation Rodin, et, le second, le vote du crédit de 10.813 francs pour frais d'installation. Mais en dehors de ces deux projets, pour lesquels votre Commission des Finances a émis un avis favorable, sur mon rapport, il en reste un autre, je le répète, relatif à la nouvelle donation, qui implique un vote de la Chambre ; par conséquent, je le répète, une nouvelle discussion pourra s'ouvrir devant le Sénat, au cours de laquelle nous pourrons entendre notre collègue.

M. GAUDIN DE VILLAINE. — Ce n'est pas une raison.

M. LE RAPPORTEUR. — Je parle pour moi, afin de dégager mon attitude. Ce n'est donc pas moi qui m'oppose à l'ajournement, c'est l'intérêt du projet de loi. D'ailleurs, le Gouvernement en est d'avis. Que le Sénat décide entre nous.

M. LE PRÉSIDENT. — La parole est à M. de Lamarzelle.

M. DE LAMARZELLE. — Je ne vois qu'un argument dans la réponse de l'honorable rapporteur ; c'est que M. Auguste Rodin a fixé un délai pour l'acceptation de sa donation.

M. LE RAPPORTEUR. — La clause est résolutoire.

M. DE LAMARZELLE. — En effet, la première donation était subordonnée à une clause résolutoire, l'acceptation pour le 1ᵉʳ octobre. Mais M. Rodin a très bien compris qu'il ne pouvait pas mettre le Gouvernement en demeure de faire voter le projet dans un délai déterminé, et il a admis lui-même, sans qu'il fût besoin d'y insister, que ce délai pouvait être prorogé. Il ne demanderait pas mieux, je crois, que d'en accepter un nouveau, étant donné, je le répète, que tous les avantages de la donation, à quelque date que le projet soit voté, remonteraient au 1ᵉʳ avril.

Par conséquent, l'argument tombe, et rien ne nous empêche de faire ce geste de courtoisie envers un collègue qui, j'insiste encore sur ce point, a beaucoup travaillé la question ; je crois pouvoir ajouter qu'il serait regrettable, pour lui, de développer ses arguments devant vous lorsque la discussion sera déjà déflorée par une première délibération. Je me permets donc, messieurs, d'insister pour l'ajournement. *(Vive approbation à droite.)*

M. LE RAPPORTEUR. — J'ajoute un argument. Vous dites que M. Rodin acceptera une prorogation : je n'en sais rien. M. Rodin est très âgé, il a sans doute une hâte légitime de voir le sort qui sera fait à son offre généreuse et de jouir des avantages qui lui sont conférés en retour. Si vous ajournez la discussion, maintenant, quand la reprendrez-vous ? Immédiatement après est inscrite à l'ordre du jour la discussion de l'impôt sur le revenu, débat certainement long et qui ne fera pas trêve.

Telle est, j'en suis sûr, l'intention du Gouvernement, telle est l'intention, je crois bien, du Sénat. Par conséquent, c'est le bloc de la discussion de l'impôt sur le revenu qui viendrait s'interposer. Jusqu'à quand ? Or, le délai, avec clause résolutoire, court. Franchement, ce que vous demandez, équivaut, en fait, presque à un ajournement *sine die !*

M. DALIMIER, *sous-secrétaire d'État des Beaux-Arts.* — Je demande la parole.

M. LE PRÉSIDENT. — La parole est à M. le sous-secrétaire d'État des Beaux-Arts.

M. DALIMIER, *sous-secrétaire d'État des Beaux-Arts.* — Je suis, bien entendu, aux ordres du Sénat et prêt à accepter la discussion quand le Sénat le voudra; mais je me permets, parce que c'est mon devoir, d'insister, avec la Commission, pour la discussion immédiate du projet devant le Sénat.

On a parlé tout à l'heure des intérêts de M. Rodin. On semblait, dès maintenant, vouloir indiquer dans cette assemblée que c'est M. Rodin qui vient en solliciteur : M. Rodin vient en donateur.

A côté des intérêts de M. Rodin, il y a les intérêts de l'État, il y a la clause résolutoire. Le délai a été prorogé déjà une fois jusqu'au 31 décembre. La discussion de l'impôt sur le revenu venant devant le Sénat, je ne sais pas quand le Sénat pourrait discuter le projet d'aujourd'hui.

Ainsi que l'a rappelé M. le rapporteur, j'ai déposé aujourd'hui sur le bureau de la Chambre deux nouveaux projets pour les nouvelles donations. M. Delahaye pourra prendre la parole lorsque viendra la discussion de ces donations et nous serons heureux, à ce moment, d'entendre son argumentation.

M. DE LAMARZELLE. — La discussion recommencera tout entière à ce moment-là. Il me semble qu'il vaudrait mieux immédiatement la renvoyer.

M. LE PRÉSIDENT. — La demande d'ajournement est-elle maintenue ?

M. DE LAMARZELLE. — Oui, monsieur le président.

M. LE PRÉSIDENT. — Je suis saisi d'une demande de scrutin. *(Exclamations sur divers bancs.)*

M. MURAT, *président de la Commission.* — La demande de scrutin n'est pas maintenue. *(Approbation.)*

M. LE PRÉSIDENT. — Je consulte le Sénat sur l'ajournement.

(L'ajournement n'est pas prononcé.)

M. LE PRÉSIDENT. — La Commission, d'accord avec le Gouvernement, demandant l'urgence, la parole est à M. de Lamarzelle.

M. DE LAMARZELLE. — Messieurs, le projet qui nous est soumis n'a qu'un seul article : par conséquent, il semble, au premier abord, qu'il donnera lieu à une discussion très rapide.

Mais il est à remarquer que cet article comporte trois donations et que, dès lors, il ne s'agit pas seulement de le voter, mais d'accepter trois donations qui soulèvent des questions juridiques très compliquées. Je vous montrerai que ce sont de véritables anomalies juridiques.

Vous remarquerez que déjà, dans le trajet de la Chambre des députés au Sénat, une des donations contenues au projet a subi des modifications très graves ; si la discussion est écourtée ici, si elle ne donne pas lieu à une seconde délibération, nous nous exposons à voir ce projet de donation modifié par la Chambre des députés.

Mais je laisse de côté tous ces arguments pour m'attacher à un seul, qui, à mon avis, serait plus que suffisant pour faire rejeter l'urgence, et même pour demander le renvoi. Je ne veux pourtant pas insister pour le renvoi.

Voici le motif sur lequel je n'ai à dire que quelques mots, parce qu'il y a un texte très explicite qui m'en dispense.

On nous propose de voter un texte, celui de la troisième donation, sans le connaître. L'article 38 et dernier du texte, que je trouve dans le rapport de M. Lintilhac, n'est qu'un résumé de la donation.

Comment voulez-vous que, contrairement à tous les précédents et à toutes les règles, nous votions ici, non pas un texte, mais le résumé d'un texte ? Et il y a la preuve matérielle, par des dates certaines que je vois dans le rapport de M. Lintilhac lui-même, que cette troisième donation, la Commission elle-même n'a pas pu l'étudier.

En effet, la donation a été signée le 25 octobre 1916 ; le rapport a été déposé le 26 octobre 1916, le lendemain.

Voilà donc un acte qui, approuvé par nous, aura force de loi par suite du vote des Chambres, et nous ne le connaissons pas ! On ne saurait invoquer, comme argument, que ce texte n'a pas grande importance.

En effet, il viole non seulement la jurisprudence du Conseil d'État, mais encore des documents législatifs incontestables, authentiques ; je veux parler de l'ordonnance du 14 janvier 1831, de l'avis du Conseil d'État du 6 mars 1861, enfin de la circulaire ministérielle du 5 décembre 1863, aux termes de laquelle « ne peuvent être autorisées les donations faites aux établissements publics avec réserve d'usufruit en faveur du donateur ».

Je me suis procuré les notes de jurisprudence du Conseil d'État, recueil qui n'est pas dans le commerce et qui n'indique que deux exceptions qui auraient été faites à cette règle, dont l'une concerne la donation du domaine de Chantilly par le duc d'Aumale. Or, dans l'espèce actuelle, il y a une donation avec réserve d'usufruit qui n'entrerait même pas dans cette exception ; la troisième donation n'est pas faite avec réserve d'usufruit en faveur du donateur ; elle est faite, ce qui est plus grave, avec réserve d'usufruit en faveur de Mlle Rose Beuret.

Je demande que l'on discute les actes de donation en les ayant sous les yeux, et, pour cela, qu'on attende qu'entre les deux délibérations, la donation n° 3 soit déposée, imprimée et distribuée. Je ne demande pas le renvoi, je demande une deuxième délibération, parce qu'il est absolument contraire au règlement de voter sur des textes qui n'ont été ni déposés, ni imprimés, ni distribués. (*Très bien ! à droite.*)

M. LE RAPPORTEUR. — Je demande la parole.

M. LE PRÉSIDENT. — La parole est à M. le rapporteur.

M. LE RAPPORTEUR. — Il est parfaitement exact que le texte de la donation visée par M. de Lamarzelle est daté authentiquement du 25, veille du dépôt du rapport. La rédaction entre notaires traînait ; or, il fallait déposer le rapport, vu l'étroitesse des délais et les circonstances que j'ai dites. J'ai demandé un résumé à l'Administration des Beaux-Arts, parce qu'on n'avait pas le temps de me donner copie du texte intégral, lequel a une quarantaine de pages.

J'avoue qu'une autre raison, une raison d'économie pour le Sénat, au prix du papier, nous faisait douter de la nécessité de publier quarante pages qui n'auraient rien dit de plus que le résumé : car n'oubliez pas qu'il s'agit d'une donation sans charges.

Nous avons même, si vous voulez bien le remarquer, fait l'économie du texte de la première donation.

M. GAUDIN DE VILLAINE. — Ce sera la seule !

M. LE RAPPORTEUR. — En leur confluent, ces petits ruisseaux feront une rivière, monsieur Gaudin de Villaine. Avec tous nos collègues, n'aviez-vous pas voté, vous-même, une disposition en vertu de laquelle on ne peut plus imprimer, à la suite des rapports, des textes sans une décision expresse des membres de la Commission, non plus que des textes qui ont été déjà publiés pour le Sénat, notamment dans la transmission de la Chambre ?

M. GAUDIN DE VILLAINE. — Cela est très sage !

M. LE RAPPORTEUR. — J'arrive au fait.

Comment l'objet de ce texte peut-il soulever cette difficulté juridique dont parle M. de Lamarzelle ? De quoi s'agit-il ?

M. Rodin, par un troisième geste de générosité — qui sera le dernier, parce qu'il n'a plus rien à donner — vient d'offrir à l'État sa maison de Meudon, son atelier, ses dépendances et tous les terrains. Or, cette donation n'implique aucune charge. Je prie M. de Lamarzelle de vouloir bien faire attention à ce point essentiel.

M. DE LAMARZELLE. — Je n'en sais rien !

M. LE RAPPORTEUR. — Le résumé le dit !

M. DE LAMARZELLE. — Ah ! pardon !

M. LE RAPPORTEUR. — Je vous affirme, au nom de la Commission et d'accord avec le Gouvernement, qui m'a fait connaître le texte définitif, que la donation nouvelle ne comporte aucune charge pour l'État donataire.

M. DALIMIER, *sous-secrétaire d'État des Beaux-Arts.* — Aucune !

M. LE RAPPORTEUR. — Vous venez d'entendre M. le sous-secrétaire d'État affirmer, conformément à ce que j'avais avancé, que la nouvelle donation n'implique aucune charge pour l'État.

M. DALIMIER, *sous-secrétaire d'État des Beaux-Arts.* — Nous pourrions même l'accepter par décret !

M. LE RAPPORTEUR. — C'est justement ce que j'allais dire. Je vous prie d'accepter comme postulat, le fait que cette donation est consentie sans charges : alors toute l'argumentation juridique de M. de Lamarzelle tombe devant le texte que voici : la loi du 4 février 1901 dit que « les dons et legs faits à l'État ou à des services nationaux qui ne sont pas pourvus de la personnalité civile sont autorisés par décret du président de la République ».

Ainsi, messieurs, le Gouvernement a même joué la difficulté en visant dans le nouveau texte la deuxième et la troisième donation, car il n'avait qu'à prendre un décret pour les accepter l'une et l'autre.

Le Gouvernement a cru devoir mieux faire.

Que reste-t-il donc de l'objection juridique ? Ce n'est pas à un établissement public, comme disent les textes visés par M. de Lamarzelle, que la donation est faite, c'est à l'État.

Voilà l'argument devant lequel, me semble-t-il, tous les autres doivent tomber. J'attends la riposte. *(Très bien ! à gauche.)*

M. DE LAMARZELLE. — Je demande la parole.

M. LE PRÉSIDENT. — La parole est à M. de Lamarzelle.

M. DE LAMARZELLE. — Il y a deux questions. La première, que vient de poser l'honorable rapporteur, a pour objet de savoir si dans les mots « établissement public » il ne faut pas comprendre l'État.

Or, je crois que l'État est le premier de tous les établissements publics.

M. LE RAPPORTEUR. — Mais non ! Vous êtes trop bon légiste pour ignorer que l'État est la plus grande personnalité civile de France.

M. DE LAMARZELLE. — Il est donc, en conséquence, le premier des établissements publics.

M. GUILLAUME CHASTENET. — C'est une personnalité civile et non un établissement public.

M. DE LAMARZELLE. — Dans le sens strict du mot, vous avez raison ; mais je dis que, du moment qu'on dit « établissement public » dans un texte à propos d'une donation, cela signifie aussi l'État.

M. LE RAPPORTEUR. — *Nego consequentiam.*

M. DE LAMARZELLE. — Oh ! si nous commençons à parler latin, nous n'en finirons pas ! *(Sourires.)*

M. LE RAPPORTEUR. — Cela prouve, en tout cas, que nous sommes à côté de la question.

M. DE LAMARZELLE. — Il ne s'agit pas d'une question juridique. J'ai entendu poser uniquement une question réglementaire et j'y rentre. Oui ou non, en votant l'article unique du projet de loi, allons-nous voter en même temps une donation ? Or, vous nous demandez d'approuver une donation dont nous ne connaissons pas le texte ; nous n'en connaissons que le résumé.

L'honorable sous-secrétaire d'État nous dit qu'il y a telle et telle chose dans cette donation ; je ne mettrai pas en doute sa parole, mais procéder comme on nous demande de le faire, c'est véritablement voter sur des textes verbaux ou alors je ne sais plus ce que le règlement veut dire.

L'État, dit-on, aurait pu accepter la donation par décret ; je n'aurais pas demandé mieux qu'il en fût ainsi, mais il ne l'a pas fait et il nous demande une loi. Encore une fois, nous ne connaissons que le résumé de la donation et les paroles du Gouvernement. Procéder ainsi, ce serait la violation formelle du règlement.

Messieurs, je ne demande pas le renvoi de la discussion, mais seulement une seconde délibération afin que dans l'intervalle nous puissions avoir connaissance du texte sur lequel nous sommes appelés à voter, et j'espère que le Sénat se refusera à déclarer l'urgence de ce projet de loi. *(Très bien ! très bien ! à droite.)*

M. DALIMIER, *sous-secrétaire d'État des Beaux-Arts.* — Je demande la parole.

M. LE PRÉSIDENT. — La parole est à M. le sous-secrétaire d'État.

M. DALIMIER, *sous-secrétaire d'État des Beaux-Arts.* — Messieurs, je voudrais ajouter à l'argumentation de M. le rapporteur quelques mots qui rassureront certainement l'honorable M. Lamarzelle.

En effet, lorsqu'il s'agit d'une donation faite à l'État, il n'est pas nécessaire de venir devant le Parlement. C'est ainsi que toutes les collections qui ont été données au musée du Louvre n'ont pas fait l'objet de délibérations des Assemblées. Il y a quelques mois, lorsque nous avons accepté la donation totale de Detaille, nous ne sommes venus ni devant la Chambre ni devant le Sénat. Pour la donation Rodin, nous avons dû venir devant le Parlement, non pas pour lui demander d'accepter la donation au fond, mais parce qu'il était nécessaire d'obtenir de lui d'abord l'autorisation d'affecter l'hôtel Biron à un musée et, ensuite, les crédits

nécessaires au payement des frais d'actes nécessités par les trois donations successives.

Mais je voudrais tout à fait rassurer M. de Lamarzelle et, s'il veut supprimer
de la discussion la troisième donation, il aura d'autant mieux satisfaction que,
comme je l'indiquais tout à l'heure, nous venons de déposer sur le bureau de la
Chambre deux projets de loi portant acceptation de la deuxième et de la troisième
donation et qui comportent aussi des demandes de crédits pour payer les frais
de notaire. Lorsque ces projets de loi viendront devant le Sénat, M. de Lamarzelle
connaîtra tout le détail des textes.

La liberté de l'Assemblée reste donc entière : c'est pourquoi j'insiste pour
demander au Sénat de voter l'urgence et d'adopter le texte adopté par la Chambre
des députés, qui s'applique à la première donation du maître Rodin et qui comporte
les crédits afférents à cette donation.

M. MURAT, *président de la Commission.* — La Commission est d'accord avec le
Gouvernement.

M. DE LAMARZELLE. — Je n'insiste pas, mais j'ai du moins obtenu qu'on ne
vote pas sur des textes que nous ne connaissons pas.

M. LE PRÉSIDENT — Je consulte le Sénat sur l'urgence qui est demandée par
la Commission d'accord avec le Gouvernement.

Il n'y a pas d'opposition ?...

L'urgence est déclarée .

La parole dans la discussion générale est à M. Gaudin de Villaine.

M. GAUDIN DE VILLAINE — Messieurs, je dois tout d'abord mes excuses à notre
aimable rapporteur : malgré mon meilleur vouloir, je l'avoue humblement, je
n'ai pu méditer à loisir, dans son entier, son volumineux et très copieux rapport.

La faute en est certainement à moi, car j'ai dû conserver des traditions littéraires
su.années, et le verbe de notre talentueux collègue ne rappelle que de fort loin
celui de Rabelais, de Corneille ou de Voltaire, ou même celui de Chateaubriand
et de Victor Hugo. C'est quelque chose de très personnel, de très particulier, de
puissant même et de très original, enfin c'est du bon Lintilhac, du Lintilhac de
derrière les fagots. *(Rires et mouvements divers.)* En un mot, ce n'est peut-être
pas le « français » d'hier, ni d'aujourd'hui, mais c'est certainement celui de demain
ou d'après-demain ! Et l'Académie française d'après-guerre n'a qu'à se bien tenir.
(Nouveaux rires.)

M. LE RAPPORTEUR. — J'espère que vous me prouverez ce que vous dites.

M. GAUDIN DE VILLAINE. — Messieurs, si j'ai demandé la parole dans cette
discussion, ce n'était pas dans la pensée première d'entrer dans le fond du débat
et d'étudier la question soumise à vos délibérations dans tous ses replis littéraires,
artistiques, financiers et même érotiques ! Je comptais laisser ce soin aux orateurs
qui monteront à cette tribune après moi ; mais j'ai constaté, dès le début de la
séance, avec regret, l'absence de mon excellent collègue et ami, M. Dominique
Delahaye, dont la présence ici, comme l'a dit en de très bons termes mon collègue
M. de Lamarzelle, eût donné à la discussion un intérêt tout particulier.

Ma pensée unique était d'apporter quelques indications préliminaires que je
considère comme utiles pour la clarté du débat. J'ajouterai d'ailleurs et immédiatement que, si, dans cette Assemblée, il y a un membre qui ait quelque droit

de prendre part à cette discussion, c'est peut-être moi, car, sans mon intervention, sous forme d'interpellation, en date du 14 décembre 1909, ce projet que nous discutons ne figurerait pas à l'ordre du jour d'aujourd'hui, pour la simple raison que l'hôtel Biron aurait cessé d'exister.

M. LE RAPPORTEUR. — C'est exact.

M. GAUDIN DE VILLAINE. — Messieurs, si je crois devoir rappeler brièvement ces souvenirs, c'est qu'ils ont un intérêt d'entière actualité.

Donc, le 13 décembre 1909, je recevais un long manuscrit anonyme dont je pus, dès le lendemain, constater l'exacte sincérité. Ce dossier me révélait tous les dessous de la question du Sacré-Cœur que j'ignorais et, de plus, me prévenait que la vente de l'immeuble était fixée à cinq jours de là, au 18 décembre 1909, soit par lots, soit ensuite dans son ensemble, s'il se trouvait acquéreur assez robuste.

Que me dictait dès lors le bon sens ? C'était tout simplement de m'adresser aux ministres compétents d'alors pour savoir où en était la question et pour rechercher si la pensée du Gouvernement était de sauver ce beau domaine du morcellement et de la pioche des démolisseurs. Je m'adressai au ministre des Finances, puis au sous-secrétaire d'État des Beaux-Arts d'alors, et j'acquis la conviction que le Gouvernement n'avait rien prévu, ne voulait rien prévoir et se désintéressait complètement des suites de cette mise en vente. *(Mouvements divers.)*

M. BRAGER DE LA VILLE-MOYSAN. — C'est malheureusement l'habitude des gouvernements.

M. GAUDIN DE VILLAINE. — Ainsi, ce que j'appellerai la bande noire allait faire son office là, comme « aux Oiseaux », à « l'Abbaye aux Bois », et autres lieux. Là encore, tout était prêt, après entente étroite entre les grands profiteurs sémites de la liquidation des congrégations religieuses.

Je sais, messieurs, qu'à la suite de mon intervention, on a fait courir certaines légendes tendant à en diminuer l'opportunité, et l'une d'elles même me vint d'un côté où je ne l'attendais pas. On a cherché à faire croire — illusion douloureuse ! — qu'au dernier moment se fût produite telle intervention quasi providentielle qui ramènerait les choses à leur état primitif.

C'était une illusion enfantine de plus, hélas !

Là, comme dans d'autres circonstances similaires, les positions étaient prises et les autorités ecclésiastiques auraient été jouées au « Sacré-Cœur » comme elles l'avaient été pour « les Oiseaux », « l'Abbaye aux Bois » et autres spoliations similaires. *(Très bien ! très bien à droite.)*

Pour « les Oiseaux » et « l'Abbaye aux Bois » toute la bande des associés s'était effacée après accord, laissant le champ libre à M. Cahen, flanqué de son opérateur Lœve, et ainsi avaient été adjugés, pour une somme relativement minime, des immeubles d'une importance et d'une valeur infiniment plus considérables. C'était la première vague des « nouveaux riches », ceux du temps de paix. *(Sourires.)*

Le 18 décembre 1909, il devait en être de même : toute la bande s'effaçait devant M. Bernheim — sauf erreur ! — qui, sans mon intervention à la tribune et la résistance du Sénat, aurait acquis l'immeuble du Sacré-Cœur, quelques jours après, pour 4 ou 5 millions, alors qu'au dire des experts les plus autorisés, la valeur de cet immeuble dépasse 15 millions. A l'heure actuelle, les Parisiens verraient, à l'angle de la rue de Varenne et du boulevard des Invalides, un lot de constructions bizarres, d'une laideur ultra-moderne, comme celles qui déshonorent aujourd'hui le carrefour de la rue de Sèvres et du même boulevard des Invalides.

Mais le Sénat, et je l'en remercie encore une fois, en décida autrement le 14 décembre 1909. *(Mouvements divers.)*

Cette séance du 14 décembre 1909, messieurs, fut à la fois pleine de surprises et d'imprévus par ses à-côtés, par son développement, par son dénouement.

Aussitôt ma demande d'interpellation déposée, sollicitant l'ajournement de la mise en vente de l'immeuble du Sacré-Cœur, avant même que notre honorable président en eût donné connaissance au Sénat, j'étais invité, par M. le garde des sceaux d'alors, à aller conférer avec lui, dans les couloirs du Sénat.

Là, tous les arguments pour me décider à renoncer à mon projet d'interpellation furent mis en œuvre : intimidation, séduction, séduction surtout ! J'allais me compromettre ou tout au moins me diminuer dans un débat sans issue ! Le gouvernement était dessaisi par le séquestre. Que pouvait-on répondre ? Et pourtant, on voulait répondre, ne serait-ce que par déférence pour le Sénat et courtoisie envers moi ! « Allons, il fallait écouter un bon conseil, tout de sympathie... mais oui, de sympathie réelle pour mon caractère, pour son indépendance, pour son inexpérience peut-être ! » *(Sourires.)*

Ah ! l'honorable M. Briand s'y connaît en matière de séduction, son éloquence se fait si douce et si persuasive... Néanmoins, je maintins mon interpellation !

Ce fut à la fois épique et cocasse.

Par trois fois, M. le ministre et moi prîmes la parole, et à mesure que la discussion s'étendait, à notre étonnement commun, je constatai que la majorité du Sénat, que j'eusse supposée favorable à la thèse du Gouvernement, se faisait de plus en plus réservée, froide et même hostile devant l'insistance ministérielle. *(Mouvements divers.)* Puis, ce furent, à droite, mes honorables collègues MM. Riou et Jénouvrier — ce dernier surtout — qui m'apportèrent le concours de leur talent et de leur science juridique. Enfin, à gauche, l'honorable M. Strauss, dont je n'eusse osé escompter l'intervention favorable à ma thèse, en plaidant la nécessité de conserver à ce quartier de Paris un vaste terrain libre, aéré et salubre, enlevait définitivement la décision du Sénat.

Le Gouvernement lâchait pied, malgré « l'ordre du jour » d'usage et de consolation l'assurant de la confiance de la haute assemblée.

Celle-ci avait nettement exprimé sa volonté :

1° Que la vente fût différée ;

2° Que l'État étudiât les voies et moyens d'acquisition.

Et, il en fut ainsi *(Très bien ! sur divers bancs.)*

Alors on se demande, messieurs, après toutes ces résolutions d'hier, pourquoi aujourd'hui l'affaire Rodin revient, alors qu'on s'attendait à voir l'hôtel Biron transformé en un palais de passage et d'hospitalité digne de Paris pour les souverains et autres voyageurs illustres en villégiature parmi nous, tandis que tous les espaces libres ou libérés à l'entour formeraient pour le public parisien, un des plus beaux parcs de la capitale. J'en appelle, ici encore, aux souvenirs personnels de l'honorable M. Strauss... *(Très bien ! très bien !)*

Oui, pourquoi cette fantaisie subite, connue excessive par tous les bons esprits, à quelque parti politique ou confessionnel qu'ils appartiennent ? Ah ! messieurs, c'est que certains appétits n'ont pas désarmé ! et derrière le génie très discuté du maître Rodin ou derrière son originalité talentueuse si vous préférez, qui n'est, d'ailleurs, qu'un appât servi à d'aimables épicuriens comme M. Linthillac et ses collègues de la Commission... *(Sourires et mouvements divers.)*

M. LE RAPPORTEUR. — Epicuriens mitigés.

M. GAUDIN DE VILLAINE. — C'est bien ainsi que je l'entends, m'adressant à l'auteur du rapport... Derrière eux se profilent d'autres spéculateurs dont le Sénat, à son insu, par le vote qu'on attend de lui, se ferait l'avocat, au détriment du pays, des contribuables et même au détriment du bon sens.

Le 14 décembre 1909, messieurs, j'ai fait perdre à M. Bernheim (l'ancien), c'est-à-dire à la bande noire, la première manche ; mais il est d'autres spéculateurs, qui, sans être les parents du premier, sont peut-être ses cousins dans l'exploitation de la misère ou de la bêtise humaine, en travaillant dans cette peinture incohérente qui, aux environs de la Madeleine, exaspère l'œil du passant artiste. Certains de ces spéculateurs masqués n'auraient-ils pas eu la pensée de faire au sculpteur Rodin une réclame sensationnelle, et, en lui obtenant la consécration nationale, de donner à tous les « laissés pour compte » de l'artiste et, à leur profit, une plus-value énorme, faite de snobisme, d'ignorance artistique, de vanités en démence, auprès de certaines poires millonnaires ou milliardaires des deux mondes et, particulièrement, du Nouveau Monde ? *(Rires.)* La question Rodin est, en outre, un numéro de l'asservissement matériel, intellectuel et moral de ce pays, par une secte.

N'est-ce pas là, derrière la toile, tout le secret de la comédie qui en est ici, à son second acte... *(Mouvements divers.)*

M. MURAT, *président de la Commission.* — Vous n'allez pas dire qu'il est juif !

M. GAUDIN DE VILLAINE. — Non, mon cher collègue, je ne débaptise jamais personne, sans son assentiment — il y a même de bons juifs et de mauvais catholiques. *(Rires.)*

M. LE RAPPORTEUR. — Il ne faut pas les confondre avec celui d'Eugène Sue. *(Sourires.)*

M. GAUDIN DE VILLAINE. — Messieurs, bien renseigné — et je crois l'être — j'ai voulu simplement et au début de cette discussion, apporter ici une parole de bon sens et de vérité ! Et comme dans la question des séquestres, dans la question de l'espionnage allemand, dans la question des métaux, dont je m'occupe aujourd'hui et qui n'est pas encore réglée *(Mouvements divers)*, j'entends — s'il y a des dupes — ne pas accepter devant la nation, qui observe et qui nous juge, une place dans la galerie : ni dupe, ni complice ; aujourd'hui, ni jamais ! *(Très bien et applaudissements à droite.)*

Messieurs, je comptais en rester là de mes observations — pour le moment du moins — mais l'absence de mon collègue et ami, M. Delahaye, m'incite, fidèle à sa pensée, à apporter ici un document et quelques citations de toute opportunité... document extrait du *Bulletin municipal officiel* du lundi 6 avril 1914, n° 217.

Avant de descendre de la tribune, je ne résiste pas au plaisir d'apporter quelques citations et tout d'abord ce document :

(N° 217). — *Ordre du jour sur une demande de souscription à un ouvrage de M. Rodin.*

M. Lampué, au nom de la 4ᵉ Commission dit :

« Messieurs, l'univers jalouse la France, parce que nous possédons le plus prodigieux artiste que l'humanité ait jamais connu. Le Gouvernement de la République méconnaît l'honneur que les *Dieux* nous ont fait en ne chantant pas, comme il convient, le plus grand sculpteur que la terre ait jamais porté.

« Dans sa mesquinerie, le ministère des Beaux-Arts n'a acquis que vingt-sept des œuvres de Rodin pour les exposer au musée du Luxembourg ; le même ministère a aggravé sa chicherie en offrant à Rodin le magnifique hôtel Biron pour en faire son habitation personnelle, moyennant quoi le très grand Rodin fera à la République le grand honneur de lui léguer, en mourant, quelques baquets de terre glaise desséchée.

« Il faut que la ville de Paris efface toutes ces pauvretés et tente quelque chose digne de Rodin et digne aussi de la population parisienne ; voilà donc le projet au nom de la 4ᵉ Commission que je soumets à vos sages délibérations :

« Le Conseil,

« Délibère :

« La basilique de Montmartre sera désaffectée et transformée en un prodigieux monument élevé à la gloire de l'illustre Rodin ; ce monument sera surmonté d'une statue géante de Rodin dominant l'espace et le temps, et comme Rodin seul est capable de glorifier Rodin, c'est lui qui sera chargé de l'exécution du monument et de la statue. Le crédit pour la dépense sera illimité.

« Le Conseil désire seulement que ce grandiose monument soit décoré des statues de tous les grands artistes de tous les siècles et de toutes les civilisations et que tous les génies, qui ont remué les entrailles et le cerveau de l'humanité, soient groupés en des attitudes d'admiration et d'humilité devant le très grand Rodin, *symbole divin de l'art éternel.*

« En attendant que ce prodige s'accomplisse, nous devons faire des économies ; la première que votre Commission vous propose consiste à ne pas souscrire à un très gros volume, *Les Cathédrales de France* (50 francs l'exemplaire) que vient de publier M. Rodin. Je ne dirais rien du texte, mais la seule chose qui soit certainement de lui dans ce livre, ce sont les cent planches qui l'illustrent, si j'ose m'exprimer ainsi. L'élève le plus médiocre de nos petits cours de dessin rougirait de présenter de tels croquis.

« Mais quand on est l'auteur du *Pithécanthrope* qui déshonore le portique du Panthéon, on n'hésite pas à duper encore le bon public. »

(L'ordre du jour est prononcé : 1914, page 594.)

Messieurs, on ne se moque pas plus aimablement, plus gauloisement de l'orgueil exaspéré d'un mortel, fût-il surhumain comme M. Rodin...

M. MURAT, *président de la Commission.* — C'est du Lampué tout pur.

M. GAUDIN DE VILLAINE. — Je vous l'ai dit en commençant. *(Sourires.)*

Mais voici encore deux mots du maître qui méritent d'être retenus :

Le premier prononcé il y a six ans au Pré-Catelan et rapporté par l'éditeur des photographies et gravures du maître :

M. Rodin disait : « Mes devanciers s'honorent tous d'avoir eu tel ou tel maître ; Moi, je suis l'élève de Dieu ! » — et le geste et l'attitude semblaient dire que l'élève dépassait le maître divin !

Le second a été prononcé à Rome en 1914 au banquet présidé par le juif Nathan (alors maire), et offert à Rodin par la municipalité romaine.

Piqué sans doute de ne pas avoir auprès de lui l'ambassadeur de France, M. Barrère (qui ne lui avait sans doute pas pardonné l'invasion du palais Farnèse, par un des produits du sculpteur: *L'homme qui marche*, sans tête ni bras, hélas ! !) Rodin s'écrie dans son toast :

« A Rome, l'ambassadeur représente la France, moi je représente sa gloire ! »

On comprend dès lors l'extraordinaire visage que (selon Camille Lemonnier analysant l'œuvre de Judith Cladel) « le maître glorieux ! » s'est, à la longue, composé : « le visage d'un Pan ! »

Mais, mon cher rapporteur, et selon votre verbe, gravissons ensemble « notre grand escalier qui prédispose si bien ceux qui le montent à la gravité de notre mandat ! » *(Sourires.)*

M. LE RAPPORTEUR. — Ce n'est pas moi qui ai dit cela. Il ne faut pas me rendre grotesque à plaisir.

M. GAUDIN DE VILLAINE. — Saluons, par quelques courtes citations, la *névrose* de ces disciples de Rodin. Écoutez :

« Il a le grand geste érotique et chaste de l'art, fait d'androgynisme mâle et féminin...

« Rodin règne, en effet, dans l'universel, il se dénonce un cycle d'art et d'humanité total ;

« Il trace par le siècle un orbe de génie, d'héroïsme et de passion où est entraînée l'âme moderne...

« Sa cérébralité avec celle de Balzac, de Hugo et de Wagner commande tout un âge de la même densité formidable qui, aux épaules du penseur, câblées comme un contrefort, fait peser la bestialité hagarde des foules, le poids d'une tête où tient un monde...

« Il est mieux qu'une page de critique au sens rigide du mot, il est un rite d'admiration et de piété. » *(Mouvements divers.)*

Je vous assure que je trouve ce style aussi original que décadent. Je n'en cherche pas les auteurs ; mais c'est ce style qui m'a, aussi, un peu embarrassé dans l'analyse de certaines parties du rapport de l'honorable M. Lintilhac.

M. LE RAPPORTEUR. — Quand on critique le style de quelqu'un on le cite, sinon la critique ne saurait porter. D'ailleurs, vous m'ornez de l'épithète de talentueux, laquelle n'est pas française.

M. DE LAMARZELLE. — Ce barbarisme n'est pas fait pour vous déplaire.

M. GAUDIN DE VILLAINE. — Et encore ;

« Considérez la petite faunesse à genoux, cep enchaîné et qui se délierait, fruit divin de nature, dardé des calices secrets du sexe », et ailleurs « cette faunesse encore, énigmatique et gainée de limon primitif » ; et, plus loin « la petite femme

animale, ondine ou singe, accroupie avec le geste familier et toujours féminin de
faire jouer ses pieds entre ses doigts »... *(Sourires.)*

« A mesure, de ses mains immenses et délicates, le grand animateur les
accouche à la vie, au désir, à la beauté, au péché sacré qui transmet la sub-
stance...

« Son œuvre est orgiaque et religieuse comme les mystères de l'Inde et de la
Grèce, selon le rituel même de la vie, qui associe la démence sexuelle à la fonction
génésique. »

Messieurs, beaucoup d'entre nous connaissent la *Femme accroupie*, elle est
sans doute destinée à orner ce qui fut la chapelle du Sacré-Cœur. J'estime qu'elle
figurerait avec plus d'avantages dans le musée des « accroupis de Vendôme »
si jamais il était constitué et ouvert au public. *(Mouvements divers.)* Mais, pour
en finir sur ce point, je terminerai par une pensée du maître empruntée à son livre :
Les Cathédrales.

« Cherchez la beauté.

« Elle existe pour les bêtes, elle les attire. Elle détermine leur choix dans la
saison de l'amour. Elles savent que la beauté est un signe, une garantie de bonté
et de santé. Mais les êtres qui pensent, qui croient penser, ignorent maintenant
ce que les bêtes savent toujours.

« On nous forme pour le malheur. L'abominable éducation qu'on nous impose
nous cache la lumière dès l'enfance. »

Messieurs, il est probable que, dans un avenir plus ou moins prochain, quand
vous aurez déifié Rodin et ses œuvres, on débaptisera le collège Victor Duruy
pour l'appeler le lycée Rodin, et ce sera le genre d'éducation que l'on donnera à
nos filles. *(Exclamations à gauche.)*

« On pourrait ainsi et indéfiniment se promener au travers du chaos des idées
exprimées par les Rodinolâtres adorant un faux dieu, infernal peut-être, ridicule
à coup sûr, au gré d'un snobisme artistique suraigu, qui n'a eu comme pendant
que le wagnérisme... »

Ainsi s'exprime M. René Rozet dans son *Idole au socle d'argile* qu'il faudrait
lire en entier, pour donner toute sa physionomie à l'immense mystification
qu'on entend imposer à l'opinion publique.

Je n'en retiendrai que deux passages, l'un pris au début de sa magistrale
étude, l'autre à la fin...

« Or, puisqu'il n'est point le dieu que l'on prétend, qu'est-ce au fond que M. Rodin, et qu'est-ce que son art ?

« Dément, halluciné, possédé, convulsif... ou mystificateur, M. Rodin affirme
avoir enrichi et même rénové l'art. Cependant, l'œuvre du grrrrrrrand sculpteur
ne fait illusion d'abondance, que par le nombre des variantes et de simples répliques. Elle est doublement caractérisée par une débauche d'ébauches et par la
production de ruines toutes neuves.

« Ce qui s'en dégage, c'est l'effort de faire exprimer à la sculpture des idées
que ne comportent pas les limites de cet art, c'est l'insurrection contre la forme,
contre l'ordre, contre l'équilibre, contre la saine raison, contre la tradition, contre
le bon goût, contre le bon sens. »

Et voici la conclusion :

« Son œuvre est, dans son ensemble, une maladie de l'art : à quand la convalescence ? à quand la guérison ?

« Demain peut-être. Mais patience. Tôt ou tard, le bon sens outragé se vengera ; circonvenue d'abord, l'opinion rendra un jugement équitable. Elle assignera à cet artiste une place importante, mais par contre, elle lui infligera une improbation sévère pour ses théories dissolvantes, pour son mercantilisme, pour son injustice envers ses confrères et sa risible adoration de lui-même.

« En dépit de la critique inféodée, qui fait pression sur le public et sur notre trop crédule gouvernement, le pseudo grand homme ne jouira pas de l'apothéose finale ; ça aura été une longue vogue ; ce ne sera pas la gloire ! l'hôtel de Biron ne deviendra pas l'hôtel des Invalides !... Les œuvres systématiquement fragmentées de M. Rodin auront le sort qu'elles méritent. Différemment, mais comme le poète dont parle Horace, elles seront *disjecta membra sculpturæ*. »

Et sans vouloir rien dire de la question financière, pourtant si troublante sous des apparences de convention — car les 10.812 fr. 50 énumérés au rapport représentent exactement les frais d'entretien d'un trimestre — je laisse « le mot de la fin » à un grand ami de la France de l'autre côté des Pyrénées, le très lettré Francis Melgan :

« Quand l'âme nationale est complètement prise par le drame qui se déroule en Picardie... Quand l'envahisseur occupe encore une partie importante du territoire de la République il y a un groupe de parlementaires byzantins qui soulèvent la « question Rodin » et qui font perdre séance sur séance pour faire une réclame colossale en faveur d'un artiste égaré et décadent auquel on devrait faire au moins l'aumône du silence ! » *(Mouvements divers.)*

Cet écho, venu de loin, messieurs, est aussi la pensée du pays ! *(Vifs applaudissements à droite.)*

M. LE RAPPORTEUR. — C'est une erreur !

M. T. STEEG. — Je demande la parole.

M. LE PRÉSIDENT. — La parole est à M. Steeg.

M. T. STEEG. — Messieurs, le projet de loi qui nous est soumis n'est pas nouveau ; si j'interviens dans la discussion, c'est que, dès 1911, d'accord avec mon regretté ami Dujardin-Beaumetz, j'avais, comme ministre de l'Instruction publique et des Beaux-Arts, donné une adhésion de principe au projet de donation qui nous était soumis par M. Rodin.

Les pourparlers se sont prolongés, car les difficultés d'ordre juridique et d'ordre administratif étaient assez nombreuses : M. Bérard et M. Dalimier ont eu la bonne fortune de les résoudre.

Je voudrais vous dire, très rapidement, pourquoi je considère, aujourd'hui, comme il y a cinq ans, les raisons qui justifient, à mes yeux, l'acceptation, par l'État, de l'offre de Rodin.

Parmi les critiques soulevées contre le projet, il en est une qui, si elle était justifiée, ne manquerait ni de force, ni de portée. On nous disait : vous allez instituer une sorte d'orthodoxie d'État en matière d'art. En affectant un établissement public au profit d'un seul artiste, vous ne vous contentez pas de consacrer officiellement le talent de l'homme et la qualité de l'œuvre, vous décernez à cet artiste une sorte de brevet d'hégémonie et de supériorité.

Or, ce n'est pas là le rôle de l'État ; il n'a pas à instituer des primautés, à organiser l'apothéose d'artistes encore vivants.

Ce grief, messieurs, ne saurait nous être adressé. Le régime actuel a rompu délibérément avec des traditions anciennes : il y avait, autrefois, des charges de peintre du roi ; il subsista longtemps des artistes officiels.

Aujourd'hui, il n'en est plus ainsi : nous avons voulu et nous voulons que tout effort sincère puisse s'exprimer librement, en dehors de toute doctrine d'État ; il n'y a pas, en matière d'art, de doctrine d'État.

M. Gaudin de Villaine. — Vous donnez un démenti à cette théorie.

M. T. Steeg. — Non, il n'y a pas de doctrine d'État.

Nous avons un institut d'État, dans lequel Rodin n'est pas entré, qui veille attentivement à ce que certains principes, qu'il a formulés comme les meilleurs, président à la création artistique ; mais ces maîtres de l'Institut ne peuvent pas se plaindre d'avoir été délaissés, d'avoir été l'objet de dédains injustifiés au profit de Rodin.

Ce n'est pas à Rodin que l'on a demandé tant et tant de statues qui se trouvent dans nos rues, sur nos places et dans nos jardins et qui les ornent, sans toujours les embellir. *(Sourires approbatifs.)* Ce n'est pas à Rodin que l'on a demandé ces monuments, que vous pouvez voir à Paris, monuments de Gambetta, de Waldeck-Rousseau, de Jules-Ferry, ou bien encore celui de Chappe, qui, près de nous, boulevard Saint-Germain, évoque sans aucun symbolisme le vieux télégraphe de nos ancêtres. *(Nouveaux sourires.)*

Ce n'est pas pour Rodin que l'on a, tout près d'ici, avenue de l'Observatoire, relégué dans une ombre discrète, un des chefs-d'œuvre de Rude.

Non, messieurs, il n'y a pas là de privilège pour un homme, il n'y a pas de doctrine d'État.

Que s'est-il passé ?

Le maître Rodin est venu nous dire : « Voici mon œuvre, avec les collections dont s'est nourrie ma pensée. Les voulez-vous ? Je demande, en retour, que la maison qui les abrite soit leur asile après ma mort, non pas pour toujours, mais pendant vingt-cinq ans, — le temps de laisser tomber les parti pris systématiques, comme aussi les engouements factices et les admirations de commande, le temps de juger froidement ce que je fus, de mesurer exactement ce que j'ai fait. »

Qui donc a pu voir, dans cette démarche de haut désintéressement, la manifestation d'un orgueil hypertrophié se dresser à lui-même son propre piédestal. Il se soumet au contraire à l'épreuve la plus redoutable. Ce n'est pas à des familiers, ce n'est pas à un cercle d'admirateurs qu'il lègue son œuvre ; il confie au temps toute son œuvre, toute sa passion, la vie de sa vie, le résultat d'un inlassable labeur, des trésors dont lui seul sait ce qu'ils lui ont demandé d'efforts douloureux et de méditations infinies .

Je sais ! Il y a la condition à laquelle cette offre est subordonnée : l'affectation de l'hôtel Biron.

Rodin a demandé qu'on lui réserve ce joyau parfait, exemplaire exquis de la grâce du XVIIIe siècle.

La séduction de ce monument a été pour quelque chose dans la décision du vieux maître. L'effort architectural du siècle qui a porté l'art du décor à son élégance suprême y est résumé. Comment, épris de cette demeure, où tant de ses rêves se sont réalisés, n'aurait-il pas conçu la pensée de lui attribuer une destination en harmonie avec le charme qu'il y sentait ?

Nous avons eu — et l'honorable M. Gaudin de Villaine avait raison tout à l'heure de rappeler le grand service qu'il rendit alors — la même préoccupation. Des spéculateurs aux aguets méditaient le dépècement de ce domaine et en préparaient l'horrible lotissement ; nous avons été d'accord, à la Commission du budget de la Chambre, dont je faisais alors partie, avec notre collègue, pour que l'État fît l'acquisition de ce chef-d'œuvre d'un des maîtres de l'architecture française. Pour le dire, en passant, il faut reconnaître qu'à notre époque démocratique, le culte des belles choses n'a pas périclité autant qu'on le prétend parfois. Ce n'est pas aujourd'hui, c'est en des temps moins plébéiens, moins détachés des vénérations anciennes, que l'on a accepté qu'une merveille comme le palais des Papes d'Avignon, fût transformé en une caserne d'artillerie, et l'oratoire aux fresques délicates, dans lequel un prêtre s'agenouillait devant son Dieu, converti en cuisine régimentaire !

M. DE LAMARZELLE. — Nous sommes d'accord avec vous sur ce point.

M. STEEG. — J'ajoute que, depuis quelques années, c'est grâce aux efforts et du Parlement et des sous-secrétaires d'État aux Beaux-Arts, que l'on s'est efforcé de restituer le palais des Papes dans son antique splendeur.

M. LE PRÉSIDENT DE LA COMMISSION. — On l'a bien abîmé en le restaurant !

M. GAUDIN DE VILLAINE. — Mais vous n'avez pas réussi.

M. LE SOUS-SECRÉTAIRE D'ÉTAT. — Il est en pleine restauration !

M. T. STEEG. — Nous n'aurions pas eu à le restaurer si d'autres, avant nous, ne l'avaient pas laissé dégrader.

Messieurs, telle est la donation qui nous a été faite, telle est l'offre qui nous a été apportée par le maître Rodin. Je dis qu'il convient de l'accepter avec gratitude et surtout avec empressement.

Eh oui ! avec empressement. Pensez-vous qu'au point où l'a porté l'ascension de sa renommée, Rodin eût été embarrassé pour bâtir son propre musée ? N'eût-il pas trouvé, s'il l'eût fallu, dans le concours de ses fidèles innombrables, les ressources nécessaires à l'édification du palais de sa gloire ?

On a parlé, ici et ailleurs, du culte dont, aux États-Unis et dans les pays scandinaves, son œuvre est l'objet.

Certes, il faut ici faire leur part et au snobisme et à la mode. Il est possible aussi que quelques-uns se détournent de ces thuriféraires d'outre-mer ou de ces fanatiques de tous pays, qui, se pâmant aujourd'hui d'extase, fussent, il y a trente ans de cela, demeurés indifférents ou ironiques devant les chefs-d'œuvre de leur idole. Il est possible aussi que quelques-uns se détournent de lui le jour où le vote de la Chambre et celui du Sénat leur auront montré que ce n'est pas seulement une élite exceptionnelle ou un cénacle compliqué et raffiné qui goûte et admire l'œuvre de Rodin.

Tenons, messieurs, ces manifestations lointaines pour non avenues. En France, nous entendons la voix de toute une génération d'artistes...

M. GAUDIN DE VILLAINE. — Ah ! non. Je possède de nombreuses lettres d'artistes qui protestent.

M. T. Steeg. — En face de la protestation des uns, vous trouverez l'adhésion des autres.

Il y a quelques années, les plus grands noms de la littérature et de l'art signaient une pétition demandant la création du musée Rodin. Tout récemment, les membres de la Société nationale des Beaux-Arts apportaient au projet de convention qui vous est soumis une adhésion éloquente et reconnaissante. *(Très bien! très bien!)*

Mais pourquoi chercher des autorités ? Aurions-nous des yeux pour ne point voir ? Lisez le rapport de M. Lintilhac, et, sous la conduite de ce guide précis, averti et éloquent, allez voir l'œuvre de Rodin. L'auteur des bustes les plus beaux que l'on ait faits depuis Donatello, l'artiste qui a animé des formes exquises ou superbes, palpitantes de vie charnelle ou frémissantes de pensée, le poète épique des *Bourgeois de Calais* et du *Monument de Victor Hugo* est un maître dont Athènes et Florence auraient revendiqué la gloire, comme nous le faisons aujourd'hui. *(Vives approbations à gauche.)*

J'entends bien l'objection que l'on nous a sans cesse répétée : « Vous allez créer un précédent redoutable. » Cette perspective n'est pas pour m'effrayer. Que d'autres artistes nous apportent des dons semblables et nous ne rebuterons pas leur bonne volonté.

Mais combien sont-ils ceux qui pourraient nous faire une offre pareille ? Combien sentent qu'ils gagnent plus qu'ils ne perdent à la dispersion des produits de leur infatigable talent, d'autant plus infatigable qu'il ne connaît pas ou ne connaît plus l'effort vers une perfection toujours plus haute ?

Réunir, juxtaposer dans un même local les diverses créations d'un même artiste, quelle épreuve périlleuse pour sa renommée !

M. Gaudin de Villaine. — C'est une revanche contre l'indifférence de ses contemporains. Ceux dont on acquiert les œuvres voient celles-ci dispersées, tandis que ceux dont les œuvres ne sont pas recherchées peuvent être mises dans un seul musée.

M. T. Steeg. — Combien de talents s'immobilisent au moment où la réputation obtenue paraît définitivement installée ! Une fois découverte la formule qui captiva le public, les amateurs ou les marchands, ils se contentent de reproduire le tableau, la sculpture ou le livre qui leur valut le succès.

Par l'application d'une recette plus fructueuse que féconde, ils arrivent à ce résultat qu'une œuvre cependant nouvelle donne l'impression du déjà vu. *(Très bien ! très bien !)*

Il n'en sera pas de même pour Rodin. Non seulement ses œuvres supportent d'être rapprochées les unes des autres, mais je dirai volontiers qu'elles en ont besoin ; elles se complètent, s'expliquent, s'éclairent réciproquement.

Dans chacune il cherche à se dépasser, à serrer la vie de plus près, à emprisonner dans le marbre ou dans le bronze quelque attitude, quelque émotion, quelque idée qui, jusque-là, s'étaient dérobées à son étreinte.

Dira-t-on que Rodin n'a pas toujours réussi dans ses tentatives ? Certes, le souci de perfection qu'il porte toujours, l'expression de ce qu'il y a d'essentiel dans ses idées, l'a conduit à laisser tomber des travaux dont il n'était pas satisfait. Il se peut même que, dans sa fièvre de création, il se soit contenté de fixer son rêve dans une ébauche

Mais, ébauches ou réalisations, peu importe : ce musée Rodin que l'on va créer et dans lequel vous verrez se juxtaposer des réussites, des essais, peut-être même des erreurs — ceci mettant en lumière le sens profond de cela — apporte le témoignage d'une activité prodigieuse, d'une volonté impatiente et passionnée, mais souverainement puissante. Nul, quand il y pénètre, ne peut ne pas ressentir la domination de la force créatrice qui s'y révèle. *(Vive approbation.)*

En rendant hommage à Rodin, je pense aussi que nous apportons un encouragement à ces jeunes sculpteurs qui poursuivent avec un entêtement sublime leur labeur sans compensation. Pauvres inconnus, méconnus, ils s'obstinent à ne rien attendre que d'eux-mêmes, à ne pas abaisser leur art à ce que, dans leur juvénile intransigeance, ils appellent de méprisables compromissions. L'exemple de Rodin, sa gloire tardive, leur est un réconfort, leur apporte une espérance. *(Très bien ! très bien !)*

Ne l'oubliez pas, messieurs, Rodin aurait pu, comme beaucoup d'autres, réussir de bonne heure. L'auteur du *Printemps* et de la *Pensée* avait une connaissance profonde de la technique et des ressources du marbre ; pendant des années de luttes, il a vu les salons se fermer devant lui et les grands critiques hausser les épaules devant ses créations. Il aurait pu abdiquer entre les mains de quelque entrepreneur de renommée, il ne l'a pas voulu. La célébrité lui est venue en coup de foudre, lors de l'Exposition de 1900. Il avait, à ce moment-là, soixante ans.

Comment s'étonner qu'il goûte ingénûment le murmure de gloire qui monte jusqu'à lui et comment ne pas comprendre qu'il a quelque mérite à avoir attendu si longtemps la récompense de tant d'années d'une volonté et, si vous le voulez, d'une orgueilleuse obscurité ?

La jeune génération artistique s'incline avec respect et admiration devant son caractère et son génie.

Elle sait ce qu'elle doit à Rodin, ce dont il a enrichi la sculpture française, elle sait aussi ce qu'il a ajouté à ses traditions séculaires. Car — et, sur ce point, je me trouve aussi en plein accord avec l'honorable M. Lintilhac — c'est une erreur singulière que de considérer Rodin comme un iconoclaste ou comme un contempteur du passé : les collections dont vous trouverez, aux annexes du rapport, le riche inventaire et où figurent en majorité des pièces appartenant à l'art de l'Égypte, de la Grèce et de Rome, sont, à cet égard, très instructives.

Dans des entretiens qui nous ont été conservés, nul plus que Rodin ne se réclame des principes classiques et des origines nationales. Mêlé jadis aux équipes anonymes d'ouvriers géniaux, il eût peuplé de ses rêves et de ses chimères la façade des cathédrales. *(Très bien ! très bien !)*

Messieurs, si je suis monté à cette tribune, c'est parce que je suis convaincu que le projet qui vous est soumis pose une question d'intérêt national immédiat et profond. Aussi, j'avoue ma surprise, lorsque j'entends déclarer que le moment est mal choisi pour discuter la convention actuelle.

« Byzance », disait un des auteurs cités par l'honorable M. Gaudin de Villaine. Mais, messieurs, Byzance se perdait en controverses stériles et en débats futiles. Ici, c'est du patrimoine moral de la France qu'il s'agit. C'est ce patrimoine que nous voulons conserver et accroître.

En ce moment, beaucoup de ceux qui auraient été les peintres, les poètes ou les savants de demain sont tombés. Ceux qui survivent leur doivent de ne laisser déchoir aucune des aspirations supérieures dont la France a toujours eu la fierté.

Demain il y aura une œuvre économique importante à accomplir, effort de relèvement matériel, de renaissance nationale. Il faut, demain, que la France sorte de l'épreuve mieux trempée pour les luttes pacifiques qui suivront la victoire. Mais il ne faut pas que cet effort absorbe toute la vigueur d'une jeunesse prématurément réduite.

Il faut assurer dans notre pays le culte désintéressé de la beauté et de la vérité. C'est la parure resplendissante de la démocratie française. Cet ornement n'est pas un luxe vain et vaniteux. Il fait rayonner au loin l'esprit de notre peuple.

Restons constants avec nous-mêmes, affirmons-nous tels que nous sommes dans l'épreuve d'aujourd'hui, dans nos préoccupations pour demain. En votant le projet, vous ne ferez qu'ajouter à la vénération grandissante qui, de toutes parts, monte vers la France ; vous affirmerez au regard du monde, à cette heure d'héroïsme et de sacrifice, qu'elle maintient sans fléchir cette tradition d'idéalisme qui, dans l'ordre de la beauté comme dans l'ordre de la justice, restera son titre éternel à la reconnaissance des hommes. *(Vifs applaudissements.)*

M. LE PRÉSIDENT. — La parole est à M. le rapporteur.

M. LE RAPPORTEUR. — Messieurs, le projet de loi relatif à la donation Rodin pose devant vous une question d'argent et une question d'art. Il y a, à la surface de ces débats une affaire et, au fond, une manifestation soi-disant artistique.

M. GAUDIN DE VILLAINE. — C'est bien vrai.

M. LE RAPPORTEUR. — ...Et qui, en fait, a pour complice une querelle d'école. *(Mouvement.)*

M. CHARLES RIOU. — A cette heure-ci, grand Dieu ! C'est bien peu de chose en présence de ce qui se passe !

M. LE RAPPORTEUR. — Que voilà un argument nouveau dans la question, mon cher collègue !

M. GAUDIN DE VILLAINE. — Non, je l'ai fait valoir déjà.

M. LE RAPPORTEUR. — J'ai dit « querelle d'école ». J'ai le droit de le dire, parce que je ne l'ai pas dit dans mon rapport. Je me suis appliqué à ne parler que de l'intérêt du mérite artistique de l'œuvre de Rodin, suivant le mandat que m'en avait donné la Commission, parce que son motif d'acceptation n'était pas autre que l'admiration.

M. GAUDIN DE VILLAINE. — C'était le travail d'Hercule !

M. LE RAPPORTEUR. — Voyons d'abord l'affaire.

Pour vous montrer qu'elle est excellente, je n'aurai pas besoin de longs développements. Voici le fait et les chiffres : M. Auguste Rodin, statuaire, grand officier de la Légion d'honneur, consent à l'État une donation dont la valeur marchande, à dire d'experts, est, au bas mot, de 2 millions et demi. Il y joint celle d'une partie de ses droits de propriété artistique et littéraire, d'un revenu annuel de 20.000 francs environ, et le legs d'une autre partie de ses droits évaluée à 150.000 francs par an.

En échange, le donateur, qui est septuagénaire, demande à l'État donataire d'exposer ses œuvres, sa vie durant et vingt-cinq ans après sa mort, dans l'hôtel Biron et la chapelle désaffectée voisine.

Certains trouvent que ce contrat est léonin de la part du donateur. Ils objectent que le loyer de l'hôtel vaut plus de 2 millions et demi, en capital, de 20.000 francs de revenu immédiat et de 150.000 francs de revenu après décès, car cet hôtel aurait coûté 6 millions à l'État. C'est inexact.

M. GAUDIN DE VILLAINE. — C'est le rapport de M. Doumer.

M. LE RAPPORTEUR. — Attendez ! Que votre arithmétique est impatiente. L'État a payé de ce prix l'hôtel et environ 37.000 mètres de terrain, dont les deux cinquièmes, à peu près, ont été occupés par le lycée Duruy. Il a donc payé trois millions et demi les 23.000 mètres de l'enclos Biron, ce qui les met à 150 francs le mètre — lequel vaut 500 francs dans le quartier — et il a eu par-dessus le marché l'hôtel et la chapelle. Pour l'hôtel, n'exagérons rien ; sans doute, il a deux façades élégantes, surtout celle du jardin, mais sa construction a été l'objet de vives critiques de la part de l'historien de l'architecture, Jacques Blondel, qui y signale les vices d'une construction hâtive, notamment les porte-à-faux. Et puis, il n'y a plus guère que les murs, car peintures, boiseries, et jusqu'aux rampes des escaliers, ont été mises au pillage. Quant à la chapelle, toute moderne, elle est quelconque.

Or, ce sont ces deux immeubles seuls qu'occupera le futur musée Rodin ; le jardin sera ouvert au public, et M. Rodin n'aura que le privilège de s'y promener en dehors des heures ordinaires d'ouverture. Dans l'hôtel lui-même, il n'aura qu'une chambre, car ce n'est pas lui que l'État logera, c'est son œuvre. Tel est ce contrat, qui est bien de l'espèce *do ut des*, mais je souhaite, pour nos finances, que l'État soit invité à en signer beaucoup de pareils.

La générosité du donateur est évidente à vos yeux, je pense, comme elle l'a été à ceux de votre Commission des Finances, qui vient de conclure au vote d'un crédit de 10.813 francs pour l'installation du futur musée.

M. GAUDIN DE VILLAINE. — Ce n'est pas l'avis de M. Aimond : il y a quelque temps, dans les couloirs, il m'a dit tout le contraire.

M. LE RAPPORTEUR. — Généralement, les bruits de couloirs s'éteignent au pied de cette tribune. Mais, moi, je dois y faire entendre l'opinion de la Commission des Finances, puisque j'en ai été également le rapporteur ; or, au sein de la Commission, le rapport financier, que j'ai lu du premier au dernier mot, a été approuvé à l'unanimité des membres présents.

Voilà, messieurs, la question d'affaire, elle vous apparaît — je n'insiste pas — aussi bonne que possible...

Un sénateur à gauche. — Très bonne !

M. LE RAPPORTEUR. — Mais pourquoi le donateur fait-il un geste si magnifique ? Par orgueil, disent ses détracteurs. Est-ce le mot juste ?

Après un si vaste effort, où chacune de ses œuvres a partagé le public en détracteurs acharnés et en admirateurs enthousiastes, après des querelles d'école où, ni d'un côté ni de l'autre, on ne s'est piqué de parler d'avance le langage de la postérité, le vieux maître, sentant cette postérité toute proche, a été d'avis d'avoir un avant-goût moins tumultueux de son jugement, en offrant au public des connaisseurs, et même au grand public, la vue de l'ensemble de son œuvre, groupé en un musée.

Plus heureux que l'écrivain, qui doit en appeler à une longue patience des lecteurs, plus heureux que le musicien dont la composition exige de coûteux interprètes, le sculpteur, comme le peintre, n'a besoin que du regard qui fait justice et recrute vite les admirateurs pour soulever l'équitable avenir contre les cabales éphémères. Rodin a voulu profiter de cet avantage de son art. Il est avide de voir se poser sur ses chefs-d'œuvre le regard admiratif du visiteur où luit un reflet de gloire. C'est sa manière à lui de répéter le cri du vieux Corneille à ses rivaux obscurcis et autour de lui croassant :

« Je sais ce que je vaux et crois ce qu'on m'en dit. »

Voilà pourquoi ce septuagénaire, devenu, d'humble artisan, grand artiste, par la force du talent immanent et un demi-siècle de labeur orageux et si longtemps misérable, vient, conduit par l'État, frapper à la porte d'un petit temple de mémoire et dont il fait les frais.

Messieurs, c'est une gloire mondiale, née au pays de France, un vieillard désireux avant de fermer les yeux où ont lui tant de visions d'art, de les emplir d'une aube visible d'immortalité. Ouvrons-lui et saluons. *(Vifs applaudissements à gauche et au centre.)*

Tout le monde n'en est pas d'avis, vous venez de le voir. On craint, dit-on, de créer un précédent encombrant. Vraiment ? On craint de rencontrer trop souvent, au bout de la carrière d'un artiste, l'accord d'une pareille générosité et d'un pareil talent ? Ah ! messieurs, c'est prévoir de bien loin l'embarras des richesses : en l'espèce, l'encombrement n'est pas plus à craindre que la ruine. *(Sourires et applaudissements.)*

L'argument est-il bien sérieux et faut-il s'y arrêter davantage ? Votre attitude indique que non et j'arrive à un autre encore moins dépouillé d'artifice.

Parlons net. Si le musée projeté ne devait pas occuper un ancien établissement congréganiste, est-ce que sa création soulèverait ici les objections que vous venez d'entendre ?

M. DE LAMARZELLE. — Je veux bien accepter ce débat, mais il ne devrait pas s'ouvrir quand l'ennemi est encore à Noyon. Je ne le crains pas. Si vous l'engagez je vous suivrai.

M. LE RAPPORTEUR. — C'est vous-même qui avez dit que vous ne laisseriez pas échapper cette occasion de porter la question des congrégations à la tribune. J'ai, dans mon dossier, l'article.

M. DE LAMARZELLE. — Si vous le voulez ! Vous pouvez lire mon article.

Voix nombreuses. — Lisez ! Lisez !

M. LE RAPPORTEUR. — Voici l'article :

« ...L'on n'a pas manqué de prétendre, dit M. de Lamarzelle, que si le projet d'un musée Rodin rencontrait si vive opposition, c'est parce qu'on voulait l'installer dans le couvent enlevé aux religieuses du Sacré-Cœur. C'est, en vérité, assez difficile à soutenir, etc., etc... »

Et voici votre déclaration...

M. DE LAMARZELLE. — Non, lisez tout !

M. LE RAPPORTEUR. — Vous voulez que je lise tout ?...

M. DE LAMARZELLE. — Oui, puisque vous y êtes. Ce que vous venez de lire, c'est l'objection que je pose...

M. LE RAPPORTEUR. — L'article est si long que je ne puis le lire entièrement, mais voici la citation :

« C'est en vérité assez difficile à soutenir lorsqu'il s'agit du député radical-socialiste, M. Jules-Louis Breton et de tant d'autres qui l'ont aidé dans sa vigoureuse campagne ; quant à moi, je n'essayerai certes pas de le dissimuler, je n'ai pas l'intention de manquer de dresser la protestation du droit contre une spoliation... » *(Exclamations à gauche.)*

M. DE LAMARZELLE. — Eh bien ?...

M. LE RAPPORTEUR. — Eh bien, au moment du moins où vous avez écrit cela, vous aviez l'intention de porter le débat sur le terrain où vous dites que je vous entraîne. C'est évident, par le passage même que je viens de lire.

M. LE PRÉSIDENT DE LA COMMISSION. — M. de Lamarzelle avait oublié Noyon à ce moment.

M. DE LAMARZELLE. — Je m'expliquerai à la tribune.

M. LE RAPPORTEUR. — Ce n'est pas une querelle que je vous cherche. Je prends texte d'une déclaration écrite par vous, ayant trait directement à une interruption lancée par vous. N'est-ce pas de bonne et courtoise guerre ? D'ailleurs, constatez que je me laisse interrompre à loisir et par qui veut, et que je réponds. N'est-ce pas de franc jeu ? *(Marques d'approbation.)*

M. DE LAMARZELLE. — Je vous ai dit que je n'avais pas l'intention de porter le débat sur les congrégations ni sur l'abrogation de la loi de 1901 à la tribune. Je voulais écarter d'une discussion parlementaire tout ce qui pouvait nous diviser ; mais puisque, en ce moment, vous ouvrez ce chapitre, je vous y suivrai et j'apporterai la protestation dont j'ai parlé dans mon article.

M. LE RAPPORTEUR. — Je ferai remarquer au Sénat que je ne fais qu'y suivre M. de Lamarzelle ; et, comme disait le « talentueux » Montaigne, dont on ne discute pas le style ici et que je cite, en tout cas, je ne fais que le « clouer à ses propos ». *(Sourires.)*

M. DE LAMARZELLE. — Vous êtes dur !

M. LE RAPPORTEUR. — Clouer ne veut pas dire crucifier.

M. DE LAMARZELLE. — J'avoue que je me trouve très bien portant, même après votre spirituelle raillerie !

M. LE RAPPORTEUR. — Je ne vous raille pas, mon cher collègue, vous savez, au contraire, combien j'estime votre caractère, comme votre talent. Je pousse donc mon argument et vous y répondrez avec votre éloquence coutumière.

C'est, selon le mot franchement proféré à la tribune de la Chambre par M. de Gailhard Bancel, pour défendre contre la prescription de l'oubli l'ancienne demeure des Dames du Sacré-Cœur qu'on s'attaque si bruyamment au musée Rodin. Voilà ce qui fait trouver le projet de loi condamnable et même damnable, et l'œuvre de l'artiste trop peu mûre pour la gloire et même un peu diabolique. Voilà pourquoi on soulève ici le vieux problème de la moralité dans l'art, cette quadrature du cercle de l'éthique et de l'esthétique, comme si ce qui est vraiment beau n'était pas moral en soi, n'étant que la splendeur du vrai.

« Le vrai, le beau, le bien, disait Diderot, ce grand critique d'art, voilà ma trinité. » *(Applaudissements répétés à gauche.)* Pour être laïque, ce *credo* n'en est pas moins gros de sens et d'un beau sens. En tout cas, Rodin n'en peut mais. Ce n'est pas pour profaner sataniquement une chapelle, d'ailleurs désaffectée, qu'il jette son dévolu sur elle et en paye le loyer si magnifiquement.

Les mérites de son œuvre n'en sauraient être diminués et le mobile, plus ou moins avoué des adversaires de la donation, tel que je viens de le désigner, émousse bien les critiques qu'ils décochent au donateur, de face ou de biais.

Mais envisageons un moment ces critiques. Je vous ferai remarquer, messieurs, que dans mon rapport, je me suis tenu à l'écart des querelles d'école. L'intérêt et la beauté du futur musée avaient seuls dicté la décision de votre Commission spéciale. Elle m'avait chargé de faire ressortir l'un et l'autre. En toute sincérité, sans fracas verbal, j'y ai tâché de mon mieux. Mais la tournure que prend la discussion m'oblige à n'y pas garder une attitude si platonique à cette tribune. J'en viens donc à la querelle d'école dont on s'y est fait l'écho pour les besoins d'une autre cause.

Je déclare d'abord que, loin de déplorer ces sortes de querelles, je les crois fécondes, — du moins quand on n'en fait pas des arguments politiques, — car c'est « pour les envieux excités » que nombre d'artistes ou d'écrivains sont montés au comble de leur art. Elles sont vieilles, d'ailleurs, comme les arts et métiers ; il y a trois mille ans qu'on disait : « Le potier est jaloux du potier, le menuisier du menuisier ; et tout n'en va que mieux à l'atelier. » Phidias avait des détracteurs acharnés, et le fronton du Parthénon reste incomparable. Ghibert et Donatello se poursuivaient de critiques réciproques et acérées et ce sont les deux créateurs de la sculpture moderne. Autour de Raphaël, on cabalait contre Michel-Ange, ce qui ne l'empêchait pas de peindre la Sixtine. Nous avons eu, en musique, la querelle des Gluckistes et des Piccinistes qui, selon le mot de Jean-Jacques, « déboucha les oreilles françaises », comme nous avions eu, en littérature, celle des Cornéliens et des Raciniens, qui se renouvela en celle des romantiques et des classiques, puis des naturalistes, laquelle dure encore, et tant mieux ! Quand il n'y aura plus de libre querelle d'art et de littérature, c'est qu'il n'y aura plus de création artistique ou littéraire. Les chefs-d'œuvre seront devenus des modèles incompris que copieront mécaniquement, en figures stylisées, des élèves bien sages et bien stériles, et dans les écoles mornes régneront, montant la garde autour des poncifs, ces pions du beau. *(Applaudissements répétés.)*

Mais nous n'en sommes pas là. Nous avons des sculpteurs, comme Falguière et Mercié et dix autres, dont les noms sont parmi les gloires de la France, dont les œuvres sont l'orgueil de nos musées et de nos places publiques, et la suprême parure de nos monuments. Mais ces maîtres ont derrière eux le troupeau servile des copistes, le chœur intransigeant des thuriféraires, et qui s'intitulent l'école.

Là, l'inspiration des maîtres originaux est érigée en dogme par les uns, et leur technique est tournée en recette par les autres. *(Sourires approbatifs.)* Dans cette langue du geste qu'est la sculpture, l'école fait un choix, et ou compose un vocabulaire en dehors duquel elle décrète que ne saurait s'exprimer l'éloquence du corps, sans patoiser. Elle prétend que les titres de noblesse de cette langue châtiée par leur goût étroit sont dans l'antiquité même, et pour le prouver, elle fait un tri dans les antiques. Elle traite de décadents ou d'archaïques ceux qui donnent trop évidemment tort à sa théorie de la sculpture canonique, statique, et qui montrent qu'il y a aussi de l'eurythmie dans la sculpture en mouvement, traduisant le dynamisme des sentiments et des passions, tels que le *Laocoon*, les *Lutteurs*, le *Gladiateur*, le *Discobole* de Myrhon.

La découverte du fronton occidental du temple d'Olympie, où se voit la bataille des Lapithes et des Centaures, si dramatique et si réaliste en son classicisme incontestable, la jeta dans un étonnement dont elle n'est pas encore revenue. *(Sourires.)* Mais elle ne s'en tint que plus obstinément à son répertoire conventionnel de postures, à son vocabulaire de gestes châtié, académisé ! Certes, quand un vrai maître parle cette langue, elle peut être fort éloquente — il y a les Racines de la sculpture — mais elle a l'inconvénient de pouvoir être vite apprise par la médiocrité et de prêter déplorablement au pastiche, et alors « sur le Racine mort, le Campistron pullule ». *(Très bien ! très bien !)*

De là, dans nos musées et sur nos places, tant d'œuvres froides, aux gestes convenus, répétés en cadence et à satiété par les figures de bronze ou de marbre, comme par les figurants d'un ballet, aux attitudes apprises, aux hanchements prétentieux, aux gestes arrondis et où le sujet « fait le beau », théâtralement.

Leurs auteurs à la douzaine en tirent honneur et profit, sans trop de peine. De là leur colère contre qui vient les troubler dans la tranquille possession de ce monopole. Cette école a pour devise le beau vers du poète :

Je hais le mouvement qui déplace les lignes.

Et ceux qui en sculptent de tels, ajoute-t-elle *in petto*. *(Applaudissements.)*

Vienne un artiste que son tempérament porte vers une statuaire autrement et plus pathétique, qui soit de la lignée des auteurs du *Milon de Crotone*, de la *Marseillaise*, de la *Danse*, qui ose trouver trop étroite la convention stylisée, qui, par l'observation directe du modèle et de la vie et de tous les maîtres classiques ou gothiques, ose puiser au trésor des gestes libres, d'après nature, quel émoi chez les doctrinaires de l'école, quelle clameur de haro chez les pasticheurs à la douzaine et qui forcent quelques maîtres à faire chorus ! Sus au prétendu révolutionnaire ! Et voilà justement le cas de Rodin.

Ses œuvres apparurent à l'école comme un défi d'une insolence croissante, depuis la première, l'*Homme au nez cassé*, jusqu'aux *Bourgeois de Calais*, en attendant le *Balzac* que ne leur fit pas pardonner le *Baiser* exposé au même Salon.

Entre les deux conceptions de l'art, le conflit éclata aussitôt. Le buste dit l'*Homme au nez cassé* dont tous les grands musées tiennent aujourd'hui à honneur d'avoir un exemplaire, est refusé au Salon, comme son auteur l'avait été, et par trois fois, à l'école des Beaux-Arts. Et pourtant, par la largeur de la facture tout antique, par la force expressive, ce buste est l'aîné authentique de tant d'autres qui suffiraient seuls à la gloire de Rodin, où la personnalité des modèles est si évidente, si puissamment concentrée, caractérisée et rendue, qu'en les rapprochant des originaux, qui les a connus vivants sent monter à ses lèvres, à l'adresse de leur auteur, pour traduire son admiration, l'hyperbole laudative de l'inscription antique : « De toi ou de la vie, qui a imité l'autre ? » *(Applaudissements.)*

Cependant, l'artiste pauvre a modelé l'*Homme au nez cassé* dans une écurie humide, ouverte à tous les vents, et vit de son métier de décorateur, dans une gêne qui durera jusqu'à la cinquantaine, ne se décourage pas. Cela seul mériterait le respect. *(Vifs applaudissements.)*

Il présente au Salon l'*Age d'airain*, sa première statue. On l'admet, mais c'est pour crier : « Au voleur ! »

M. LE PRÉSIDENT DE LA COMMISSION. — L'*Age d'airain est un chef-d'œuvre.*

M. LE RAPPORTEUR. — Le chœur des écolâtres déclare que l'auteur a triché au jeu et que le torse est moulé sur nature, comme si jamais moulage pouvait traduire la sève, le frémissement de vie qui monte des pieds à la tête de cet éphèbe s'éveillant à la nature. Pour se disculper, l'artiste envoie un moulage du torse du soldat belge qui lui a servi de modèle et donne à comparer.

D'ailleurs, avant cette démonstration par l'absurde, les vrais artistes, Falguière et Guillaume en tête, ne s'y étaient pas trompés et avaient défendu le loyal sculpteur contre cette accusation aussi sotte que perfide. En fait, du premier coup et avec la nature pour seul guide, la nature dont il a dit qu'elle est la « source de toute beauté et que l'artiste qui s'est approché d'elle ne transmet que ce qu'elle lui a révélé », il avait créé un de ces *bronzes respirants*, à la grecque, dont Virgile parle avec envie. J'ai vu l'*Hermès* de Praxitèle, sous le ciel d'Olympie, et la vivante poitrine de ce chef-d'œuvre de l'éphébie antique ne respire pas mieux que celle de l'*Age d'airain. (Vifs applaudissements.)*

Là encore, le coup d'essai était un coup de maître : la maîtrise de Rodin s'y affirmait déjà tout entière.

Je ne passerai pas à cette tribune une revue de l'œuvre de Rodin. Je l'ai esquissée dans mon rapport, pour motiver la décision de votre Commission et selon le mandat exprès qu'elle m'en avait donné.

M. LE PRÉSIDENT DE LA COMMISSION. — Vous vous en êtes très bien acquitté.

M. LE RAPPORTEUR. — Mais si de pareils commentaires peuvent s'écrire, parce que le lecteur sérieux en soutient la lecture en se reportant à la vue des œuvres qui les dictèrent, ils risquent d'ennuyer ceux qui les entendent formuler, en l'absence des œuvres, surtout quand leur esprit est assiégé et leur temps pris par des préoccupations aussi graves que les nôtres. *(Parlez ! parlez !)* J'ai même à vous remercier de l'attention que vous m'avez accordée dans de pareilles circonstances et je m'efforcerai de n'en pas abuser dans ce qui me reste à dire sur la donation Rodin et son auteur.

Je me bornerai à faire sur les mérites de l'œuvre à laquelle est destiné le futur musée, une remarque générale que je motiverai sommairement et qui vient d'être indiquée éloquemment par M. Steeg. La voici : ce prétendu révolutionnaire est, au fond, un traditionnaliste, et des plus fervents.

Un des principaux attraits de son œuvre est justement d'y voir l'émulation constante de son originalité avec les chefs-d'œuvre du passé — classiques, renaissants ou gothiques — pour apprendre de l'art même à franchir ses limites.

Quelle œuvre de sculpture moderne est, en effet, dans l'inspiration et dans l'exécution, plus voisine des antiques que le groupe de la *Mort d'Alceste* ? C'est le pathétique même d'Euripide. Y a-t-il, dans nos musées, rien de plus classique par la largeur des plans, l'équilibre des masses, la franchise du modèle et la force contenue, la foi du sentiment, que *Le Baiser* ? Qui donc a, de nos jours, plus élégamment et plus puissamment interprété les vieux mythes que l'auteur de l'*Orphée suppliant les Dieux*, de l'*Apollon vainqueur*, de l'*Amour et Psyché*, des *Danaïdes* au supplice et de cette *Centauresse* symbolique, fouillant le sol de son rude sabot, tandis que son buste délicat et haletant se tend éperdument vers la chimère et que se combattent si pathétiquement en elle l'instinct de la bête et l'idéalisme de la femme ? *(Applaudissements.)*

Et les maîtres de la Renaissance, après ceux de l'antiquité — dont il s'entourait pieusement en travaillant — ont-ils eu un plus authentique successeur que ce même Rodin ? Son *Saint Jean-Baptiste* n'est-il pas le frère, en rusticité expressive, de ces paysans en qui les délicats reprochaient à Donatello d'incarner ses apôtres ? Et qui donc a mieux regardé Michel-Ange ? Revenez voir, après une visite aux *Esclaves* du Louvre, celui de Rodin, l'*Adam naissant* qui hanche de même et déjà si douloureusement sous le poids de la vie qu'il vient de recevoir ? Et son *Ariane* ne dort-elle pas le même et vivant sommeil que *La Nuit* ?

Mais, pour mesurer l'originalité de Rodin dans l'émulation avec « le sublime Michel-Ange », disciple du « grand Donatello », comme on disait alors, comparez le *Penseur* du Panthéon — oui, celui-là même qu'on appelait tout à l'heure à cette tribune, un *pithécanthrope*, tout comme fait certain interlocuteur d'un dialogue de Guiglielmo Fennero, auquel un autre répond que derrière toute œuvre de Rodin il y a une idée et qu'il faut avoir des nerfs différents pour chaque artiste — comparez-le à celui du tombeau de Laurent de Médicis.

Dans l'un la carrure puissante, la curiosité réfléchie de la pensée renaissante devant la résurrection de la vie en beauté et de la science, pleine de promesses ; dans l'autre, l'idée faisant effort pour se dégager du corps d'athlète qu'elle habite et tourmente, l'anxiété crispée qui convient à la pensée contemporaine, se penchant sur des énigmes plus poignantes — par exemple le problème politique et social du bonheur toujours à l'état aigu, la complicité monstrueuse de la science et de la barbarie contre le droit et la civilisation. *(Applaudissements répétés.)*

Quelle force suggestive, là et ailleurs, dans le symbolisme des formes, dans toute cette sculpture intellectuelle ! N'est-ce pas là créer au sens le plus élevé du mot ? Rodin est le poète du marbre. *(Applaudissements.)*

Son originalité dans l'émulation n'est pas moindre, quand il s'inspire des maîtres gothiques, mais elle est moins facile à entendre et à goûter ; elle a même donné naissance à d'orageux malentendus. Mais la beauté de certaines œuvres de cette troisième inspiration n'en est pas moins certaine et moins durable ; par exemple, dans ces *Bourgeois de Calais* où il a fait, en sculpture, avec la convention une rupture aussi éclatante et qui sera aussi féconde que celle de son ami Puvis de Chavannes, en peinture, à l'école du Giotto.

Aux groupes pyramidants, en cadence de ballet, il a osé substituer une bande de figures comme on en voit aux parvis de ces cathédrales dont il a si bien parlé, où chacun des personnages, acteur sincère du drame commun qui les étreint et les unit tous, fait pathétiquement son geste individuel — « chacun à son enseigne », comme disent les rubriques des metteurs en scène de ces *mystères* dramatiques qui ont fidèlement inspiré le réalisme expressif des anonymes *imagiers* de notre art gothique. Est-ce que ce pathétique ne prend pas aux entrailles qui s'y laisse aller de bonne foi, comme voulait Molière ? *(Marques d'approbation.)*

Quelque divers, d'ailleurs, que soient les sentiments qu'on éprouve au spectacle de l'œuvre énorme et mêlé de Rodin, comment nier qu'il apparaît, dans vingt chefs-d'œuvre, une puissante et admirable synthèse, toute moderne, au confluent de l'art classique et de l'art gothique dont elle s'inspire tour à tour, sans quitter jamais la nature d'un pays ?

Or, la confidence curieuse et suggestive des efforts d'où est sortie une si vaste production, sera faite aux visiteurs du musée Rodin par les ébauches, maquettes et moulages légués aussi par lui à l'État. En offrant le spectacle complet de la laborieuse évolution du maître de céans, ce musée apparaîtra, aux artistes et aux amateurs, riche en formules et en émotions esthétiques. *(Applaudissements.)*

Le grand public lui-même, qui a l'intuition profonde des passions, s'initiera peu à peu à cet art, grâce à sa sincérité et à son pathétique ; il y goûtera de plus en plus ces émotions de la forme expressive, ce frisson du beau que les législateurs de toutes les civilisations, y compris la chrétienne...

M. DE LAMARZELLE. — Surtout la civilisation chrétienne.

M. LE RAPPORTEUR. — Oui... ce frisson du beau qu'elles ont considéré comme un stimulant nécessaire et un précieux auxiliaire de l'éducation du peuple. *(Très bien !)*

M. GAUDIN DE VILLAINE. — L'hospitalisation d'un artiste vivant n'a pas de rapport avec ce que vous exposez !

M. LE RAPPORTEUR. — Vous voulez que tout ce qu'on dit ait du rapport avec les seules choses que vous dites. On peut en penser d'autres, sur le sujet en discussion, et les développer. J'use de mon droit, en restant maître de l'ordre de ma discussion. Mais, dès qu'on sort de votre chemin, on se jette dans les chemins de traverse, à votre compte ; et on est aussi un révolutionnaire !

M. GAUDIN DE VILLAINE. — Mais non !

M. LE RAPPORTEUR. — Je continue donc mon chemin, ne vous en déplaise, et j'arrive, d'ailleurs, au bout.

Mais, objecte-t-on, ce n'était pas le moment de vous occuper de la création d'un musée Rodin. D'abord, en ce moment, ce n'est pas nous qui l'avons choisi : c'est l'échéance du contrat qui nous l'a imposé. Ce n'est pas le moment, dites-vous : mais est-ce le moment de diminuer nos gloires en les discutant, ou de les exalter ? *(Très bien ! très bien !)*

Comment ! nous avons un artiste dont la célébrité rayonne dans les deux mondes, dont l'œuvre est commentée par des études dans toutes les langues civilisées, — j'en ai vu une en japonais, — dont les productions, alors que certaines en marchandent le cadeau, sont guettées par l'or de l'étranger, — hier, on lui offrait, pour un buste de Shakespeare, 160.000 francs, — qui a, dans les villes capitales, des monuments à son nom, tout un musée à San-Francisco, une salle au *Kensington* de Londres, trois salles au *Metropolitan* de New-York, dont la personne, quand elle passe la frontière, est l'objet d'ovations inouïes, — à son dernier voyage à Londres, on dételait les chevaux de sa voiture, pour la traîner en triomphe, et on le proclamait docteur de l'Université d'Oxford, — et certains disent que ce n'est pas le moment de rappeler au monde que la France sait aussi admirer ses artistes ? Si, c'est bien le moment, monsieur, d'exulter, d'arborer et d'exposer nos gloires, ne fût-ce que pour rappeler aux nations civilisées ce qu'elles doivent au génie de l'Athènes moderne.

Ah ! messieurs, défions-nous, plus que jamais, de cette manie nationale, redoutable, envers de nos qualités critiques, qui nous pousse, comme par une suprême élégance, à nous dénigrer nous-mêmes *(Vive approbation)*, à nous dénigrer aux yeux du reste du monde, où nous n'avons pas que des amis et où certains, peut-être même parmi les neutres, ne demandent pas mieux que de nous prendre au mot *(Assentiment)*, ainsi que j'avais l'honneur de vous le rappeler à cette tribune, dans la querelle contre la Sorbonne, à la veille même de la guerre et ne croyant pas si bien dire, hélas ! *(Applaudissements.)*

Si l'on avait un Rodin, de l'autre côté du Rhin, ce n'est pas en ce moment, ni jamais, qu'on mettrait les écrans de la critique devant les rayons de sa gloire. Autour de lui, quel chœur retentirait du barbare « au-dessus de tout ! » *(Nouveaux applaudissements.)* N'en ayant pas, on y fait quand même, par bluff, des gestes de kultur artistique : n'est-ce pas hier, en pleine guerre, qu'on affectait d'y payer 900.000 marks, 1.275.000 francs, un antique enlevé à notre séquestre ? Et ce ne serait pas pour nous le moment de faire un geste aussi sincère qu'élégant, un de ces gestes bien français — comme celui qui datait de l'angoisse de Moscou le décret de réorganisation de la Comédie-Française — en donnant à une gloire du pays de France l'hospitalité nationale qu'elle demande et paye en une si belle monnaie ? *(Très bien ! très bien !)* Votre Commission, qui vous propose de le faire, peut adresser à ses contradicteurs la réponse même des Athéniens à leurs détracteurs, au cœur même d'une guerre à mort, malgré laquelle ils ne désertaient pas le culte de la beauté : « Oui, nous avons l'amour du beau, riposte le président du Conseil d'alors, qui avait nom Périclès. » *(Rires approbatifs.)* Mais un amour où le bon goût et le budget trouvent leur compte, j'espère, messieurs, que c'est aussi ce que vous allez dire par votre vote, pour l'honneur de la République qui, ici comme en tout et pour tout, entend bien rester laïque et athénienne. *[Double salve d'applaudissements. — L'orateur, en regagnant sa place, reçoit les félicitations d'un grand nombre de ses collègues.]*

M. LE PRÉSIDENT. — La parole est à M. de Lamarzelle.

M. DE LAMARZELLE. — Messieurs, avant de répondre aux arguments de l'honorable rapporteur, je voudrais vous résumer l'histoire du projet que nous discutons, histoire incroyable, absolument invraisemblable, je le reconnais, mais authentiquée par la discussion même de la Chambre des députés. Elle a été racontée par M. Léon Bérard à la Commission de l'Enseignement de la Chambre des députés. M. Jules-Louis Breton l'a reprise devant l'autre Assemblée ; M. Bérard ne l'a pas niée ; M. Jules-Louis Breton l'a même mis au défi d'en contester une seule partie et le défi n'a pas été relevé.

Telles sont les autorités sur lesquelles je vais m'appuyer pour exposer, à mon tour, cette histoire du projet Rodin. Voici les faits :

Ainsi que mon excellent ami Gaudin de Villaine vous l'a expliqué, c'est en 1911 que fut votée une loi permettant à l'État d'acquérir l'hôtel Biron.

Le but de cette loi, c'était d'abord de nous conserver, comme on l'a dit tout à l'heure, le chef-d'œuvre de Gabriel et de mettre le public en possession d'un parc magnifique. Depuis cette époque 1911, rien n'a été fait ; et, lorsqu'on passe boulevard des Invalides, devant ces murs éventrés, on aperçoit cet admirable hôtel que l'on décrivait si bien tout à l'heure, dans un état lamentable de délabrement. Le parc est livré aux mauvaises herbes, à tel point que je pourrais citer ici des hommes qui y ont chassé le lapin, il n'y a pas longtemps encore !

Enfin, quand on contemple ce domaine, on a la sensation qu'il appartient à un propriétaire en train de se ruiner ; spectacle d'autant plus lamentable que l'on constate que le domaine était magnifique.

Une autre remarque a été faite : sur cet immeuble, on n'a jamais vu flotter, pendant l'horrible guerre que nous traversons, le drapeau d'une ambulance ; tandis que nos écoles publiques et privées, au détriment des enfants qu'elles enseignent, ont recueilli chez elles des blessés, dans cet hôtel il n'y a rien !

M. LE SOUS-SECRÉTAIRE D'ÉTAT DES BEAUX-ARTS. — Je vous demande pardon !

Un sénateur à gauche. — Il y a l'œuvre de l'hôtel Biron.

M. LE SOUS-SECRÉTAIRE D'ÉTAT. — Il y a un ouvroir, une garderie d'enfants, une école de préapprentissage depuis le mois d'août 1914.

M. DE LAMARZELLE. — Dans tous les cas, il n'y a pas de blessés.

M. LE SOUS-SECRÉTAIRE D'ÉTAT. — On ne peut pas tout y mettre à la fois !

M. GAUDIN DE VILLAINE. — Il y avait aussi d'autres locataires, moins recommandables.

M. LE SOUS-SECRÉTAIRE D'ÉTAT. — Pas depuis la guerre.

M. DE LAMARZELLE. — Que s'est-il passé ? Puisque l'immeuble a été laissé dans cet état de délabrement, l'État a voulu donner à l'hôtel Biron sa destination légale ; il s'est alors trouvé en présence des locataires admis par le liquidateur de la Congrégation, à savoir : une actrice, Mlle Jeanne Bloch ; un acteur, M. de Max; enfin, M. Auguste Rodin, le sculpteur illustre que l'on a célébré tout à l'heure. Il ne fut pas difficile à l'État d'expulser Mlle Jeanne Bloch ; M. de Max fit plus de difficultés ; quant à M. Rodin, je cite ici M. Jules-Louis Breton :

« Quand il fallut s'attaquer à M. Rodin, ce fut, cette fois, matériellement impossible, l'Administration des Beaux-Arts n'ayant pu, malgré ses longs et louables efforts, arriver à le faire consentir à déménager. »

L'État fit donc de louables efforts, comme vous le voyez, pour exécuter la loi ; mais Rodin est un homme au-dessus des lois. Si, au lieu d'un locataire, il s'était agi d'expulser un propriétaire et si ce propriétaire avait été de ceux dont il était question tout à l'heure et dont je ne voulais pas parler, oh ! alors, on aurait trouvé moyen d'exécuter la volonté du législateur et d'invoquer « les justes lois ». M. Rodin est une puissance, un dieu que vous avez entendu éloquemment célébrer tout à l'heure par l'honorable M. Lintilhac !

On ne l'a pas expulsé, cependant, et cette situation a duré cinq ans ; en sorte que le projet de loi en ce moment soumis à votre examen constitue ce que M. Jules-Louis Breton a appelé très bien : la solution élégante de cette question très épineuse. *(Très bien ! à droite.)*

La solution élégante, vous la voyez : Rodin se dresse contre la loi ; il ne veut pas obéir à une loi en vertu de laquelle l'État fait les plus louables efforts pour le chasser d'un immeuble appartenant à l'État. La solution est toute simple : Rodin désobéit à la loi ? eh bien, nous allons faire une autre loi, en vertu de laquelle Rodin, dorénavant, sera chez lui !

M. GAUDIN DE VILLAINE. — C'est l'inverse du moratorium !

M. DE LAMARZELLE. — C'est ce que j'allais dire. Si donc on avait obéi à la loi, ce n'est pas ce critique d'art fin et délicat que vous venez d'entendre que l'on aurait envoyé chez M. Rodin, ce serait, — et c'eût été plus logique, — un commissaire ou rapporteur de la Commission du moratorium des loyers de la Chambre ou du Sénat. Mais on a élevé cette question et nous en sommes arrivés aujourd'hui, au Sénat et à la Chambre, à discuter sur l'œuvre de M. Rodin.

Nous venons d'entendre un homme extrêmement compétent, un critique d'art de premier ordre, dont le rapport est beaucoup plus d'un artiste que d'un homme politique ; mais, en fait, nous sommes parfaitement incompétents pour discuter une pareille question et pour en juger, et je vous montrerai tout à l'heure que, dans la presse, on a dit avec raison que ce n'était pas l'affaire du Parlement de décider pour ou contre dans une question qui est purement d'art.

Pour mon compte, je n'essaierai pas de m'élever aux hauteurs atteintes par notre honorable rapporteur. Cependant, malgré toutes les critiques que l'on peut nous adresser, nous ne pouvons pas, je ne peux pas, quant à moi, voter ainsi, à la muette, en n'écoutant que les admirateurs passionnés de M. Rodin et en ne tenant aucun compte des détracteurs de son art, aussi passionnés de leur côté.

Ce n'est pas surtout une question d'art que je voudrais discuter ici, car ce n'est pas notre affaire ; je voudrais me borner à montrer au Sénat qu'il ne nous appartient pas d'intervenir dans la mêlée entre deux groupes d'artistes passionnés — vous venez d'en avoir une preuve éloquente — *genus irritabile vatum*, a-t-on dit. Pour ma part, je n'irai pas me mettre entre les deux camps, car je sais ce qui m'attendrait. *(Sourires.)*

Je veux seulement vous démontrer que nous n'avons pas à intervenir dans cette querelle; que, de plus, nous n'avons pas à faire ici une loi de privilège, une loi d'exception en faveur d'un artiste quelconque et surtout d'un artiste vivant.

Il me sera bien facile de vous démontrer que c'est une loi de privilège. On a reproché au projet d'admettre que Rodin fût logé aux frais de l'Etat jusqu'à la fin de sa vie, qu'il eût tel ou tel avantage pour ses œuvres durant son existence. De cela je n'aurais pas à m'étonner ; il y a des précédents dans notre histoire.

La monarchie a logé des artistes. L'École du Louvre prenait des artistes sous sa protection, et cela a parfaitement réussi. Mais ce que je ne puis absolument admettre et ce qui est exorbitant, ce qui ne s'est jamais vu en France sous aucun régime, c'est que M. Auguste Rodin ait un musée d'Etat à lui, un musée constitué pour ses œuvres *in æternum*.

M. LE PRÉSIDENT DE LA COMMISSION. — Non, pour vingt-cinq ans !

M. DE LAMARZELLE. — Je vais vous prouver le contraire, monsieur le président de la Commission, et c'est justement ce sur quoi on n'a pas encore assez appuyé.

Voici, en effet, ce que dit la donation : « Ces œuvres devront être réunies dans un même immeuble de manière à former un ensemble complet constituant la collection Rodin. »

Comme vous le dites fort bien, pendant vingt-cinq ans après sa mort, l'hospitalité est assurée aux œuvres du sculpteur Rodin dans l'hôtel Biron ; mais, si l'État reprend l'hôtel, il est obligé de construire un autre musée pour y mettre ses œuvres.

Donc, je ne me trompe pas lorsque je dis que c'est un musée consacré aux œuvres de M. Rodin, *in æternum*, pour toujours.

L'État s'est réservé le droit, à toute époque, de reprendre l'hôtel Biron, mais dans ce cas, il devra mettre préalablement à la disposition de M. Rodin un local d'une superficie égale, aménagé à sa convenance, pour y placer ses œuvres, et ce local sera édifié, aux frais de l'État, dans les limites du jardin entourant l'hôtel Biron.

Je n'ai donc rien exagéré en disant que c'est bien un musée *in æternum* que l'État constitue de son vivant pour les œuvres du sculpteur Rodin.

Voilà la question telle qu'elle se présente. J'ai dit que c'était un privilège : il s'agit de se demander quel est le droit commun.

Ici, nous touchons à la seule question en litige : le droit commun, qui est fondé sur cette vérité incontestable, que c'est le temps seul qui donne la consécration aux œuvres du génie, quel que soit ce génie. Alors, conformément à cette vérité, qui est de tous les temps, de toutes les époques, nous avons le musée du Luxembourg où l'on met les œuvres des artistes vivants, non pas pour les couronner encore, mais pour mettre le public à même de les juger.

Dans ce musée, je le reconnais, l'État doit donner l'hospitalité à toutes les écoles, à tous les artistes qui se sont affirmés d'une façon ou d'une autre. Puis, nous avons le musée du Louvre, où les œuvres des artistes n'entrent qu'après leur mort, c'est-à-dire lorsque le temps, le seul juge, est venu consacrer leur talent.

Tous les artistes contemporains ont passé par là : Carpeaux, Chapu, Barye, Dubois, Guillaume, Dalou, qui est regardé, non par l'école que j'aime le plus, mais par vous tous, messieurs, comme le véritable maître, le grand maître de la sculpture contemporaine.

A-t-on fait une exception de ce genre pour Dalou, pour Rude ou pour les autres ? Vraiment, je ne crois pas rabaisser M. Rodin en disant que tous ces artistes, et particulièrement Dalou, le valaient.

Vous allez me dire : « Il n'est pas question de mettre Rodin au Louvre. » Mais ce que vous demandez est bien pis que cela ! Lorsque l'État, après la mort des artistes, consent à placer leurs œuvres au Louvre, il ne s'engage pas à les maintenir là *in æternum*, il conserve toujours le droit de les déplacer, et vous savez qu'actuellement il y a, dans les journaux artistiques et même dans les grands journaux de Paris, toute une campagne pour demander que certaines œuvres disparaissent du Louvre, parce que le goût a changé.

Dans l'espèce qui nous occupe, l'État s'engage, en vertu de la donation qui a été faite et que nous allons accepter, à laisser à perpétuité les œuvres de M. Rodin dans l'hôtel Biron ou dans celui qui sera élevé à sa place.

Voici l'article 3 de la deuxième donation :

« M. Rodin aura, sa vie durant, etc., pour y exposer ses œuvres à perpétuité... » Le mot y est. Voilà donc un privilège que nous constituons à M. Rodin, en vertu de ce projet.

Mais il y a un autre privilège sur lequel je veux insister, qui est peut-être plus exorbitant encore que celui-là.

Quand il s'agit de mettre une œuvre au Luxembourg ou au Louvre, il y a une

Commission qui juge si l'œuvre est véritablement digne d'entrer dans l'un ou l'autre de ces musées.

Ici, pas de Commission. M. Rodin est seul juge de ce qu'il fera entrer dans le musée Rodin.

M. Rodin est un génie, soit. Je ne contesterai pas ici, parce que je ne tiens pas à me rendre ridicule, le talent de Rodin. Mais ne savez-vous pas, comme tout le monde, qu'un génie commet quelquefois des œuvres médiocres, parfois même au-dessous du médiocre ? Nos plus grands génies ne nous en ont-ils pas donné la preuve ? Ne savez-vous pas que notre grand Corneille a fait l'*Attila* ?

M. HERRIOT. — Il reste le grand Corneille ! *(Très bien ! à gauche.)*

M. DE LAMARZELLE. — Je ne dis pas le contraire, mon cher collègue. Mais le bon Horace n'a-t-il pas dit lui-même au sujet d'Homère : « *Quandoque bonus dormitat Homerus ?* »

Il y a une chose non moins incontestable, c'est qu'une faiblesse des plus grands génies consiste à aimer parfois ces œuvres-là plus que les autres, et M. Rodin ne doit pas y échapper. Il doit avoir, ui aussi, une prédilection pour ses œuvres moins bonnes ; par suite, l'État va être victime de cette prédilection pour ses enfants bossus. *(Sourires.)*

Remarquez, du reste, que ses partisans les plus passionnés eux-mêmes admettent très bien qu'il a des faiblesses. Je vous avoue que, dans mon admiration pour cet artiste, je n'ai pas eu de chance ! Je me rappelle, il n'y a pas longtemps de cela, que, au moment où le projet a été déposé, je suis allé revoir ses œuvres, et, devant un de nos collègues, qui est un partisan absolu et sans réserve du projet, j'ai dit : « Il y a là des œuvres que je crois contestables, mais il y en a une au moins pour laquelle j'ai l'admiration la plus profonde : c'est la statue du bourgeois de Calais. » Je suis horriblement mal tombé ! L'admirateur passionné de Rodin m'a répondu, en effet : « Avez-vous été voir le groupe à Calais ? » J'ai dit : « Moi, je n'ai vu que la statue qui est là tout près de nous. » Il m'a répliqué alors : « Mon cher collègue, il ne faut pas juger Rodin par le groupe des *Bourgeois de Calais* vu à Calais : il fait un effet épouvantable ! » *(Rires à droite.)*

M. LE PRÉSIDENT DE LA COMMISSION. — Parce qu'on l'a mal placé.

M. LE RAPPORTEUR. — Il fallait le mettre au ras du sol, comme il l'avait voulu.

M. HERRIOT. — Laissez-nous croire que vous avez eu raison ! *(Sourires.)*

M. DE LAMARZELLE. — Je vous ai dit et je répète encore que je ne nie pas le talent de Rodin ; je m'en garde bien !

L'honorable M. Lintilhac nous a avoué lui-même, dans son rapport, qu'il y avait des œuvres de Rodin qui étaient au-dessous de certaines autres ; il nous a dit surtout — et c'est le passage de son rapport qui m'a le plus frappé — qu'il y avait des œuvres absolument incompréhensibles. Voici, en effet, l'anecdote qu'il nous a racontée :

« C'est ainsi qu'un jour nous cherchions à nous définir celle qui avait inspiré certaines formes suaves, inachevées, comme ondoyant au creux d'un bloc de marbre, quand une voix murmura derrière nous : « Des ombres vues au fond de l'eau. »

Je ne sais pas ce que c'est, mais, pour moi, ce mot lapidaire — je crois que l'expression est juste — me rappelle cette vieille charge d'atelier, où l'on vous montre un tableau noir en disant que cela représente un combat de nègres dans une nuit sans lune.

M. LE RAPPORTEUR. — Les ombres au bord de l'eau, voici ce que cela signifie.

La *Porte de l'Enfer*, de Rodin, présente la pluie des ombres dont parle Dante au VIIIe chant de la *Divine comédie* et, comme ces ombres incarnent toutes les passions humaines, il en a fait des symboles de douce pathétique. Ces figures au creux du marbre dont je ne cherchais pas la beauté — elle est visible — mais dont je cherchais l'idée, puisqu'il en existe toujours une dernière chaque coup de ciseau de Rodin, c'est la mer glacée que, dans les bréviaires, dans les livres de notre religion on représente constamment, la mer glacée des damnés.

M. DE LAMARZELLE. — Bref, c'est très obscur.

M. LE RAPPORTEUR. — Non pas ; comme cela c'est très clair.

M. DE LAMARZELLE. — C'est au-dessus de ma faculté de compréhension, et je crois que je ne suis pas le seul de cet avis.

Je disais donc que l'avis est venu tout naturellement à certains membres de la Chambre — et je déposerai un amendement dans ce sens — de donner mandat à une Commission, nommée par l'État, de choisir, parmi les œuvres de M. Rodin, celles qui vraiment sont dignes d'être conservées à perpétuité, comme le commande la donation. Ce serait naturellement une Commission de l'académie des Beaux-Arts. Mais quand on parle de celle-ci aux partisans de M. Rodin, ils protestent : « Faire juger Rodin par l'Institut ou par qui que ce soit, mais ce serait un sacrilège, une abomination. Rodin est seul ! Rodin est unique ! »

M. LE PRÉSIDENT DE LA COMMISSION. — Nous pouvons vous donner les noms de beaucoup de membres de l'académie des Beaux-Arts qui proclament leur admiration pour Rodin.

M. DE LAMARZELLE. — Je les connais ; mais il n'en est pas moins vrai que les partisans de M. Rodin insultent l'Institut ; je vais le montrer. Je ne prétends pas qu'il n'y a pas de membres de l'Institut qui l'admirent...

M. LE PRÉSIDENT DE LA COMMISSION. — C'est la majorité.

M. DE LAMARZELLE. — Moi aussi j'admire certaines de ses œuvres, mais ce n'est pas une raison pour donner à leur auteur un musée *in perpetuum*, avant que le temps ait consacré sa gloire et pour faire en sa faveur une loi d'exception, une loi de privilège.

J'aborde la thèse de M. Lintilhac, ou plutôt l'exagération de cette thèse. Voici ce que disent les partisans de Rodin quand on leur parle de soumettre le maitre au droit commun de tous les citoyens français et de tous les artistes français : « On veut obliger le maitre à prendre rang dans la file des autres artistes, on ne reconnait pas le droit du génie à un traitement exceptionnel. »

L'objection vient tout de suite à l'esprit : il y a eu d'autres génies en France que celui de Rodin : on les a fait attendre à la porte du Louvre, il n'a jamais été question de leur donner un musée *in æternum* de leur vivant. Mais les génies n'existent pas devant la gloire de Rodin ; devant ce soleil les génies sont des lunes qui doivent s'effacer complètement. Ecoutez le rapporteur lui-même de la Chambre des députés :

« Il est bien vrai que l'État qui accueille au Luxembourg les plus belles œuvres des artistes vivants et qui offre la glorieuse hospitalité du Louvre à celles que le temps a consacrées ne saurait concéder une partie du domaine public à chacun des grands artistes qui sont l'ornement de ce pays... « — c'est ma thèse — « ...mais ils peuvent accorder cette faveur à un génie unique, en retour d'un don unique ».

Je ne veux pas multiplier les citations. M. Rodin est un génie, comme il n'y en a jamais eu, un génie devant lequel tous les autres s'effacent. Il faut faire une loi spéciale pour lui, parce qu'il n'y a jamais eu de Rodin dans le monde et qu'il n'y en aura jamais d'autres.

Messieurs, on a cité, en me le reprochant, un article que j'ai publié dans la presse, où j'ai traité de la « Rodinolâtrie ».

M. LE RAPPORTEUR. — On ne vous l'a pas reproché, car vous êtes le plus courtois des adversaires.

M. DE LAMARZELLE. — Pour montrer que je n'ai rien exagéré, je veux répéter ici une seule phrase d'un vœu présenté au Conseil municipal de Paris, et que je trouve dans le *Bulletin municipal officiel* du 6 avril 1914. M. Lampué, au nom de la 4ᵉ Commission s'exprime ainsi :

« Messieurs, l'univers jalouse la France, parce que nous possédons le plus prodigieux artiste que l'humanité ait jamais connu. Le Gouvernement de la République méconnaît l'honneur que les dieux nous ont fait, en ne chantant pas, comme il convient, le plus grand sculpteur que la terre ait jamais produit. »

M. HERRIOT. — Soyez bon : ne lisez pas cela ! Cela fait un tel contraste avec votre raisonnement !

M. LE RAPPORTEUR. — M. Gaudin de Villaine a déjà lu ce passage.

M. DE LAMARZELLE. — Vous trouvez que c'est accablant ?

M. LE PRÉSIDENT DE LA COMMISSION. — Non, c'est trop ridicule.

M. HERRIOT. — C'est trop indigent !

M. DE LAMARZELLE. — Si nous sommes du même avis, j'épargne cette lecture au Sénat. Je n'ai rien exagéré en employant ce néologisme « Rodinolâtrie » : lorsque ses partisans vous parlent des œuvres de Rodin ils vous disent que ce n'est pas seulement de l'admiration qu'on doit avoir pour elles, mais de la dévotion. Et je lis dans le rapport de la Chambre :

« Ses marbres échouant chez d'opulents barbares des deux mondes... » Monsieur Lintilhac, on est bien dur pour ces Américains dont vous parliez tout à l'heure, qui se disputent à prix d'or les œuvres de Rodin, où ils ne seraient pas entourés de la dévotion qu'ils méritent. »

M. LE RAPPORTEUR. — Je n'ai pas à défendre le rapport de la Chambre, mettez-moi hors de cause.

M. DE LAMARZELLE. — Je cite le rapport de la Chambre.

M. LE RAPPORTEUR. — Il est très bien, mais ce n'est pas le mien.

M. DE LAMARZELLE. — Tous les mots du culte se retrouvent sur les lèvres des adorateurs de M. Rodin ; M. Dalimier, l'honorable sous-secrétaire d'Etat que je vois à son banc, lorsqu'il va à Meudon, ne parlera pas d'un « voyage », mais d'un « pèlerinage ».

M. LE RAPPORTEUR. — On le dit pour Bayreuth, on le dit pour la maison de Victor Hugo, pour la maison de Gœthe.

M. DE LAMARZELLE. — Nous ne sommes donc pas complètement laïcisés, contrairement à ce que vous disiez tout à l'heure.

M. LE RAPPORTEUR. — C'est que les adorateurs du beau peuvent avoir un culte de latrie pour les créateurs du beau.

M. LE SOUS-SECRÉTAIRE D'ÉTAT. — Cela prouve notre respect pour les grands artistes.

M. DE LAMARZELLE. — L'honorable rapporteur de la Chambre dit encore : « Il a vaincu toutes les résistances, il a soumis le public à son goût qui est le bon. »

Répondant à une interruption, il ajoute : « Je parle de ses débuts. Mais depuis, tout le monde s'est incliné devant le génie de Rodin... Il suffit de voir la pétition de tous les artistes et de tous les littérateurs en faveur du musée Rodin. »

Il n'y avait aucune opposition des artistes ou des littérateurs à ce moment, cela se conçoit : le rapport avait été déposé, imprimé, distribué et discuté en quarante-huit heures.

Et puis, je dois le dire, il est dangereux de s'attaquer à M. Rodin : on est bafoué, injurié, lorsqu'on fait la moindre critique, lorsqu'on ne fait pas la génuflexion obligée devant le génie de M. Rodin. Les artistes ne sont pas habitués, comme nous, à recevoir les injures des journaux. Pour nous cela ne compte pas, cela n'existe pas, nous savons ce qu'en vaut l'aune, mais les artistes n'ont pas l'habitude de nos luttes.

Je ne m'étonnais pas, d'ailleurs, que lors de la discussion du projet de loi par la Chambre des députés, on n'opposât pas de protestations aux éloges dithyrambiques de la pétition présentée à la Commission. Voici comment l'on est traité lorsqu'on s'attaque à M. Rodin, ce sont des échantillons pris dans le rapport de la Chambre des députés : « amateur de poncif », « confrère médiocre », « sot ». « Il néglige les sottises de ceux qui ont des yeux pour ne point voir » ; « Béotien de Paris et d'ailleurs », « homme incapable d'une émotion », l'art académique, ajoute-t-on, ne produit que des fantômes »

Enfin, quand le temps lui a permis de se faire jour, la protestation est venue et elle est signée de noms d'artistes qui ont fait leurs preuves.

Ce sont MM. Luc-Olivier Merson, Antonin Mercié, Marqueste, Laloux, Denys Puech, Verlet, Dr Richet, Guiffrey, Babelon, Girault, Théodore Dubois, Jules Coutan, auxquels s'ajoutent, en dehors de l'Académie, ceux de MM. Lecomte du Nouy, Biard d'Aunet, Stanislas Meunier, Lionel Boyer, etc.

Et voici encore quelques échantillons des injures qu'on continue d'entendre :

« Tous les « pompiers » de l'Institut, gâcheurs de plâtre, forçats de l'obscurité, bagnards de la médiocrité... »

« Mais ce blême troupeau que ronge l'envie et que la jalousie dévore, n'est là que par surcroît. »

Dans un autre article, on appelle tous ces éminents artistes des zéros néant ; et l'on dit :

« Sous le nom imagé de « M. Zéronéant », j'ai tracé, l'autre jour, le portrait idéal de ces bonzes, confits dans leur médiocrité et reluisants de jalousie, que nous voyons se liguer contre Rodin, dont la gloire lumineuse et l'éclatant génie les aveuglent. »

Enfin, le même journal nous transporte chez les jeunes, et voici comment on y traite ces artistes dont les noms sont honorés et appréciés du public, comme vous savez.

Le Rembrandt du nouvel art — ce ne doit pas être le premier venu — s'insurge et tempête « contre la bêtise bornée, l'incompréhension volontaire — ce qui est le dernier mot de l'injure — des curés de l'art officiel ». Tous ces gens crient très haut leur mépris, leur colère contre la campagne abjecte menée par les mercantis de l'Institut — vous voyez qu'on ne distingue pas — par les pompiers du Grand-Palais contre l'art français en la personne de son génie le plus intense.

« Alors que les agrandissements photographiques de M. Bonnat, les chromos de M. Luc-Olivier Merson, dit-on encore, seront relégués depuis longtemps dans les combles municipaux, les divagations des modernes et ultra-modernes resteront comme les tablettes où s'inscrit l'histoire de la prime jeunesse d'un siècle.

« Impressionnistes, cubistes et futuristes composent l'extrême-gauche de l'art, en face des eunuques de l'Institut, ils sont jeunes, débordants de vie et du désir de vivre cette vie selon leurs conceptions artistiques. »

Et enfin, quelle est la sanction ? Elle est bien simple :

« Il faut qu'à l'avenir des titres pareils ne puissent plus donner à des êtres manifestement nuls le droit de parler et d'agir comme s'ils étaient des hommes.

« C'est pourquoi, à tous les artistes qui ont eu à souffrir du contact de ces Pharisiens de l'art, je propose une campagne pour la suppression de l'Institut, et en particulier de l'Académie des Beaux-Arts, et le retour à la nation des dons et legs dont ils ont bénéficié jusqu'à ce jour. Prenons date. »

M. LE RAPPORTEUR. — C'est la jeunesse !

M. DE LAMARZELLE. — On voit donc, par ce que je viens de dire, par l'opposition que j'ai faite entre les partisans passionnés de Rodin et les adversaires passionnés de ce grand sculpteur, que l'honorable M. Jules-Louis Breton, qui porte un nom célèbre dans l'art français, n'a rien exagéré quand il a dit :

« Les manifestations artistiques de M. Rodin, tapageuses et excessives, ont eu la plus déplorable influence sur l'orientation artistique de ces dernières années.

« Malheureusement pour l'art français, il était populaire à l'étranger.

« Je considère, par suite, qu'il y aurait danger, au point de vue des belles traditions artistiques de notre pays, à voter le projet. »

Donc, messieurs, comme vous le voyez, il est absolument faux de dire ce que vous n'avez pas dit, mais ce qu'a dit l'honorable M. Simyan, avant, d'ailleurs, que la protestation se fût élevée, à savoir que Rodin, à l'heure actuelle, n'est plus contesté. Ici, je conviens qu'il faut s'entendre : il faut éviter une équivoque qu'on est toujours prêt à faire. Ce n'est pas le talent de M. Rodin qui est contesté. Je serais tout prêt, pour mon compte, à traiter de béotien celui qui contesterait le talent de Rodin.

M. LE RAPPORTEUR. — Eh bien, nous voilà d'accord !

M. DE LAMARZELLE. — Vous allez voir que non ! Ce n'est pas là la question...

M. LE RAPPORTEUR. — Pour la Commission, c'est toute la question ?

M. DE LAMARZELLE. — Ce qui est en question, c'est l'usage que M. Rodin a fait de son talent en le mettant au service d'une conception d'art qui est contestée et qui n'a pas eu la consécration du temps. Il n'y a pas d'autre point en discussion.

Ce n'est pas parce que Rodin a du talent que se fait ce concert d'éloges autour de lui ; il se fait autour de la conception d'art au service de laquelle Rodin a mis son réel et incontestable talent. C'est là toute la question.

Dans cette discussion passionnée des deux côtés qui existe dans cette affaire et où il n'y a rien que cette question, je vous demande si l'État doit prendre parti. Il ne l'a jamais fait dans des discussions de ce genre. C'est M. Léon Bérard qui, à la Chambre des députés, dans un spirituel discours, a montré à quel point Delacroix avait été contesté de son temps ; il vous a montré Louis-Philippe achetant des Delacroix et les faisant mettre au Luxembourg pour que le temps pût les faire juger.

Dans cette discussion, j'ai le regret de vous dire, non pas en mon nom personnel, ce que l'on pense de vous — et ce n'est certes pas à l'honorable M. Lintilhac que je m'adresse. Je vous lirai un article, non d'un journal passionné, mais d'un des journaux les plus graves, du journal grave par excellence, *Le Temps*, qui est l'organe des parlementaires.

Dans cet article très spirituel sur les « parlementaires », le rédacteur évoque l'ombre de Baudelaire. C'est une espèce de dialogue des morts entre Baudelaire et lui. Baudelaire arrive à mettre la question sur le projet de la donation Rodin, et voici ce qu'il dit :

« Il y a trente ans, vingt ans même, les députés eussent répliqué à la proposition qu'on vient de leur faire et qu'ils ont votée : « la postérité jugera ; pour nous, ce n'est pas notre affaire. » A cette heure, au contraire, ils se sont dit : « la postérité nous jugera. » C'est peut-être très beau, les machines de ce M. Rodin ; on ne sait jamais !

Et alors, d'une façon plutôt méchante, mais que je crois vraie, Baudelaire ajoute : « Sur les cinq cents élus qui ont attribué l'hôtel Biron aux œuvres de M. Rodin, il n'en est pas cinquante qui puissent se souvenir avoir vu une statue de cet éminent sculpteur ; il n'en est certainement pas dix qui aient une opinion personnelle sur son talent. »

Je crois, messieurs, que c'est la moralité de ce débat.

Dans ces dix, monsieur Lintilhac, je vous comprends, je n'ai pas besoin de le dire.

M. LE RAPPORTEUR. — Il y a bien quelques députés qui ont traversé le Palais-Royal et regardé le Panthéon !

M. LE PRÉSIDENT DE LA COMMISSION. — D'autres ont pu aller aussi au musée du Luxembourg.

M. DE LAMARZELLE. — J'arrive à un point que je n'aurais pas traité, mon cher collègue, si vous ne l'aviez pas introduit dans le débat.

Vous avez dit : « Cette opposition ne se ferait pas à ce projet si l'on n'avait pas installé les œuvres de M. Rodin dans un ancien couvent.

M. LE RAPPORTEUR. — C'est vrai. Du moins elle ne se ferait pas ici.

M. DE LAMARZELLE. — C'est un peu étrange en vérité d'entendre de telles paroles quand c'est M. Jules-Louis Breton, député radical-socialiste, qui a mené toute la campagne à la Chambre. Et, certes, cet honorable député radical-socialiste ne peut pas être accusé de cléricalisme, ni d'amour profond pour les religieux expulsés.

Quant à moi, vous avez lu ici un article que je suis loin de renier — je n'ai jamais caché ma façon de penser — je n'aurais pas voulu faire entrer cette question dans le débat, parce qu'elle est de celles qui ne doivent pas être traitées en ce moment.

M. LE RAPPORTEUR. — M. de Gailhard-Bancel n'a pas hésité à mettre, dans le débat, la question des dames du Sacré-Cœur.

M. FABIEN CESBRON. — Ces scrupules n'ont rien que d'honorable.

M. LE RAPPORTEUR. — Je rends hommage à votre loyauté.

M. DE LAMARZELLE. — Si je soulève ce débat, c'est que vous m'y avez convié et je vous réponds. Involontairement, je me suis tout particulièrement souvenu de ces femmes admirables qui sont restées là pendant tant d'années, y ont élevé des jeunes filles des meilleures familles françaises et étrangères et qui ont été expulsées, alors que pas un seul fait ne pouvait être relevé contre ces Françaises.

M. GAUDIN DE VILLAINE. — Et qui ont été remplacées par quoi !

M. DE LAMARZELLE. — Mais puisque vous m'en offrez l'occasion, je suis heureux de la saisir une fois de plus pour protester. Je me suis souvenu de ces femmes qui ont été privées des moyens d'accomplir leur mission et qu'on a ainsi forcées à s'en aller dans la terre d'exil pour y trouver celles qui, exilées aussi d'Alsace-Lorraine, de cette vieille terre d'Alsace-Lorraine qui va redevenir française, avaient été expulsées par nos ennemis — c'est mon ami M. de Gailhard-Bancel qui l'a dit à la tribune et je suis heureux de le répéter ici — en vertu d'un décret prussien disant qu'elles ne pouvaient être tolérées sur une terre d'Allemagne à cause de leur trop grand amour pour la France.

Je vous remercie de m'avoir fourni l'occasion de répéter ceci à la tribune.

Il est une autre question que je ne voulais pas non plus traiter ici, je dois vous le dire.

J'ai été particulièrement ému du dépôt de ce projet de loi parce qu'il s'agissait d'un ancien couvent où entreront à perpétuité ou du moins pendant les vingt-cinq ans qui suivront la mort de Rodin, des œuvres d'un certain caractère que vous savez.

M. LE RAPPORTEUR. — Lesquelles ?

M. DE LAMARZELLE. — J'aurais bien voulu le savoir par mon honorable ami M. Delahaye qui a voulu visiter par lui-même le musée et auquel l'entrée a été refusée ; mais ces œuvres je les connais par ce qu'en a dit M. le rapporteur de la Chambre.

M. LE RAPPORTEUR. — Par la légende !

Le rapporteur de la Chambre n'a pas dit que c'était un musée secret.

M. DE LAMARZELLE. — Il ne s'agit pas de musée secret !

M. LE RAPPORTEUR. — C'est pourtant ce qu'a dit M. Delahaye à cette tribune, quand il a demandé la nomination d'une commission spéciale.

M. DE LAMARZELLE. — C'est malheureusement l'expression dont s'est servi M. Auguste Rodin dans une interview. Il a dit : « Qui n'a pas son musée secret ? » Mais, secret ou non, cela m'est indifférent.

M. LE RAPPORTEUR. — Constituons-nous en comité secret pour en juger !

M. DE LAMARZELLE. — Voilà le caractère de cette œuvre, d'après une autorité que vous n'allez pas récuser, d'après l'honorable M. Simyan. Écoutez !

« Et voici l'expression la plus réaliste du désir et de l'amour dans des œuvres qui comptent parmi les plus hardies. Le culte de M. Rodin pour la nature ne lui a pas permis de la mutiler. Des passions et des attitudes humaines il pense qu'aucune ne doit être exclue de l'art, pourvu qu'elles soient vraies et qu'elles soient belles. En art, il n'y a, pour lui, d'immoral que le faux et le laid. L'amour physique, la passion la plus universelle, source de volupté, source de vie, chantée par Lucrèce en des vers immortels, est digne d'inspirer le sculpteur comme le poète. Il comporte une beauté plastique qu'il est légitime de reproduire à condition d'éliminer le détail vulgaire. De cette condition est né tout un monde d'amants et d'amantes. Une toute jeune femme assise sur ses talons, les deux mains appuyées à terre, tend son minois de Japonaise avec des airs de chatte, et creuse ses reins frémissants de vie. Des couples se cherchent avec fureur, d'autres s'étreignent ; un autre, séparé, est anéanti dans le sommeil. Certains groupes font penser à la brûlante Sapho ;… certains semblent des illustrations de Baudelaire. »

Voilà les œuvres qui vont aller dans cet ancien couvent !

M. Bepmale. — Le nom de l'hôtel Biron n'évoque-t-il pas également des souvenirs légers, en raison de ce qui s'y est passé avant que ce couvent y fût installé ?

M. de Lamarzelle. — Je ne vous dis pas le contraire, mais ces souvenirs légers remontent, comme vous le constatez, avant l'époque des religieuses.

Je ne vous demande pas de partager l'émotion que j'éprouve, que j'ai ressentie ; mais vous comprendrez que moi, qui ai vu sortir les religieuses de cet immeuble où elles ont fait le bien, où elles ont prié pendant tant d'années, où elles ont défendu et enseigné la religion que je sers, j'ai été ému à la pensée de voir de pareilles œuvres les remplacer ; cette émotion bien légitime sera partagée, j'en suis convaincu, par un grand nombre de nos collègues. *(Très bien ! à droite.)*

Du reste, ce n'est pas seulement le rapporteur de la Chambre qui parle ainsi. Voici ce que dit M. Lintilhac lui-même qui célèbre avec enthousiasme « les *Faunes* et les *Faunesses* de Rodin, insolemment espiègles et amoureux ; ses impétueux *Centaures* ; ses baletantes *Centauresses*, en qui se combattent, avec un symbolisme si expressif, l'idéalisme de la femme et l'instinct de la bête ».

Cela choque de voir installer de telles œuvres dans un ancien couvent, et cela doit choquer, non seulement les catholiques qui sont avec vous de cœur en ce moment pour la patrie, mais encore, je vous l'affirme, tous ceux qui, en France, ont une certaine noblesse et une certaine délicatesse de cœur ! *(Approbation sur les mêmes bancs.)*

M. le rapporteur. — Oui, si c'était vrai ! mais je proteste contre cette description !

M. de Lamarzelle. — Alors ?

M. le rapporteur. — Quand M. Delahaye sera ici, il aura à cœur de s'expliquer sur la légende du musée secret. J'y ai mené beaucoup de nos collègues et je vous affirme que, musée secret pour musée secret, si M. Delahaye apportait ici son musée du xviiie siècle, il pourrait en faire un fameux avec les œuvres destinées à l'alcôve de la Pompadour, les Clodion, les Beaudouin et les Boucher !

M. de Lamarzelle. — Je n'ai pas signé le contre-projet en question ; mais l'État, je crois, pourrait choisir et ne pas y mettre des inconvenances semblables à celles que signale M. le rapporteur lui-même.

M. LE RAPPORTEUR. — Venez avec moi chez Rodin et vous verrez si l'on ne s'est pas trompé !

M. DE LAMARZELLE. — Il ne s'agit pas de musée secret ou non secret.

M. LE PRÉSIDENT DE LA COMMISSION. — Et les gargouilles de nos cathédrales, qu'en pensez-vous?

M. DE LAMARZELLE. — Je discuterai la question des cathédrales, quand vous voudrez.

M. LE PRÉSIDENT DE LA COMMISSION. — Je parle des gargouilles.

M. DE LAMARZELLE. — Je parle en ce moment du musée Rodin ; or, ce n'est pas moi qui le qualifie, c'est le rapporteur lui-même de la Chambre. Est-ce vrai ou non ? Je ne le connais, ce musée, que par ce qu'en a dit l'honorable M. Simyan, qui doit être édifié sur ce point, et je soutiens qu'il y a là de quoi blesser les catholiques qui, pendant tant d'années, ont vu, dans ce couvent, des religieuses élever leurs filles.

M. LE RAPPORTEUR. — Je vous assure que, dans l'œuvre de Rodin que vous interprétez comme diabolique...

M. DE LAMARZELLE. — Ne me faites pas parler...

M. LE RAPPORTEUR. — Elle n'a rien de satanique, je vous assure.

M. DE LAMARZELLE. — C'est là un mot que je n'ai jamais prononcé.

M. LE RAPPORTEUR. — On l'a insinué. Si Rodin demande une chapelle désaffectée et vide, c'est parce qu'elle est là, qu'elle s'offre pour y mettre des chefs-d'œuvre. Je vous assure que, lorsque vous les aurez vus, vous reconnaîtrez que ces réticences font plus de tort à Rodin que la vérité.

M. DE LAMARZELLE. — Je prends acte de votre déclaration et je déléguerai M. Delahaye à ma place pour voir le musée Rodin.

M. LE RAPPORTEUR. — Après ce pèlerinage, il sera converti.

M. DE LAMARZELLE. — J'ajoute que, même en dehors de ce sentiment pénible que j'éprouve dans mon cœur, j'aurais combattu le projet, en effet, quoique vous puissiez en penser, certains des artistes qui défendent Rodin ne le font pas seulement par amour de son talent, mais surtout contre la tradition de l'art français. *(Dénégations sur divers bancs.)*

Or, vous savez que, sans qu'il soit besoin même d'invoquer mes convictions religieuses, j'ai toujours protesté et je protesterai toujours à cette tribune contre toute attaque, quelle qu'elle soit, qui pourra être dirigée contre nos traditions françaises.

Je le fais pour l'art, comme je l'ai fait pour l'enseignement ; je le ferai toujours, dans toute la mesure de mes forces. *(Très bien ! très bien ! à droite.)*

M. LE RAPPORTEUR. — Je livre ma conclusion à la vôtre.

REPRISE DE LA DISCUSSION DU PROJET DE LOI
PORTANT ACCEPTATION DÉFINITIVE DE LA DONATION DE M. AUGUSTE RODIN.

M. LE PRÉSIDENT. — Nous reprenons, messieurs, la discussion du projet de loi concernant la donation de M. Auguste Rodin.

La parole est à M. le sous-secrétaire d'État.

M. LE SOUS-SECRÉTAIRE D'ÉTAT. — Messieurs, au point où est parvenue la discussion et après que, de part et d'autre, les arguments ont été échangés, que partisans et adversaires du projet de loi ont apporté leur sentiment, le Sénat entend bien que je n'ai que de très courtes observations à lui présenter. Mais, puisqu'on a dirigé de ce côté du Sénat *(la droite)* contre l'œuvre et la personnalité de M. Auguste Rodin, auquel le Gouvernement a décidé de faire ce qu'on a appelé l'honneur exceptionnel d'un musée, même de son vivant, j'ai le devoir d'indiquer dans quelles conditions le Gouvernement a été amené à déposer sur le bureau des Chambres le projet qui est actuellement en discussion.

En 1912, au moment où on voulut essayer de chasser Rodin de l'hôtel Biron, une campagne de presse commença, très active et très vive, pour qu'on ne démolît pas l'hôtel Biron et qu'on y créât le musée Rodin.

Quels sont les hommes qui, sans pression et sans parti-pris, furent les premiers à solliciter du gouvernement le commencement de conversation auquel M. Steeg faisait allusion tout à l'heure ?

Ce sont, pris au hasard : M. Louis Barthou qui écrivait : « Admirateur du génie de Rodin, je donne très volontiers mon adhésion au projet de la création d'un musée de son œuvre » ; M. Jules Lemaître : « J'envoie de tout mon cœur mon adhésion au projet de création du musée Rodin » ; M. Jean Richepin, de l'Académie française : « Je suis avec vous pleinement et de tout cœur pour le musée Rodin à Paris » ; M. Maurice Barrès, député de Paris, membre de l'Académie française : « Un projet présenté par vous, qui avez si bien parlé du génie de Rodin, a toute mon approbation » ; MM. Henri de Régnier, Edmond Rostand, Claude Debussy, Jules Claretie, notre ancien collègue le duc de Rohan, tombé glorieusement, il y a quelques semaines, dans la Somme : « Un pays s'honore en honorant le talent. La France doit créer le musée Rodin. »

On a apporté tout à l'heure le sentiment d'un membre du Conseil municipal de Paris. J'ajouterai que M. Adrien Mithouard, actuellement président du Conseil municipal de Paris, dont tout le monde connaît ici la compétence en matière d'art, était alors l'un des premiers signataires de la demande de création du musée Rodin.

Les discussions traînèrent. Tour à tour, M. Steeg, M. Klotz, ministre des Finances, MM. Léon Bérard et Jacquier, mes prédécesseurs, mirent sur pied des projets de contrats, d'accord avec M. Rodin, et enfin la donation fut faite.

Quelle est-elle ? Il faut bien tout de même que j'indique au Sénat son importance.

On essayait de faire croire, tout à l'heure, que Rodin ne donnait que quelques-unes de ses dernières œuvres ; on voulait bien concéder qu'autrefois il en aurait fait de tout à fait belles, mais que, depuis, il aurait fait des œuvres de second ordre, celles qu'il voudrait céder à l'État.

L'importance et la valeur de cette donation se traduisent par ces chiffres :

77 marbres, 50 bronzes, 300 terres cuites, 1.200 modèles originaux, 2.000 dessins ou aquarelles, 60 toiles d'artistes contemporains qui sont signées : Claude Bonet, Renoir, Raffaelli, Cottet, Zuloaga, etc., des eaux-fortes originales de Legros ; des antiques : 562 pièces d'art égyptien ; 1.094 pièces de céramique antique ; 398 pièces de sculpture grecque et romaine ; des objets d'art d'Orient et d'Extrême-Orient ;

2.000 volumes ; les droits d'auteur sur les manuscrits ou imprimés inédits ou non ;
droits d'auteur sur toutes les reproductions de ses œuvres et, avec réserve d'usufruit, les droits de reproduction par moulage, estampage ou bronze. En outre,
par sa dernière donation, car je résume ici les trois donations, celle dont vous êtes
saisis aujourd'hui et celles dont vous serez saisis demain, M. Rodin cède tout son
domaine de Meudon, meubles et immeubles.

La valeur de ces donations a pu être discutée ; elle a été estimée par des experts
qui n'ont pas eu intérêt — le Sénat comprend pourquoi — à majorer les prix,
à 2 millions et demi. Vous voudrez bien me permettre d'indiquer par un exemple
combien cette valeur est plus considérable. Les 2.000 dessins ont été cotés 50 francs
pièce par les experts. Or, à la dernière vente, à la vente de M. Roger Marx, un
dessin de Rodin a atteint le prix de 700 francs. Il y a quelques mois, avant les
donations de Rodin, un amateur, dont je puis dire le nom au Sénat, M. Zubanof,
payait 60 de ces dessins 60.000 francs. On peut donc affirmer que la valeur de la
donation Rodin est d'au moins du double du chiffre des experts. *(Très bien !
très bien ! à gauche.)* Elle représente une valeur de 4 ou 5 millions donnée par ce
grand artiste de son vivant.

M. LE PRÉSIDENT DE LA COMMISSION. — Au moins.

M. LE SOUS-SECRÉTAIRE D'ÉTAT. — J'avais employé, à la Chambre, le mot de
pèlerinage ; ceux d'entre vous qui ont fait le voyage de Meudon, l'ont fait, j'en
suis convaincu, pleins de respect pour l'homme qui, là-bas, humblement, modestement, dans une petite maison, continue à vivre comme un ouvrier. Il a écrit :
« J'ai vécu toute ma vie comme un ouvrier. » Il a vécu dans l'humble et modeste
maison de travail de Meudon comme un de ces grands ouvriers — votre rapporteur
le rappelait tout à l'heure — auxquels on ne pardonne pas d'avoir du talent.
(Applaudissements à gauche.)

Sur ce point, en effet, se réunissent et se rejoignent les hommes politiques et
les artistes. Ceux qui sont à la tête des partis ou qui, dans leur pays, occupent
des situations importantes et éclatantes ont toujours trouvé des ennemis dressés
contre eux. Rodin les a trouvés lorsqu'il voulait se présenter à l'École des Beaux-
Arts, au moment de son premier envoi au Salon. Lorsqu'on veut abattre l'ennemi,
il faut l'accuser de tous les forfaits. On l'a accusé d'avoir moulé son *Age d'airain*.

Il a eu cependant la bonne fortune de trouver aussi toute sa vie des hommes
qui se sont dressés contre cette accusation de ceux, peut-être, qui, plus âgés que
lui, ne pardonnaient pas à sa gloire ! *(Applaudissements sur les mêmes bancs.)*
Voici les noms de ceux qui sont venus apporter à l'Administration des Beaux-Arts
leur protestation indignée parce qu'on voulait déshonorer l'homme auquel on ne
pardonne pas d'avoir du talent : c'est Falguière, membre de l'Institut, car il y a
aussi à l'Institut des hommes qui sont pleins de respect et d'admiration pour le
génie de Rodin ; Delaplanche, ancien grand prix de Rome, médaillé d'honneur du
Salon ; Paul Dubois, membre de l'Institut, directeur de l'École des Beaux-Arts ;
Boucher, médaillé d'honneur du Salon, commandeur de la Légion d'honneur, qui
se dressaient indignés pour empêcher qu'on déshonore cet homme et qu'on l'arrête
dans sa route et dans son travail. *(Applaudissements.)*

D'aucuns se sont élevés contre le projet de loi acceptant la donation d'Auguste
Rodin ; parmi ceux-là, il y a des hommes pour le talent desquels j'ai le plus grand

respect. J'aurais préféré que les sculpteurs dont les noms figurent au bas de la protestation aient laissé ce soin à d'autres et soient restés hors de cause.

On nous a dit qu'ils ne sont que dix, parce qu'il ne faut pas toucher à Rodin, qu'aussitôt les articles de journaux abondent. Ce n'est pas cette considération qui aurait empêché les artistes de faire entendre leur voix.

Ces protestataires ont apporté un certain nombre d'arguments que je n'ai pas retrouvé dans cette discussion.

Ils ont dit : « Vous allez faire à Rodin un honneur tout à fait exceptionnel, que l'on n'a jamais accordé à aucun artiste. » Il y a à cela une raison bien simple : jamais, de mémoire d'homme, un artiste n'a fait un tel cadeau à son pays. Les artistes ont vendu leurs œuvres ; ils ont eu raison.

Rodin, lui, qui a des œuvres dans tous les musées et dont la gloire est consacrée par le monde entier, a toujours été hanté par cette idée de garder pour son pays le meilleur de son effort et de son travail, de le grouper, afin qu'il ne soit pas dispersé à tous les vents et de réserver à la France le bénéfice moral de l'effort accompli par lui. *(Applaudissements à gauche.)*

On a dit que l'hôtel Biron aurait pu servir pour constituer un musée du XVIIIe siècle. Mais les œuvres de ce siècle sont actuellement déposées au Louvre, à Cluny, à Versailles, à Compiègne, et la plupart des donations, surtout celles qui sont au Louvre, ont été faites avec une affectation déterminée au musée. Il est impossible de les reprendre aujourd'hui ; au surplus, je suis convaincu que vous ne voteriez pas un crédit ayant pour but de créer un musée du XVIIIe siècle à l'hôtel Biron.

M. GAUDIN DE VILLAINE. — On aurait dû en faire un musée de la guerre, consacré aux mutilés.

M. LE SOUS-SECRÉTAIRE D'ÉTAT. — Quand on voudra créer un musée de la guerre, je serai le premier à vous prêter mon concours et mon modeste appui. Mais ce n'est pas cette question que nous discutons en ce moment.

Messieurs, je l'ai déjà dit à la Chambre des députés au moment de la discussion de ce projet de loi, il n'est pas question pour moi de créer un art officiel, dans mon cabinet, et de décréter que tel artiste a du talent, au surplus je n'en ai pas la volonté. Mais quand un homme comme Rodin se présente avec la donation dont j'ai indiqué la valeur, escorté non seulement par les témoignages de ceux dont j'ai donné les noms, mais par les témoignages nouveaux que je vous apporte, je n'ai pas le droit, au nom de l'État, de ne pas accepter cette donation, de ne pas demander au Parlement de la ratifier. *(Applaudissements à gauche.)*

On a vu, dans un journal, un soir, dix signatures de protestation : ce sont des centaines de signatures qui, spontanément, nous sont parvenues en faveur du musée Rodin, et non pas de Paris seulement.

Un argument a été invoqué qui consiste à dire à des représentants des départements : « Vous allez créer un musée à Paris ; en quoi cela peut-il intéresser les départements ? » Or, la France est solidaire dans les beautés artistiques, comme elle est solidaire dans toutes les nobles causes qui se défendent. Nombre de maires de province ont aussi envoyé leur adhésion.

Je ne parle pas de celui de Lyon qui est acquis à la cause de Rodin, mais ceux de Marseille, Bordeaux, Toulouse, Nice, Cannes ; sur tous les points du territoire, nombreux sont ceux qui se sont étonnés des résistances que rencontrait la création du musée Rodin.

Citerai-je encore une société qui ne passe pas pour révolutionnaire en art, je suppose, la société nationale des Beaux-Arts, que préside M. Roll, qui a comme vice-présidents MM. Jean Béraud et Bartholomé, sculpteur ? Voici la lettre qu'au nom de cette Société M. Roll a adressée à Rodin ; elle vaut plus que toutes les opinions que nous pourrions formuler :

> *Paris, le 6 octobre 1916.*
>
> « *A Auguste Rodin.*
>
> « Le Comité de la Société nationale des Beaux-Arts adresse à l'illustre président de sa section de sculpture, Auguste Rodin, ses plus chaleureuses félicitations pour le don splendide qu'il fait à la France, de la totalité de son œuvre et de ses collections. Il saisit cette occasion pour exprimer une fois de plus l'admiration qu'il professe pour le grand artiste qui a contribué si glorieusement au succès des expositions de la Société nationale. Tous ses confrères du Comité estiment que les pouvoirs publics rendront un magnifique et juste hommage à l'art français tout entier en acceptant le don du grand sculpteur.
>
> « Pour le Comité :
>
> « ROLL,
> « *président de la Société nationale*
> *des Beaux-Arts.* »

Voici la lettre adressée de Rome — cette ville est loin des passions, des intrigues — par un homme dont vous ne suspecterez pas le témoignage, Albert Besnard, directeur de l'Académie de France à Rome : il n'est pas révolutionnaire celui-là!

> *17 octobre 1916.*
>
> « Mon cher Rodin,
>
> « J'étais persuadé que l'offre généreuse que vous fites au pays de l'ensemble de votre œuvre était définitivement acceptée. Or, j'apprends, à mon arrivée à Paris, que tout n'est pas officiellement conclu encore et qu'en outre quelques objections isolées se sont élevées contre ce projet.
>
> « Je tiens, mon cher ami, à vous appuyer de toute l'autorité que peut avoir un artiste vis-à-vis de l'opinion et des pouvoirs publics. Je tiens, surtout, à vous dire combien je suis heureux de penser que les générations à venir pourront admirer l'ensemble d'une œuvre admirable qui fut un tel enseignement pour celle-ci et qui porta le renom de notre statuaire française au delà de toutes les frontières, et par delà les mers.
>
> « Toujours bien à vous de cœur.
>
> « A. BESNARD. »

Voici une lettre de M. Frantz Jourdain, président du Salon d'automne. Voilà l'adresse de l'Association de l' « art français », signée de son président M. Rosenthal. Voici la Société des peintres et graveurs. Voici le président de la Société des peintres orientalistes français.

Et alors voici des noms — je ne les lis pas tous au Sénat. Ce sont de longues listes d'artistes qui viennent en cortège accompagner ici cette gloire nationale qu'est Rodin ; ce sont, entre autres, MM. Elémir Bourgès et Paul Margueritte, membres de l'Académie des Goncourt ; Gabriel Seailles, professeur à la Sorbonne ; Le Dantec ; Raymond Koechlin, président des amis du Louvre ; Gabriel Mourey, conservateur du musée de Compiègne ; Armand Dayot, inspecteur général des Beaux-Arts ; Couyba, président de la Société de l' « Art à l'école » ; c'est le Comité des artistes français.

A cette liste, je pourrais ajouter des centaines d'autres noms. Je ne veux pas faire perdre son temps au Sénat. Il n'y a pas jusqu'au nom du grand poète Verhaeren qui ne soit sur cette liste.

M. Gaudin de Villaine. — Il y en a autant de l'autre côté de la barricade.

M. le sous-secrétaire d'État. — Je ne sais pas s'il y en a autant de l'autre côté de la barricade. Je n'en ai vu que dix-sept ou dix-huit. J'attendais une seconde liste, je ne l'ai jamais vue paraître. Mais ce que je dis, en réponse à M. Gaudin de Villaine, c'est que Rodin n'est pas l'homme d'un parti, puisque depuis M. Barrès jusqu'aux hommes les plus avancés en politique comme en art, tout le monde a signé et demande au Sénat d'adopter le projet.

Dans ces conditions, ce serait faire injure au Sénat d'insister davantage. Le don que nous fait cet homme à la fin de sa vie, à l'heure où il pense à son pays, permettez-moi de dire qu'il vient à son heure. Je n'accepte pas le reproche que vous nous avez apporté que le projet viendrait à un moment particulièrement malencontreux. Permettez-moi de répéter ce que disait tout à l'heure, avec force et éloquence, M. le rapporteur de la Commission : ce n'est pas au moment même où l'art français, le goût français, la culture française ont été violemment attaqués de l'autre côté des frontières, où tant de chefs-d'œuvre français ont été détruits, où les obus pleuvent sur les chefs-d'œuvre de notre sculpture et de notre architecture, que la France va repousser du pied ce que n'importe quel pays du monde accepterait avec reconnaissance. *(Très bien ! très bien ! et vifs applaudissements.)*

M. le président. — Si personne ne demande plus la parole, je consulte le Sénat sur le passage à la discussion de l'article unique du projet de loi.

Il a été déposé sur le bureau une demande de scrutin signée de MM. Gaudin de Villaine, Charles Riou, Brindeau, Guilloteaux, Rouland, de Las Cases, Leblond, Brager de la Ville-Moysan, Martell, de la Jaille, de Lamarzelle, Audren de Kerdrel, Fabien Cesbron et Bodinier.

Il va être procédé au scrutin.

(Les votes sont recueillis. — MM. les secrétaires en opèrent le dépouillement.)

M. le président. — Voici, messieurs, le résultat du scrutin :

Nombre des votants. 235
Majorité absolue. 118
  Pour 209
  Contre 26

Le Sénat a adopté.

M. le président. — Je donne lecture de l'article unique :

« Article unique. — Sont acceptées définitivement, aux charges et conditions stipulées, les donations consenties à l'État par M. Auguste Rodin, statuaire, grand officier de la Légion d'honneur, suivant actes notariés des 1er avril, 13 septembre et 25 octobre 1916, dont copies sont annexées à la présente loi. »

Avant de mettre ce texte en délibération, je dois donner lecture de l'amendement suivant, déposé par M. de Lamarzelle :

« *Article unique*. — L'hôtel Biron, situé à Paris, rue de Varennes, n° 77, ainsi que la chapelle annexée à cet immeuble et toutes ses dépendances, sont mis à la disposition du ministre de la Guerre pour y hospitaliser, dans les conditions que fixera un règlement d'administration publique, des mutilés de la guerre, incapables de rééducation physique, choisis parmi les plus méritants et les plus délaissés. »

M. LE PRÉSIDENT DE LA COMMISSION. — D'accord avec le Gouvernement, la Commission demande au Sénat de ne pas adopter le contre-projet de M. de Lamarzelle qu'elle a examiné et qu'elle repousse.

M. DE LAMARZELLE. — Je demande la parole.

M. LE PRÉSIDENT. — La parole est à M. de Lamarzelle.

M. DE LAMARZELLE. — Messieurs, il ressort manifestement de ces débats que, ce qui est en discussion, ce n'est pas le talent de M. Rodin, mais la question de savoir si l'on doit donner à son art un privilège absolument exorbitant.

J'aurais compris que l'État favorisât une fondation privée en faveur de M. Rodin et de ses partisans. M. Rodin, nous a-t-on dit, gagne 200.000 francs par an, il a énormément de partisans ; qu'il fasse une fondation privée et que cette fondation soit privilégiée ; pour mon compte, j'aurais voté ce projet avec enthousiasme. Le régime légal des fondations devra être certainement, je ne dis pas renouvelé ou fortifié, mais créé de toutes pièces.

Nous avons déjà des fondations de ce genre : l'Académie Goncourt, le musée Sully-Prudhomme. Je n'aurais fait aucune espèce d'opposition à cette création, j'aurais même appuyé de toutes mes forces un projet dans ce sens ; mais quant à créer un musée d'État en faveur, non pas du talent de M. Rodin, mais de son école, de la cause artistique au service de laquelle il a mis son talent, c'est une autre question !

On dira là-dessus tout ce que l'on voudra, on apportera des signatures. Il y a des signatures contre et s'il n'y en a pas de plus nombreuses, je vous ai démontré pourquoi. C'est parce que ce n'est pas impunément qu'on s'attaque à cette idole qu'est Rodin ou plutôt la conception d'art qu'il représente.

Il y a un moyen de nous arranger : il y a une question sur laquelle nous sommes tous d'accord ; celle qui a trait aux secours aux victimes de la guerre. Il faut leur venir en aide tout de suite. Que les amis de Rodin et de sa conception d'art fassent une fondation, cela est parfait. Mais qu'un immeuble d'État leur soit donné, je dis non. Je demande que cette maison soit mise à la disposition du ministre de la Guerre pour la création d'un asile en faveur d'une classe de mutilés particulièrement intéressante, ceux qui sont incapables de rééducation physique, incapables, par conséquent, de gagner leur vie.

Vous avez parlé de statues qui élèveraient l'âme des visiteurs de cet hôtel Biron. Vous me permettrez à cet égard une métaphore qui est vraiment bien à sa place, en l'espèce. — Il y aurait là, dans ce jardin ouvert au public, comme des statues vivantes représentant le sacrifice à la patrie, avec lesquelles pourraient causer les enfants, et desquelles les générations à venir apprendraient comment on peut se sacrifier pour la patrie. *(Très bien ! à droite.)*

C'est là une cause sur laquelle nous sommes tous d'accord ; et je voudrais qu'un vote unanime sur cette question des mutilés de la guerre confondît dans les urnes les voix de tous les bons Français ! *(Très bien ! très bien ! à droite.)*

M. LE SOUS-SECRÉTAIRE D'ÉTAT. — Je demande la parole.

M. LE PRÉSIDENT. — La parole est à M. le sous-secrétaire d'État des Beaux-Arts.

M. LE SOUS-SECRÉTAIRE D'ÉTAT. — L'adoption de la proposition de l'honorable M. de Lamarzelle aurait comme conséquence directe l'échec complet de l'acceptation, par le Parlement, de la donation Rodin. Il ne faut pas s'y tromper, en effet.

M. de Lamarzelle voudra bien croire que ceux de ses collègues qui voteront et les membres du Gouvernement qui ont déposé le projet Rodin ont, comme lui, le souci de l'avenir des mutilés de la guerre. Mais il ne faudrait tout de même pas, sous le prétexte d'assurer à ces derniers un abri que nous pouvons facilement leur trouver ailleurs, que l'on fît échouer d'une façon définitive la donation qui doit enrichir l'art français. J'ai confiance que le Sénat repoussera le contre-projet de M. de Lamarzelle. *(Très bien ! très bien !)*

M. LE PRÉSIDENT. — Je consulte le Sénat sur l'amendement présenté par M. de Lamarzelle comme contre-projet.

(Le Sénat n'a pas adopté.)

M. LE PRÉSIDENT. — M. de Lamarzelle vient de me faire parvenir plusieurs dispositions additionnelles à l'article unique du projet de loi.

Avant de les mettre en délibération, je donne une nouvelle lecture de cet article :

« Sont acceptées définitivement, aux charges et conditions stipulées, les donations consenties à l'État par M. Auguste Rodin, statuaire, grand officier de la Légion d'honneur, suivant actes notariés des 1ᵉʳ avril, 13 septembre et 25 octobre 1916, dont copies sont annexées à la présente loi. »

Je mets aux voix l'article unique du projet de loi.

(Ce texte est adopté.)

M. LE PRÉSIDENT. — Je donne lecture de la première des dispositions additionnelles présentées par M. de Lamarzelle. « Ajouter à la fin de l'article la disposition suivante : A l'exception, toutefois, des clauses concernant la chapelle, laquelle ne sera pas comprise dans l'immeuble affecté au musée. »

M. LE PRÉSIDENT DE LA COMMISSION. — La Commission, d'accord avec le Gouvernement, demande au Sénat de ne pas prendre cet amendement en considération. *(Très bien !)*

M. LE PRÉSIDENT. — La parole est à M. de Lamarzelle, sur la prise en considération.

M. DE LAMARZELLE. — Messieurs, je suis un peu étonné, pas trop cependant, que le Gouvernement repousse mon amendement.

Le Gouvernement lui-même, en effet, dans l'acte de donation, s'est réservé le droit d'extraire de la donation, si je puis m'exprimer ainsi, les clauses relatives à la chapelle, c'est-à-dire de reprendre cette chapelle.

Il a fait preuve en cela d'un sentiment de délicatesse dont je ne saurais assez le louer. Eh bien, je lui demande d'aller jusqu'au bout et de décider que la chapelle ne fera pas partie de la donation.

Il serait superflu de revenir sur la nature et la cause des sentiments qui me guident ; mais enfin la chapelle va recevoir certaines œuvres que vous savez *(Mouvements divers.)*, je laisse de côté le musée secret.

M. LE SOUS-SECRÉTAIRE D'ÉTAT — Il n'y en a pas.

M. DE LAMARZELLE. — M. Rodin lui-même, cependant, l'a reconnu dans une interview.

M. LE SOUS-SECRÉTAIRE D'ÉTAT. — L'interview est inexacte.

M. DE LAMARZELLE. — Je le veux bien ; il n'y a donc pas de musée secret, mais il y a un musée qualifié par M. le rapporteur de la Chambre dans les termes que je vous ai dits...

M. LE RAPPORTEUR. — Il y a du nu !

M. DE LAMARZELLE. — Ce n'est pas la question ! ...avec le caractère indiqué dans les lignes que j'ai citées tout à l'heure et qui sont très caractéristiques.

M. LE RAPPORTEUR. — Ingres a dit : « Ce qui est indécent, ce n'est pas le nu, c'est le retroussé ». *(Sourires approbatifs.)*

M. DE LAMARZELLE. — C'est le rapporteur de la Chambre qui a commis l'exagération...

M. LE RAPPORTEUR. — Son admiration a exagéré son expression.

M. DE LAMARZELLE. — Je le veux bien, mais le document est authentique, il restera : le rapporteur, organe de sa Commission, a caractérisé l'œuvre de Rodin comme je l'ai indiqué.

M. LE RAPPORTEUR. — Il l'a fait avec éloquence !

M. DE LAMARZELLE. — Eh bien ; je répète que l'introduction, dans la chapelle, des œuvres de Rodin, telles qu'elles sont décrites dans le rapport de M. Simyan, serait un acte blessant, non pas seulement pour tous les catholiques, mais pour tous ceux qui ont certains sentiments de délicatesse.

Tout à l'heure, on nous disait avec éloquence : « Alors que tant d'œuvres d'art sont détruites par la guerre, c'est le moment, pour l'État, d'en acquérir d'autres. » Je renverse l'argument et je dis : Ce n'est pas au moment où tant d'églises catholiques viennent d'être détruites par l'envahisseur — plus de trois mille ! — qu'il faut, permettez-moi de prononcer le mot qui est sur mes lèvres et que je ne prends pas dans son sens mondain mais dans le sens religieux, qu'il faut déshonorer une chapelle !

M. LE RAPPORTEUR. — Les œuvres auxquelles il est fait allusion sont de petites œuvres ; elles sont dans l'hôtel Biron. Mais, dans la chapelle, il n'y aura que la vingtaine des grands chefs-d'œuvre devant lesquels la mère, sans danger, pourra conduire sa fille.

M. DE LAMARZELLE. — Oui, tant que vous serez là, peut-être, mais c'est un musée pour toujours que vous créez !

Je dis que, dans ce moment où nous sommes si unis — nous venons de le constater une fois de plus tout à l'heure à l'audition du remarquable discours de M. le ministre des Finances — vous devez faire disparaître de ce projet cette cause de division.

Je ne vous demande que peu de chose : retirer la chapelle de la donation ; admettez même, si vous voulez, qu'elle soit rendue au culte : vous devez bien cela aux catholiques de France, si unis avec vous sur tous les terrains, dans un patriotisme complet, comme M. le ministre des Finances vient de vous le dire. *(Très bien ! très bien ! à droite.)*

M. LE PRÉSIDENT. — Je consulte le Sénat sur la prise en considération de l'amendement de M. de Lamarzelle, dont j'ai donné lecture.

(Le Sénat n'a pas adopté.)

M. LE PRÉSIDENT. — M. de Lamarzelle se proposait d'ajouter la disposition suivante :

« Toutefois, il sera ajouté à l'article 3 de la deuxième donation, après les mots « destiner par la suite » ceux-ci : « et qui auront été comptées par une commission nommée par le sous-secrétaire d'État des Beaux-Arts. »

Mais cet amendement portant, non sur l'article unique, mais sur le texte même de la convention, je ne puis le mettre en délibération. *(Assentiment.)*

M. DE LAMARZELLE. — Je n'insiste pas.

M. LE PRÉSIDENT. — Je donne connaissance au Sénat du dernier amendement présenté par M. de Lamarzelle :

« Ajouter la disposition suivante :

« Toutefois, il sera ajouté aux actes de donation susvisés une clause aux termes de laquelle l'acceptation desdites donations, ainsi que les avantages qu'elles confèrent au donateur, seront révoqués purement et simplement, dans le cas d'inexécution dûment constatée d'un des engagements de M. Rodin. »

La parole est à M. de Lamarzelle sur la prise en considération.

M. DE LAMARZELLE. — Le premier acte de donation comporte, messieurs, des conditions résolutoires ainsi conçues :

« Dans le cas d'inexécution dûment constatée de toutes les conditions ci-dessous, ou de l'une d'elles seulement, la présente donation sera révoquée purement et simplement et M. Rodin reprendra la propriété des biens donnés. »

M. le rapporteur nous dit, à la page 5 de son rapport, que c'est là une clause de style ; je lui en demande bien pardon : dans le régime des donations, on distingue les causes déterminantes de la donation, donnant lieu à des conditions résolutoires et les causes secondaires qui ne donnent pas lieu à la résolution, si la condition n'a pas été accomplie. C'est là une distinction classique en matière de donations.

M. LE RAPPORTEUR. — Bien entendu.

M. DE LAMARZELLE. — Par conséquent, votre clause est tout à fait exorbitante du droit commun.

En effet, en ce qui touche M. Rodin, si la moindre condition de la donation — il dit, par exemple, que le chauffage sera organisé de telle façon — n'est pas exécutée, si le chauffage n'est pas organisé comme il convient, si M. Rodin est mal chauffé — je prends cet exemple le plus topique, mais il y en a bien d'autres — M. Rodin aura le droit de dire : « Voilà une condition qui n'est pas importante, c'est vrai, mais comme la donation doit tomber pour inexécution de n'importe quelle condition, elle tombera ! »

L'État, au contraire, lui, est soumis au droit commun : la donation, pour lui, n'est révocable que si les conditions résolutoires ne sont pas réalisées.

Je dis que si l'on sort du droit commun à l'égard de M. Rodin, il faut en sortir aussi à l'égard de l'État : c'est un principe formel de notre droit, que l'égalité des parties doit exister dans un contrat synallagmatique.

Je demande donc simplement que l'égalité soit maintenue, conformément au droit commun, entre les deux parties, l'État et M. Rodin. *(Très bien ! à droite.)*

M. LE SOUS-SECRÉTAIRE D'ÉTAT. — Je me permettrai de faire observer à l'honorable M. de Lamarzelle que M. Rodin donne et que l'État reçoit.

M. DE LAMARZELLE. — Pardon ! L'État donne aussi de son côté.

M. LE PRÉSIDENT DE LA COMMISSION. — Que donne-t-il ?

M. DE LAMARZELLE. — L'immeuble où l'on installe le musée ; d'autre part, si, au bout de vingt-cinq ans, cet immeuble est désaffecté, l'État logera les œuvres de M. Rodin dans un autre immeuble.

M. LE SOUS-SECRÉTAIRE D'ÉTAT. — Quelle clause M. Rodin pourra-t-il ne pas remplir ?

M. DE LAMARZELLE. — Je ne puis répondre, n'ayant pas sous les yeux le texte de la donation : il pourrait vendre, par exemple, une de ses œuvres.

M. LE SOUS-SECRÉTAIRE D'ÉTAT. — Il s'est interdit ce droit, par le texte de la donation, dès maintenant ; c'est ainsi que depuis la première donation, c'est l'Administration des Beaux-Arts qui a la conservation de tous les objets compris dans la donation et que M. Rodin s'est interdit même le droit de faire des répliques sans le consentement de cette Administration. Dans ces conditions, je ne vois pas à quelle clause M. Rodin pourrait manquer. Voter ce texte serait injurieux pour lui.

M. DE LAMARZELLE. — Alors le texte de M. Rodin est injurieux pour l'État ?

M. LE SOUS-SECRÉTAIRE D'ÉTAT. — M. Rodin pose ses conditions.

M. DE LAMARZELLE. — L'État supporte de son côté des charges énormes : il donne l'hôtel Biron.

M. LE PRÉSIDENT DE LA COMMISSION. — Il le loue.

M. DE LAMARZELLE. — Si vous voulez, M. Rodin, dans ce contrat, se trouve donc dans une situation privilégiée.

M. LE SOUS-SECRÉTAIRE D'ÉTAT. — Les droits de reproduction sont, dès maintenant, acquis à ce musée. Je vous donne ce renseignement qu'il y a, dès maintenant, pour plus de 150.000 francs de commandes dont le montant tombera dans la caisse de ce musée. Il vivra donc par ses propres ressources, et si, un jour, il veut se transporter ailleurs, il en aura sans doute les moyens. Je ne vois pas en quoi M. Rodin pourrait manquer alors qu'il a le désir de nous apporter ses collections.

L'État a, en même temps, des droits de conservation, puisque, depuis le jour de la première donation, ce sont les gardiens nationaux qui surveillent les collections au dépôt des marbres et même à Meudon.

M. DE LAMARZELLE. — Je serais désolé de discuter, au sujet de cette question, une question de gros sous ; mais, enfin, nous évaluons, d'un côté, ce que donne M. Rodin, d'un autre côté, ce que donne l'État. Si la valeur vénale des œuvres de M. Rodin peut être telle aujourd'hui, elle peut être différente dans vingt ans. Nous ne savons rien de ce que nous donne M. Rodin, au point de vue vénal, tandis que nous savons ce que donne l'État à M. Rodin, à l'heure actuelle.

M. LE PRÉSIDENT DE LA COMMISSION. — L'État prête son immeuble.

M. DE LAMARZELLE. — Il y a des conditions venant de causes déterminantes et des conditions venant de causes accidentelles. Pour toutes ces conditions

M. Rodin a le droit de révoquer la donation. Au contraire, l'État reste sous l'empire du droit commun. Il n'y a que les conditions déterminantes pour lesquelles il puisse demander la révocation. L'État est donc dans un état d'infériorité vis-à-vis de M. Rodin, ce qui est contraire à l'équité. *(Aux voix ! aux voix !)*

M. LE PRÉSIDENT. — Je consulte le Sénat sur la prise en considération de l'amendement de M. de Lamarzelle.

(Le Sénat n'a pas adopté.)

M. LE PRÉSIDENT. — En conséquence, l'article unique du projet de loi demeure adopté.

ADOPTION D'UN PROJET DE LOI OUVRANT UN CRÉDIT POUR LA CRÉATION D'UN MUSÉE RODIN.

M. LE PRÉSIDENT. — L'ordre du jour appelle la discussion du projet de loi adopté par la Chambre des députés, portant ouverture, sur l'exercice 1916, d'un crédit de 10.813 francs en vue de la création d'un musée Rodin.

Si personne ne demande la parole dans la discussion générale, je consulte le Sénat sur la question de savoir s'il entend passer à la discussion de l'article unique du projet de loi.

(Le Sénat décide qu'il passe à la discussion de l'article unique.)

M. LE PRÉSIDENT. — Je donne lecture de cet article :

« Article unique. — Il est ouvert au ministre de l'Instruction publique, des Beaux-Arts et des Inventions intéressant la Défense nationale, au titre de l'exercice 1916, en addition aux crédits provisoires alloués par les lois des 29 décembre 1915, 30 mars et 30 juin 1916, et par des lois spéciales pour les dépenses du budget général, un crédit de 10.813 francs applicable à un chapitre nouveau de la deuxième section du budget de ce ministère (Beaux-Arts) portant le n° 55 *bis* et intitulé : « Musée Rodin. — Matériel. »

Si personne ne demande la parole sur cet article, je le mets aux voix.

Il va être procédé au scrutin.

(Les votes sont recueillis. — MM. les secrétaires en opèrent le dépouillement.)

M. LE PRÉSIDENT. — Voici, messieurs, le résultat du scrutin :

```
Nombre des votants. . . . . . . . . . . . . . .   239
Majorité absolue. . . . . . . . . . . . . . . .   120
    Pour l'adoption. . . . . . . . . . . . .   212
    Contre . . . . . . . . . . . . . . . . . .    27
```

Le Sénat a adopté.

G. DE MALHERBE & C
Imprimeurs
12, Passage des Favorites, Paris